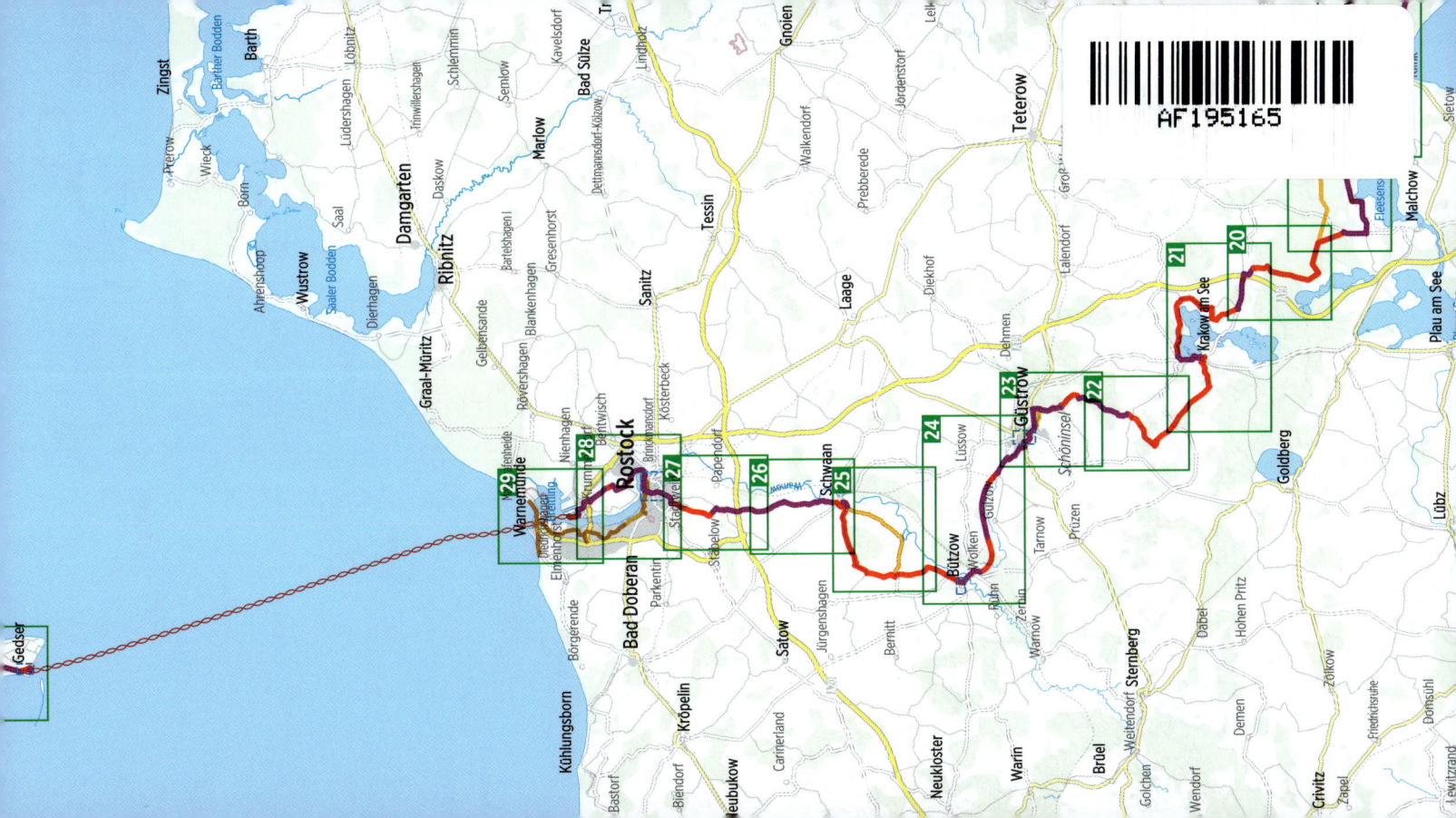

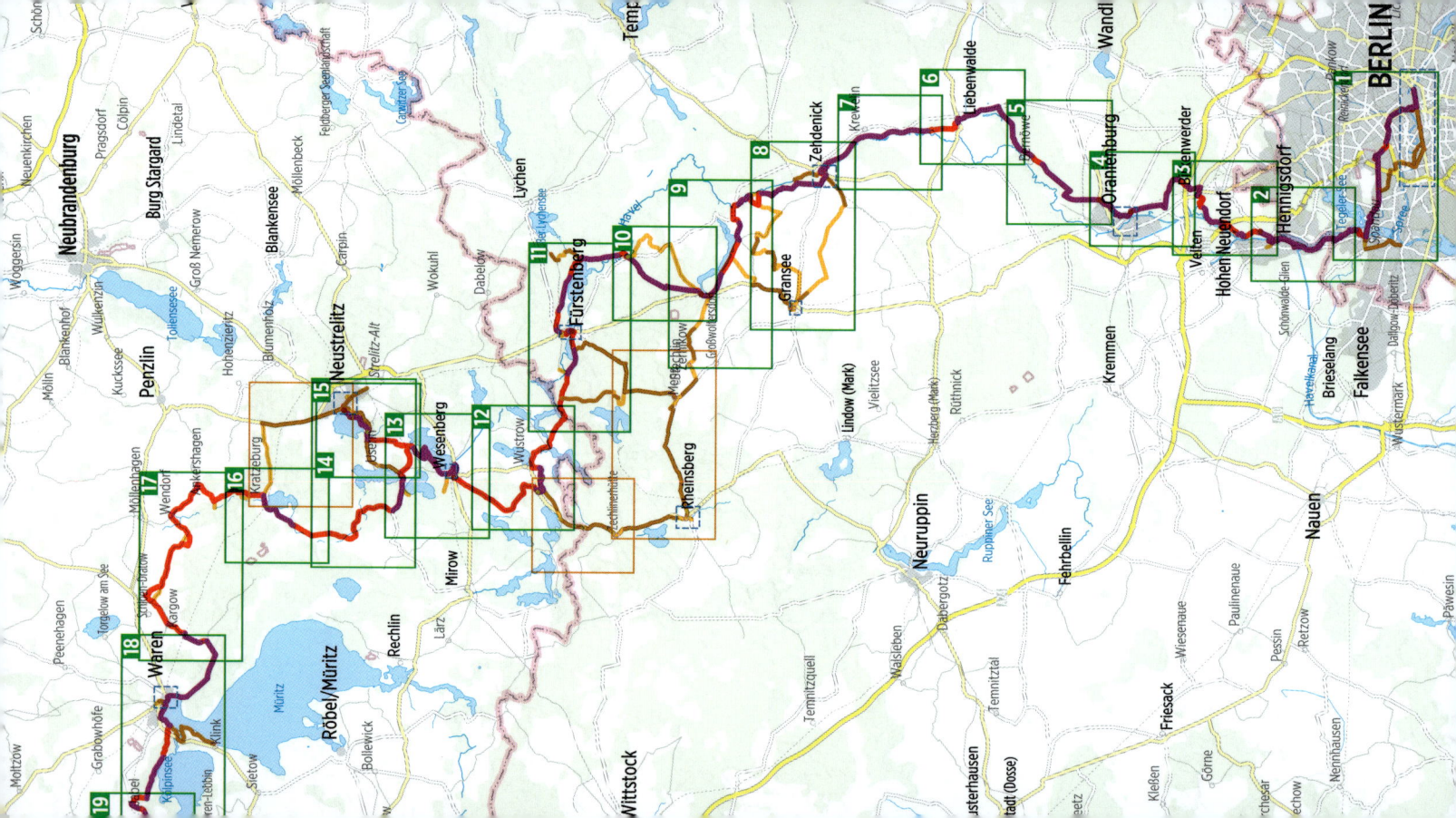

Wetterfest und robust!

Für die Innenseiten dieses Buches haben wir uns etwas Besonderes einfallen lassen. Die Seiten bestehen aus hochwertigem Landkartenpapier, welches mit einer robusten und wasserabweisenden Beschichtung versehen wurde. Somit übersteht es unbeschadet auch mal ein Regenwetter.

Bitte beachten Sie: wetterfest und wasserabweisend bedeutet nicht wasserfest! Die Seiten sind gut gegen Spritzwasser geschützt und kleben, wenn sie feucht werden, nicht aneinander. Dennoch darf das Buch nicht komplett durchnässt werden.

Bitte verwenden Sie bei Dauerregen zusätzlich einen Regenschutz.

Radfernweg Berlin-Kopenhagen

Ein original *bikeline*-Radtourenbuch

VERLAGESTERBAUER

bikeline®-Radtourenbuch
Radfernweg Berlin-Kopenhagen
© 2002-2023, **Verlag Esterbauer GmbH**
A-3751 Rodingersdorf, Hauptstr. 31
Tel.: +43/2983/28982-0, Fax: -500
E-Mail: bikeline@esterbauer.com
www.esterbauer.com
11. überarbeitete Auflage 2023
ISBN 978-3-7111-0154-9
Bitte geben Sie bei jeder Korrespondenz die ISBN an!

Dank an alle, die uns bei der Erstellung dieses Buches tatkräftig unterstützt haben.

Das *bikeline*-Team: Birgit Albrecht-Walzer, Renata Andrejeva, Katrin Baumhauer, Beatrix Bauer, Michael Binder, Veronika Bock, Petra Bruckmüller, Roland Esterbauer, Dagmar Güldenpfennig, Gregor Münch, Mario Nakić, Karin Neichsner, Carmen Paradeiser, Amélie Pommier, Manuel Randa, Petra Schartner, Sonja Schleifer, Christina Steinbrecher, Christian Thoren, Isabella Tillich, Martin Trippmacher, Carina Winkelhofer, Martin Wischin, Wolfgang Zangerl

Umschlagbilder: Bild groß: Turisme Region Syd; Bild klein oben: © fotolia- norbel; Bild klein unten: visitBerlin
Bildnachweis: © 92746343 - Fotolia: 23; © Andy Ilmberger - Fotolia: 22; © ArTo - fotolia: 41; © ArTo - fotolia: 52; Birgit Albrcxht-Walzer: 9, 102, 132; Business Lolland Falster: 97; © Carl-Jürgen Bautsch - fotolia: 72; © christiane65 - fotolia: 46; © cmfotoworks - fotolia: 140; © etfoto - fotolia: 42; Frank Eilrich: 76; Gregor Münch: 85, 98, 104, 114, 116; Güstrow Tourismus e. V., Daniel Stohl: 80; Hansestadt Rostock/Fotoagentur nordlicht: 90, 92; © JFL Photography - Fotolia: 24, 26; © Kalle Kolodziej - Fotolia: 25; © Konrad Weiss - fotolia: 38; © Natalie Prinz - fotolia: 50; Østdansk Turisme: 124; pixs:sell – stock.adobe.com: 112; © Sergii Figurnyi - fotolia: 143; © silbertaler - fotolia: 60; Staatliche Schlösser, Gärten und Kunstsammlungen M-V: 82; Stadtinformation Hennigsdorf: 30; Stadt Liebenwalde: 36; Stadt Neustrelitz, Roman Vitt Fotografie: 58, 59; Stadt Waren: 70; Stevns Turistbureau: 126; Tage Klee: 108; © Thomas Jablonski - Fotolia: 32; Touristinformation Wesenberg: 57; Turisme Region Syd: 10, 96, 100, 106, 110, 116, 120, 126, 130; visitBerlin, Wolfgang Scholvien: 19, 28; VisitSydsjælland-Møn: 14; Waren (Müritz) Kur- und Tourismus GmbH, Heidi Goerlt: 68, 70; Ziegeleipark-Archiv, Yorck Maecke: 44

bikeline® ist ein eingetragenes Warenzeichen. Alle Daten wurden gründlich recherchiert und überprüft. Erfahrungsgemäß kann es jedoch nach Drucklegung noch zu inhaltlichen und sachlichen Änderungen kommen. Alle Angaben ohne Gewähr. Alle Rechte vorbehalten. Kein Teil dieses Buches darf in irgendeiner Form ohne schriftliche Genehmigung des Verlages reproduziert oder unter Verwendung elektronischer Systeme verarbeitet, vervielfältigt oder verbreitet werden.
Kartographie erstellt mit axpand (www.axes-systems.com)

Dieses Buch wird empfohlen von:

bikeline

Was ist bikeline?

Wir sind ein Team von Redakteuren, Kartografen, Geografen und anderen Mitarbeitern, die allesamt begeisterte Radfahrerinnen und Radfahrer sind. Ins „Rollen" gebracht hat das Projekt 1987 eine Wiener Radinitiative, die begonnen hat, Radkarten zu produzieren. Heute tun wir dies als Verlag mit großem Erfolg. Mittlerweile gibt's bikeline® Bücher in fünf Sprachen und in vielen Ländern Europas.

Um unsere Bücher immer auf dem letzten Stand zu halten, brauchen wir auch Ihre Hilfe. Schreiben Sie uns, wenn Sie Unstimmigkeiten oder Änderungen in einem unserer Bücher entdeckt haben.

Wir freuen uns auf Ihre Rückmeldung (redaktion@esterbauer.com),

Ihre bikeline-Redaktion

Vorwort

Der internationale Radfernweg Berlin – Kopenhagen bietet genau die Mischung von Kultur und Natur, die das Herz eines jeden Radreisetouristen höher schlagen lässt. Nach dem glanzvollen Auftakt der Tour in Berlin hat man viel Zeit, die Seele baumeln zu lassen und die Natur zu genießen. In Brandenburg und Mecklenburg-Vorpommern säumen Schlösser, Herrenhäuser und Klöster den Radweg. Die Seen laden zu einer Bootspartie und zum Baden ein. Nach der Fährfahrt vom Überseehafen Rostock erwarten Sie die kontrastreiche dänische Ostseeküstenlandschaft, schroffe und bizarre Küstenabschnitte gehen in weiße Sandstrände über. Kulturelles gibt es auch hier zu entdecken, idyllische Dörfer, Burgen, Schlösser und Großsteingräber. Ziel des Radfernweges ist die dänische Hauptstadt mit ihrem weltoffenen Flair und ihrem lebendigen Stadtleben – viel Spaß!

Präzise Karten, genaue Streckenbeschreibungen, zahlreiche Stadt- und Ortspläne, Hinweise auf das kulturelle und touristische Angebot der Region und ein umfangreiches Übernachtungsverzeichnis – in diesem Buch finden Sie alles, was Sie zu einer Radtour zwischen Berlin und Kopenhagen brauchen – außer gutem Radlwetter, das können wir Ihnen nur wünschen.

Kartenlegende

Radrouten (cycling routes)

Hauptroute, wenig KFZ-Verkehr (main cycle route, low motor traffic)
— asphaltiert (main cycle route, paved surface)
– – nicht asphaltiert (main cycle route, unpaved surface)
··· schlecht befahrbar (main cycle route, bad surface)

Hauptroute, autofrei / Radweg (main cycle route, without motor traffic / cycle path)
— asphaltiert (cycle path, paved surface)
– – nicht asphaltiert (cycle path, unpaved surface)
··· schlecht befahrbar (cycle path, bad surface)

Ausflug od. Variante, wenig KFZ-Verkehr (excursion or alternative cycle route, low motor traffic)
— asphaltiert (excursion or alternative route, paved surface)
– – nicht asphaltiert (excursion, unpaved surface)
··· schlecht befahrbar (excursion, bad surface)

Ausflug od. Variante, autofrei / Radweg (excursion or alternative route, without motor traffic / cycle path)
— asphaltiert (excursion or alternative route, paved surface)
– – nicht asphaltiert (excursion, unpaved surface)
··· schlecht befahrbar (excursion, bad surface)

Sonstiges (other cycle routes)
— sonstige Radroute (other cycle route)

Radinformationen (important cycling information)

- Fahrradwerkstatt* (bike workshop*)
- Fahrradvermietung* (bike rental*)
- überdachter Abstellplatz* (covered bike stands*)
- abschließbarer Abstellplatz* (lockable bike stands*)
- E-Bike Ladestation (E-bike charging station)
- Infotafel* (information board*)
- Gefahrenstelle (dangerous section)
- Text beachten (read text carefully)
- Treppe (stairs)
- Tragstrecke (bicycle must be carried!)
- Engstelle* (constriction, bottleneck*)
- ○17 42 Knotenpunktnummer der Wegweisung* (nodal point)
- Stadt-, Ortsplan (city map)

Nur in Ortsplänen (symbols only in the city maps)

- Parkhaus* (garage*)
- Theater* (theatre*)
- Post* (post office*)
- Apotheke* (pharmacy*)
- Krankenhaus* (hospital*)
- Feuerwehr* (fire-brigade*)
- Polizei* (police*)

* Auswahl (* selection)

Maßstab 1 : 75.000

1 cm ≙ 750 m   1 km ≙ 13,3 mm

0 1 2 3 4 5 6 7 8 9 10 11 12 13 14 15 km

Sehenswertes / Einrichtungen (sights of interest / facilities)

- Kirche; Kapelle (church; chapel)
- Kloster (monastery/convent)
- Synagoge; Moschee (synagogue; mosque)
- Schloss, Burg, Ruine (palace, castle; ruin)
- Turm; Leuchtturm (tower; lighthouse)
- Wassermühle; Windmühle (watermill; windmill)
- Kraftwerk (power station)
- Bergwerk; Höhle (mine; cave)
- Flughafen; Denkmal (airport; monument)
- sonstige Sehenswürdigkeit (other sight of interest)
- Museum (museum)
- Ausgrabungen; röm. Objekte (excavations; roman site)
- Tierpark; Natur-Information (zoo; nature info)
- Naturschutzgebiet, -denkmal (nature reserve, monument)
- sonstige Natursehenswürdigkeit (natural sight of interest)
- Aussichtspunkt* (panoramic view*)
- Tourist-Information; Gasthaus* (tourist information; restaurant)
- Unterkunft; Jugendherberge (hotel, guesthouse; youth hostel)
- Camping-; Naturlagerplatz* (camping site; simple tent site*)
- Einkaufsmöglichkeit*; Kiosk* (shopping facility*; kiosk*)
- Rastplatz*; Unterstand* (picnic tables*; covered stand*)
- Freibad; Hallenbad (outdoor pool; indoor pool)
- Naturbad; Thermal-; Erlebnisbad (natural pool; thermal baths; waterpark)
- Brunnen*; Parkplatz* (drinking fountain*; parking lot*)
- Schönern sehenswertes Ortsbild (picturesque town)
- Einrichtung im Ort vorhanden (facilities available)

Topographische Informationen (topographic information)

- Kirche; Kapelle (church; chapel)
- Kloster (monastery)
- Synagoge; Moschee (synagogue; mosque)
- Schloss, Burg, Ruine (palace, castle; ruins)
- Turm; Leuchtturm (tower; lighthouse)
- Wassermühle; Windmühle (windmill; water mill)
- Kraftwerk; Solaranlage (power station; solar power station)
- Bergwerk; Höhle (mine; cave)
- Denkmal; Hügelgrab (monument; burial mound)
- Flughafen; Flugplatz (airport; airfield)
- Windkraftanlage (windturbine)
- Funk- und Fernsehanlage (TV/radio tower)
- Umspannwerk, Trafostation (transformer station)
- Wegkreuz; hist. Grenzstein (wayside cross; boundary stone)
- Sportplatz, Stadion (playing field; stadium)
- Golfplatz; Tennisplatz (golf course; tennis courts)
- Schiffsanleger; Schleuse (boat landing; sluice/lock)
- Quelle; Kläranlage (natural spring; wastewater treatment plant)
- Staatsgrenze mit Übergang (international border crossing)
- Landesgrenze (country border)
- Kreis-, Bezirksgrenze (district border)
- Naturschutzgebiet, Naturpark, Nationalpark (nature reserve; national park)
- Truppenübungsplatz, Sperrgebiet (prohibited zone)
- Höhenlinie 100m/50m (contour line)

- Autobahn; Schnellstraße (motorway/freeway; expressway)
- Fernverkehrsstraße (highway)
- Hauptstraße (main roads)
- untergeordnete Hauptstraße (secondary main road)
- Nebenstraße; Fahrweg (secondary road; side street/access road)
- Weg; Fähre (track; ferry)
- Straße geplant/in Bau (road planned/under construction)
- Eisenbahn/Bahnhof; S-Bahnhof (railway/station; suburban station)
- Eisenbahn stillgelegt; geplant (railway disused; planned)
- Schmalspurbahn (narrow gauge railway)
- Bergbahn; Seilbahn (mountain railway; cable car)
- Wald; Parkanlage (forest; park)
- Sumpf; Heide (marsh/bog; heath)
- Weinbau; Gartensiedlung* (vineyards; allotment gardens*)
- Steinbruch, Tagebau* (quarry; open cast mine*)
- Friedhof; Düne, Strand (cemetery; dunes; beach)
- Watt; Gletscher (tidal flats; glacier)
- Felsen; Geröll (rock; cliff; scree)
- Gewächshäuser*; Plantage* (greenhouses*; plantation*)
- Gewerbe-, Industriegebiet (commercial/industrial area)
- Siedlungsfläche; öffentl. Gebäude (built-up area)
- Stadtmauer, Mauer (defensive wall; wall)
- Damm, Deich (embankment; dike)
- Kanal (canal)
- Fluss/Staumauer/See (river/dam/lake)

Inhalt

- 5 Vorwort
- 6 Kartenlegende
- 8 Der Radfernweg Berlin – Kopenhagen
- 16 Zu diesem Buch
- **18 Von Berlin nach Neustrelitz — 173,3 km**
  - 28 Variante über Tiergarten und Schloss Charlottenburg
  - 41 Naturparktour (3 km)
  - 41 Ausflug nach Gransee (30 km)
  - 45 Ausflug nach Rheinsberg (37 km)
- **62 Von Neustrelitz nach Rostock — 215 km**
  - 63 Abkürzung nach Kratzeburg (14 km)
  - 91 Ausflug nach Warnemünde (29 km)
- **94 Von Gedser nach Præstø — 172,8 km**
  - 106 Ausweichroute über Vordingborg (49 km)
  - 110 Kürzere Variante nach Koster (12 km)
- **122 Von Præstø nach Kopenhagen — 131,3 km**
  - 128 Ausflug nach Store Heddinge (7 km)
- 144 Übernachtungs- und Serviceverzeichnis
- 159 Ortsindex

Stadtpläne

Berlin	21
Bützow	84
Fürstenberg/Havel	54
Gedser	96
Gransee	42
Güstrow	80
København	141
Køge	132
Neustrelitz	61
Nyköbing	100
Oranienburg	34
Rheinsberg	48
Rostock	91
Stege	118
Store Heddinge	128
Stubbeköbing	104
Vordingborg	108
Waren (Müritz)	71
Wesenberg	56
Zehdenick	40

Der Radfernweg Berlin – Kopenhagen

„Mit dem Rad über Land und Meer" – das ist das Motto, mit dem die Kooperationspartner für den Radfernweg Berlin – Kopenhagen oder København – Berlin, wie er in der Gegenrichtung heißt, werben. Es ist von Anfang bis Ende ein „grün-blauer" Radweg. Grün wegen der Parks in Berlin und Kopenhagen und der naturnahen Wälder, durch die der Radfernweg verläuft, und blau wegen des vielen Wassers, das Sie nach Dänemark überqueren und an dessen Ufern sich der Radfernweg entlang schlängelt. Sie durchfahren den Naturpark Stechlin – Ruppiner Land im Norden Brandenburgs, gelangen über die Landesgrenze zu Mecklenburg-Vorpommern in den Müritz-Nationalpark und später in den Naturpark Nossentiner - Schwinzer Heide. In Dänemark geht es durch die küstennahen Landschaften entlang der dänischen Ostseeküste. Neben dem Naturerlebnis wird Ihnen viel Kulturelles in beiden Hauptstädten und auch entlang der Strecke begegnen: zum Beispiel in den alten Residenzstädten in Brandenburg und Mecklenburg-Vorpommern und in Dänemark mit den vielen Schlössern und Stein- und Hügelgräbern.

Streckencharakteristik

Länge

Die Länge des Radfernweges Berlin – Kopenhagen beträgt vom Schlossplatz in Berlin bis zum Hauptbahnhof Kopenhagen etwa **690 Kilometer**.

Die Varianten und Ausflüge haben insgesamt eine Länge von etwas mehr als 370 Kilometer.

Wegequalität und Verkehr

In **Deutschland** ist der Radfernweg sehr gut ausgebaut. In Brandenburg führt der Radfernweg Berlin – Kopenhagen durch den Landkreis Oberhavel. Hier sind gut 90 Prozent der Strecke als Fahrradstraße, teilweise für Anlieger freigegeben, oder als Radweg ausgebaut und sehr gut zu befahren. Die restliche Strecke führt überwiegend auf ruhigen Nebenstraßen und nur sehr selten einmal für einen kurzen Abschnitt auf verkehrsreichen Straßen. Auch in Mecklenburg-Vorpommern ist der Radfernweg sehr gut befahrbar. Sie radeln überwiegend auf ruhigen Nebenstraßen, separaten Radwegen und Wirtschaftswegen. Auf schlechter befahrbare Wege, Kopfsteinpflasterstraßen und Betonspurbahnen stoßen Sie in kurzen Abschnitten nur noch selten.

In **Dänemark** verläuft der Radfernweg auf dem gut ausgebauten Nationalroutennetz. Die Radroute nutzt die ruhigen Nebenstraßen und Radwege, die entlang verkehrsreicher Straßen besonders komfortabel ausgebaut sind, sowie unbefestigte, gut befahrbare Strand- und Küstenwege, besonders schön auf Falster und zwischen Ishøj und Kopenhagen. Streckenabschnitte auf verkehrsreicheren Straßen von 6 bis 7 Kilometern Länge erwarten Sie zum Beispiel auf der Insel Møn (von der Fähre Bogø nach Store Damme, von Stege in Richtung Kalvehave) und zwischen Præstø und Faxe Ladeplads.

Logo Radfernweg Berlin-Kopenhagen

Beschilderung

In **Deutschland** ist die gesamte Strecke in beide Richtungen durchgehend und einheitlich mit dem Logo des Radfernweges beschildert. Die Schilder in Berlin, Brandenburg und Mecklenburg-Vorpommern unterscheiden sich lediglich in Größe und Aufstellungsentfernung zum nächsten Abzweig.

Im Landkreis Oberhavel (Streckenabschnitt Hennigsdorf-Steinförde) besteht neben der gängigen Radwegweisung auch ein **Knotenpunktsystem**: Das bedeutet, dass sich an jeder Kreuzung mit mindestens zwei Radrouten ein Knotenpunkt befindet, die Nummer ist oben am Wegweiser gut sichtbar angebracht. Die Nummern der nächsten Knotenpunkte sind an den Richtungswegweisern zu finden. Die Knotenpunkte, die an der Route liegen, sind in dem vorliegenden Buch sowohl in der Karte als auch im Routentext (z. B. **KP 10**) dargestellt.

LiveUpdate

Als Online-Angebot finden Sie auf unserer Webseite eine Sammlung aktueller Änderungen und Korrekturen zu diesem Radtourenbuch. Diese Informationen sind immer auf dem neuesten Stand und ermöglichen Ihnen in Kombination mit der bestehenden Auflage dieses Buches die beste Reiseplanung. Das LiveUpdate zu diesem Titel ist frei verfügbar und auf unserer Webseite beim jeweiligen Buch oder unter folgendem Link zu finden:

www.esterbauer.com/radfernweg-berlin-kopenhagen

Sind Ihnen auf Ihrer Radreise Fehler und Änderungen zur Route, zum Übernachtungsverzeichnis oder den touristischen Daten aufgefallen? Über die Updateseite können Sie diese brandneuen Infos direkt an das *bikeline*-LiveUpdate-Team übermitteln. Wir freuen uns auf Ihr Update und bedanken uns im Namen aller Radler!

GPS-Tracks

Den aktuellen *bikeline*-Track zu diesem Titel finden Sie, wenn Sie folgende Adresse in die Adresszeile Ihres Browsers eingeben:

www.tracks.world/?dir=de/trk59uc514

Weitere Tracks:
www.bike-berlin-copenhagen.com

In **Dänemark** ist der Radfernweg bis kurz vor Kopenhagen als **Nationalroute 9** ausgeschildert, in Kopenhagen als **Nationalroute 6**. Im Osten der Insel Møn folgen Sie der Beschilderung der **Nationalroute 8** (Ostseeküstenradweg). Das Logo des Radfernweges, das Sie von allen Radwegschildern in Deutschland bereits kennen, suchen Sie hier vergebens. Die Beschilderung mit der roten Nummer auf blauem Untergrund ist allerdings so gut, dass hier keine Missverständnisse auftreten werden.

Eurovelo

Der gesamte Radfernweg von Berlin bis Kopenhagen ist Teil der EuroVelo 7 (Sun Route), die vom Nordkap bis zur Insel Malta im Mittelmeer führt.

Nationalroutenbeschilderung Dänemark

Tourenplanung

Zentrale Homepage

www.bike-berlin-copenhagen.com
Umfangreiche Informationen zum Radweg in deutsch, englisch und dänisch.

Zentrale Infostellen

visitBerlin – Berlin Tourismus & Kongress GmbH, Standorte der Infostores siehe Berlin-Mitte, ☏ 0049/30/25002333, hallo@visitBerlin.de, www.visitBerlin.de

TMB – Tourismus-Marketing Brandenburg GmbH, Babelsberger Str. 26, D-14473 Potsdam, ☏ 0049/331/298730, service@reiseland-brandenburg.de, www.reiseland-brandenburg.de

Tourismusverband Mecklenburg-Vorpommern e. V., Konrad-Zuse-Str. 2, D-18057 Rostock, ☏ 0049/381/4030-550, info@auf-nach-mv.de, www.auf-nach-mv.de

VisitDenmark, Islands Brygge 43, DK-2300 København S, ☏ 0045/32889900, contact@visitdenmark.com, www.visitdenmark.com

VisitDenmark - Dänemarks offizielle Tourismuszentrale, Glockengießerwall 2, D-20095 Hamburg, ☏ 01805/326463 (0,14 €/Min. aus dem deutschen Festnetz, max. 0,42 €/Min. aus dem Mobilfunknetz), Fax.: 0049/40/320210, daninfo@visitdenmark.com, www.visitdenmark.de

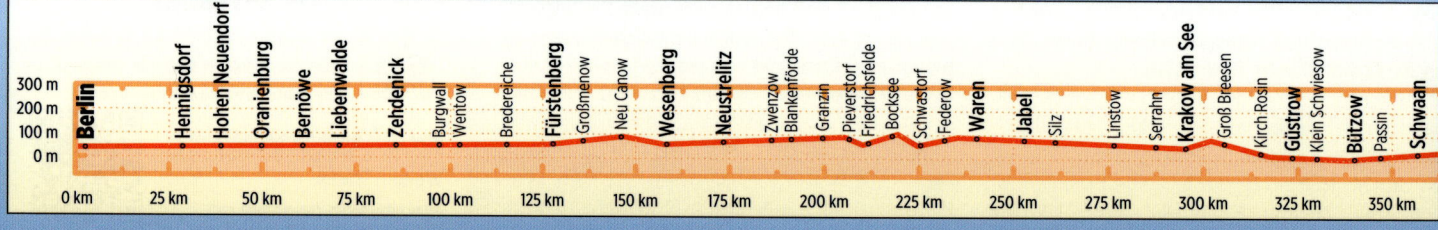

Streckenstatistik

- **Länge der Hauptstrecke: 692 km**
- **HM/km:** ↗ 1,6 m (1.102 m) ↘ 1,6 m (1.129 m)
- **Radweg:** 43 % **Unbefestigt:** 5 % **Verkehr:** 6 %
- **Summe aller Strecken: 1.068 km**

Weitere Infostellen

ADFC LV Berlin e. V., Yorckstr. 25, D-101965 Berlin, ☎ 0049/30/4484724, Fax: 44340520, kontakt@adfc-berlin.de, www.adfc-berlin.de

Dansk Cyclist Forbund (Dänischer Radfahrerverband), Rømersgade 5, DK-1362 København K., ☎ 0045/33323121, post@cyklistforbundet.dk, www.cyklistforbundet.dk

Internationale Vorwahlen

Deutschland: 0049
Dänemark: 0045

Bitte beachten Sie, dass es innerhalb von Dänemark keine Ortsvorwahlen gibt, sondern lediglich achtstellige Telefonnummern, d. h. Sie müssen in Dänemark keine Null vorwählen, sondern nur die Nummer nach der Internationalen Vorwahl.

Umrechnungskurs

1 € = etwa DKK 7,45
1 DKK = etwa € 0,13
(je nach Tageskurs)

An- und Abreise mit der Bahn

Die **Anreise mit der Bahn nach Berlin** ist von allen deutschen Großstädten mit regelmäßigen ICE-Verbindungen unkompliziert möglich. Bei einigen ICE-Verbindungen gibt es mittlerweile Fahrradstellplätze, sodass Sie Ihr Fahrrad auch im ICE direkt mitnehmen können. Ansonsten müssen Sie IC-Verbindungen wählen oder die Regionalbahnen nutzen und meist mehrfach umsteigen.

Die **Abreise mit der Bahn von Kopenhagen** führt meist über Hamburg. Der mehrmals am Tag verkehrende IC-Zug fährt direkt in die Hansestadt und benötigt für die Strecke etwa 5 Stunden. Am Hamburger Hauptbahnhof haben Sie gute Anschlüsse in alle Richtungen.

Weitere Möglichkeit der Rückreise:

Bahn-Fahrrad-Fähre-Bahn via Gedser: Sie können außerdem eine Kombination aus Bahn, Fahrrad und Fähre wählen: Mit der Regionalbahn geht es von Kopenhagen nach Nykøbing/Falster. Dort steigen Sie auf Ihr Fahrrad und fahren nach Gedser (ca. 26 km), um dort die Fähre nach Rostock zu nehmen (**Scandlines**, ☎ 0049/381/77887766, www.scandlines.de). Von der deutschen Ostseeküste nutzen Sie schließlich die Bahn für die Rückreise in ihren Heimatort.

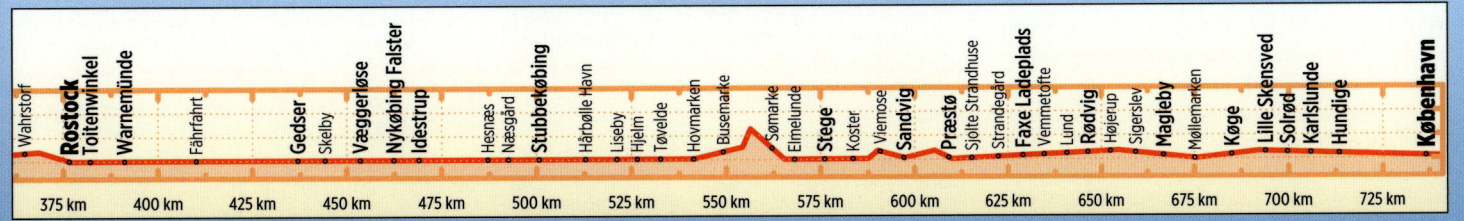

Fahrradmitnahme

In **Deutschland** können Sie in einigen ICE-Zügen, in den Regionalbahnen und in IC-Zügen Fahrräder mitnehmen. Bitte beachten Sie, dass für das Fahrrad eine Fahrradkarte gelöst werden muss. Außerdem ist für die Mitnahme in ICE- und IC-Zügen eine Stellplatzreservierung notwendig. Buchen Sie diese rechtzeitig im Voraus, denn das Kontingent ist beschränkt!

In **Dänemark** funktioniert die Fahrradmitnahme in den meisten Zügen weitgehend problemlos, vorausgesetzt man hat ein Fahrradticket gelöst. Auf nur wenigen Verbindungen werden keine Fahrräder mitgenommen, diese sind dann entsprechend markiert. Bitte beachten Sie, dass vor allem während der Hauptsaison im Sommer eine Stellplatzreservierung dringend zu empfehlen ist, denn es gibt nur ein begrenztes Kontingent an Plätzen. Für nähere Informationen wenden Sie sich bitte an die Dänischen Staatsbahnen (s. u.) oder an den Tourismusverband (www.visitdenmark.com).

Aufgrund der sich ständig ändernden Preise und Bedingungen für Fahrradtransport bzw. -mitnahme empfehlen wir Ihnen, sich bei nachfolgenden Infostellen über Ihre ganz persönliche Anreise mit der Bahn zu informieren.

Informationsstellen:
Deutsche Bahn AG, Service-Hotline: ☏ 030/2970, Mo-So 0-24 Uhr, Auskünfte über Fahrpreise und Fahrpläne, Informationen über die Serviceleistungen der Deutschen Bahn, www.bahn.de, www.bahn.de/bahnundbike
DSB – Dänische Staatsbahnen: ☏ 0045/70131415 (**Service-Inland und Service-International**), Reservierungen, Fahrplanauskünfte, Fahrpreise, Fahrradmitnahme, Stellplatzreservierungen, www.dsb.dk
ADFC, Allgemeiner Deutscher Fahrrad-Club e. V.: weitere Infos und aufgeschlüsselte Einzelverbindungen unter www.adfc.de/bahn

Fahrradversand

Deutsche Bahn AG (innerhalb Deutschlands sowie zwischen Deutschland und Österreich)
Wenn Sie mit der Deutschen Bahn an- und abreisen, können Sie den Gepäckservice der DB nutzen. Ein E-Bike-Versand ist jedoch nicht möglich. Ihr Rad wird im Haus-zu-Haus-Versand an den vereinbarten Zielort gebracht, wenn Sie im Besitz einer entsprechenden Bahnfahrkarte sind. Das Fahrrad muss verpackt werden und dabei roll- und lenkbar bleiben, Gewicht max. 31,5 Kilogramm. Kostenlos kann eine Fahrradverpackung zugebucht werden. Informationen und aktuelle Preise finden Sie unter www.gepaeckservice-bahn.de.

International:
Für den internationalen Fahrradversand steht Ihnen folgender Service zur Verfügung:
Cargo International GmbH, ☏ 01807/389010 (€ 0,14/Min. aus dem dt. Festnetz, Mobilfunk max. € 0,42/Min.), www.cargointernational.de

An- und Abreise mit dem Bus

Auch die Abreise mit dem Bus ist möglich, Flixbus bietet die Strecke Berlin-Kopenhagen inkl. Fahrradmitnahme an. Der Bus fährt nach Gedser, setzt von dort mit der Fähre nach Rostock über und fährt dann weiter nach Berlin. Die Fahrzeit beträgt etwa 7,5 bis 8 Stunden. Allerdings müssen Sie die Tickets rechtzeitig buchen, da das Angebot an Fahrradstellplätzen begrenzt ist. Eine andere Möglichkeit wäre, sich in Berlin bzw. Kopenhagen ein Fahrrad auszuleihen und es am Zielort wieder abzugeben. Nähere Informationen dazu finden Sie weiter unten.

An- und Abreise mit dem Flugzeug

Ein Großteil der Fluggesellschaften bietet den Service eines Fahrradtransportes an.
Für die Anreise nach Berlin können Sie sich bei den Berliner Flughäfen informieren, ☏ 0049/30/60911150, www.berlin-airport.de. Vom Flughafen Berlin-Brandenburg erreichen Sie die Innenstadt bequem mit der S-Bahn. Für die Abreise vom Flughafen Kopenhagen-Kastrup können Sie sich auf der Seite www.cph.dk (in englischer Sprache) informieren. Auch dieser Flughafen ist mit öffentlichen Verkehrsmitteln zu erreichen.

Tipp: Bei den meisten Fluggesellschaften besteht Verpackungspflicht. Fahrradkartons können allerdings nur bei wenigen Fluggesellschaften vorbestellt werden. Viele Fahrradhändler haben alte Fahrradkartons, die Sie gerne abgeben. Mit vor Ort gekauftem Klebeband lässt sich einfach eine Verpackung für Ihr Rad zaubern.

Mietfahrräder mit Rückgabe am Zielort

Wenn Ihnen die An- bzw. Abreise mit dem eigenen Fahrrad zu kompliziert erscheint bzw. Sie sich nicht um den Hin- bzw. Rücktransport Ihres eigenen Fahrrades kümmern wollen, können Sie das gerne Profis überlassen. Die beiden Fahrradverleiher MTB-Tours in Værløse (Kopenhagen) und Fahrradstation in Berlin haben sich zusammengeschlossen und bieten Radfahrern an, ein Fahrrad in Berlin bzw. Kopenhagen auszuleihen und am Zielort wieder abzugeben. Nähere Informationen zu den Konditionen und Preisen erhalten Sie bei den beiden Anbietern:

Fahrradstation GmbH, ☏ 030/28384848, berlincopenhagen@fahrradstation.de, www.fahrradstation.de

MTB-Tours, ☏ 0045/21747589, mail@mtb-tours.dk, www.mtb-tours.com

Rad & Bahn entlang der Strecke

Entlang der Strecke haben Sie vielfach die Möglichkeit, auf die S-Bahn oder auf Regionalzüge umzusteigen, so zum Beispiel gleich am Startpunkt in Berlin. Von Berlin-Mitte kommen Sie bequem mit der S 5/S 75 oder der Regionalbahn nach Berlin-Spandau und fahren von dort auf der alternativen Anfahrtsvariante bis zum Radfernweg in Berlin-Hakenfelde. Für diejenigen, die dem Großstadttrubel schnell entkommen möchten, bietet sich die Fahrt mit der S 1 oder der Regionalbahn nach Hennigsdorf oder Oranienburg an. Verkürzen können Sie Ihre Radreise auch zwischen Güstrow und Rostock. Hier verkehrt stündlich die S 2 und der Regionalexpress. In Dänemark ist das Umsteigen vom Rad auf die Bahn zwischen Nykøbing und Kopenhagen sowie zwischen Køge und Kopenhagen möglich.

Infostellen

Berlin: Verkehrsverbund Berlin Brandenburg GmbH, Stralauer Pl. 29, D-10243 Berlin, ☏ 0049/30/25414141, Fax: 0049/30/25414315, info@VBB.de, www.vbb.de

Rostock: Verkehrsverbund Warnow, Stampfmüllerstr. 40, 18057 Rostock, ☏ 0049/381/4923696, info@verkehrsverbund-warnow.de, www.verkehrsverbund-warnow.de

Dänemark: DSB, Sølvgade 40, DK-1349 København K, ☏ 0045/70131415, (aus dem Ausland ☏ 0045/70131418), dsb@dsb.dk, www.dsb.dk

„MÜRITZ rundum" und Müritz-Nationalpark-Ticket
Von April bis Oktober erhalten Übernachtungsgäste

der Urlaubsorte Klink, Röbel/Müritz, Rechlin und Waren (Müritz) eine Gästekarte, mit der sie den öffentlichen Busverkehr rund um die Müritz und durch den Müritz-Nationalpark kostenlos nutzen können. Alle anderen können das Müritz-Nationalpark-Ticket erwerben.
Tourismusverband Mecklenburgische Seenplatte e. V., Turmpl. 2, D-17207 Röbel/Müritz, ☎ 0049/39931/5380, www.mueritz-rundum.de

Rad & Schiff

Auf dem Radfernweg Berlin – Kopenhagen gibt es zwei Fährverbindungen:
Scandlines bringt Sie mit der **Fähre Rostock (D) – Gedser (DK)** von Deutschland nach Dänemark. Die Fähre verkehrt täglich zwischen 4 und 24 Uhr. Die Dauer der Überfahrt beträgt ca. 2 Stunden. Bitte beachten Sie, dass Sie eine halbe Stunde vor Abfahrt der Fähre einchecken müssen! Reservierungen und weitere Informationen erhalten Sie bei der **Reederei Scandlines**, ☎ 0049/381/77887766, www.scandlines.de
Die **Fähre Stubbeköbing/Bogö** verkehrt nur im Sommerhalbjahr von Anfang/Mitte Mai bis Mitte/Ende September sowie während der dänischen Herbstferien im Oktober (meist Kalenderwoche 42). Die Überfahrt dauert 12 Minuten. Informationen erhalten Sie unter **Fähre Bogö-Stubbeköbing**, Bogø Havn 0, DK-4793 Bogø By, faergenida@vordingborg.dk, www.bogoe-stubbekoebing.dk oder bei **VisitDenmark**, siehe „Zentrale Infostellen".

Verpflegung

In Deutschland sind die Versorgungsmöglichkeiten entlang des Radwegs recht gut, allerdings gibt es in Mecklenburg-Vorpommern auch Regionen, wo Sie etwas länger ohne Einkaufs- und Einkehrmöglichkeiten unterwegs sind. Im dänischen Abschnitt zwischen Gedser und Køge sollten Sie einplanen, dass es außerhalb der Städte nur wenige Gaststätten gibt, die auch tagsüber geöffnet sind. Sorgen Sie daher immer für ausreichend Proviant für den Tag. Außerdem gibt es in Dänemark im Vergleich zu Deutschland weniger Gaststätten, es ist also ratsam, sich schon vorab zu informieren, wo man abends essen gehen kann.

Übernachtung

Brandenburg, die Mecklenburgische Seenplatte sowie die deutsche und die dänische Ostseeküste sind beliebte Urlaubsziele. Hier gibt es vor allem Ferienhäuser und Ferienwohnungen, recht teure große Hotels und nur wenige preiswerte Pensionen und Privatzimmer. Es empfiehlt sich, in der Hauptsaison und besonders während der Ferienzeiten beider Länder Zimmer im Voraus zu buchen, damit es nach einer längeren Tagesetappe nicht zu einer anstrengenden Quartiersuche kommt.
In Dänemark setzt sich zunehmend „Bed and Breakfast" als Übernachtungsmöglichkeit durch. Diese sind an dem Schild „B&B" zu erkennen. Empfehlenswert ist es auch, das Zelt mit im Gepäck zu führen, da es viele gute Campingplätze gibt. Bei unseren Recherchen haben wir eine größtmögliche Auswahl für Sie zusammengestellt. Für alle, die Alternativen oder einfach noch mehr Anbieter suchen, gibt es nachfolgende Internet-Adressen, die Beherbergungen der etwas anderen Art anbieten:
Der ADFC-Dachgeber funktioniert nach dem Gegenseitigkeitsprinzip: Hier bieten Radfreunde anderen Tourenradlern private Schlafplätze an. Mehr darüber unter www.dachgeber.de.
Das **Deutsche Jugendherbergswerk** stellt sich unter www.djh.de mit seinen vierzehn Landesverbänden vor, in Dänemark können Sie sich an **Danhostel – Danmarks**

Holtug, Kreidebruch

Vandrerhjem, Vodroffsvej 32, DK-1900 Frederiksberg, ☏ 0045/33313612, www.danhostel.dk wenden. Doppelzimmer in den Danhostels sind durchschnittlich teurer als in deutschen Jugendherbergen.

Auch die **Naturfreunde** bieten mit ihren **Naturfreundehäusern** eine Alternative zu anderen Beherbergungsarten, mehr unter www.naturfreunde.de.

Unter www.camping-in.de oder www.campingplatz.de finden Sie für Deutschland flächendeckend den **Campingplatz** nach Ihrem Geschmack. Viele Campingplätze in Dänemark vermieten auch „Hütten", die jedoch im Voraus gebucht werden müssen.

Infos zu Naturcampingplätzen (DK: Naturlejrplads), auf denen das Übernachten kostenfrei ist oder höchstens DKK 15,– kostet, gibt die Broschüre „Overnatning i det fri" (Übernachten im Freien), erhältlich unter www.**teltpladser.dk**. Sie finden die Plätze auch auf www.friluftskortet.dk (auf dänisch). Diese Plätze bieten meist Windschutz, Feuerstelle und Toilette, verfügen aber nicht immer über fließendes Wasser.

Des Weiteren bietet **Bett+Bike** unter www.bettundbike.de zusätzliche Informationen zu den beim ADFC gelisteten Beherbergungsbetrieben in Deutschland und Dnänemark.

Mit Kindern unterwegs

Bei entsprechender Fitness und Straßensicherheit ist der Radfernweg Berlin-Kopenhagen für selbstfahrende

Berlin - Kopenhagen
Radurlaub für 11 Tage / 10 Nächte
Individualreise für Weltenbummler

Die Mecklenburger Radtour

✓ komplett organisierte Einzelreise / Individualreise
✓ Gepäcktransport von Hotel zu Hotel ✓ (E-)Bikes

Online buchbar unter: **ber.mrt-reisen.de**

Leistungen:
✓ Top Reiseunterlagen ✓ Fährüberfahrt Rostock-Gedser
✓ fest gebuchte Hotels inklusive Frühstück
✓ Gepäcktransport von Hotel zu Hotel
✓ Hotline zu unserer Gästebetreuung

Berlin - Kopenhagen
11 Tage / 10 Nächte
Tourcode: BER 01

Jetzt Gratis Katalog bestellen: **katalog.mrt-reisen.de**

Die Mecklenburger Radtour GmbH | Zunftstr. 2 | 18437 Stralsund | Deutschland
+49 (0) 3831 30676-0 | info@mecklenburger-radtour.de

Kinder ab 10 Jahren gut geeignet. Er verläuft großteils auf separaten Radwegen oder ruhigen Nebenstraßen und nur selten ist mit etwas mehr Verkehr zu rechnen. Vor allem der Abschnitt in Brandenburg eignet sich sehr gut für das Radfahren mit Kindern, weil Sie sich meist auf flachen, separaten Radwegen fortbewegen. In Mecklenburg kommen mehrere Steigungen vor, die etwas Kraft erfordern, aber wenn Sie dem Nachwuchs genug Zeit geben, wird er auch diese schaffen.
Auch der Abschnitt in Dänemark folgt überwiegend separaten Radwegen oder ruhigen Nebenstraßen. Lediglich die Steigungen auf der Halbinsel Mön könnten für Kinder etwas kräftezehrend sein.

Radreiseveranstalter

Eurobike, Mühlstr. 20, A-5162 Obertrum am See, ✆ 0800/0706333 (gebührenfrei aus A+D+CH), ansonsten ✆ 0043/6219/60866, office@eurobike.at, www.eurobike.at

Die Mecklenburger Radtour, Zunftstr. 4, 18437 Stralsund, ✆ 0049/3831/306760, info@mecklenburger-radtour.de, www.mecklenburger-radtour.de

Pedalo, Kickendorf 1a, A-4710 Grieskirchen, ✆ 0800/2400999 (gebührenfrei aus A+D+CH), ansonsten ✆ 0043/7248/635840, info@pedalo.com, www.pedalo.com

Zu diesem Buch

Dieser Radreiseführer enthält alle Informationen, die Sie für den Radurlaub auf dem Radfernweg Berlin – Kopenhagen benötigen: Exakte Karten, eine detaillierte Streckenbeschreibung, ein ausführliches Übernachtungsverzeichnis, Stadt- und Ortspläne und die wichtigsten Informationen zu touristischen Attraktionen und Sehenswürdigkeiten.

Und das alles mit der **bikeline-Garantie**: die Routen in unseren Büchern sind von unserem professionellen Redaktionsteam vor Ort auf ihre Fahrradtauglichkeit geprüft worden. Um höchste Aktualität zu gewährleisten, nehmen wir nach der Befahrung Korrekturen von Lesern bzw. offiziellen Stellen bis Redaktionsschluss entgegen, die dann jedoch teilweise nicht mehr an Ort und Stelle verifiziert werden können.

Die Radtour ist nicht in Tagesetappen sondern in logische Abschnitte aufgeteilt, weil die Tagesleistung zu sehr davon abhängt, wie sportlich oder genussvoll Sie die Strecke in Angriff nehmen möchten.

Die Karten

Die Detailkarten sind im Maßstab 1:75.000 erstellt. Dies bedeutet, dass 1 Zentimeter auf der Karte einer Strecke von 750 Metern in der Natur entspricht.

Zusätzlich zum genauen Routenverlauf informieren die Karten auch über die Beschaffenheit des Bodenbelages (befestigt oder unbefestigt), Steigungen (leicht oder stark), Entfernungen sowie über kulturelle, touristische und gastronomische Einrichtungen entlang der Strecke. Allerdings können selbst die genauesten Karten den Blick auf die Wegbeschreibung nicht ersetzen. Komplizierte Stellen werden in der Karte mit diesem Symbol ⚠ gekennzeichnet, im Text finden Sie das gleiche Zeichen zur Markierung der betreffenden Stelle wieder. Beachten Sie, dass die empfohlene Hauptroute immer in Rot und Violett, Varianten und Ausflüge hingegen in Orange dargestellt sind. Die genaue Bedeutung der einzelnen Symbole wird in der Legende auf den Seiten 4 und 5 erläutert.

Höhen- und Streckenprofil

Das in der Einleitung dargestellte Höhen- und Streckenprofil gibt Ihnen einen grafischen Überblick über die Steigungsverhältnisse, die Länge und die wichtigsten Orte entlang der Radroute. Zusätzlich wird am Beginn jedes Streckenabschnitts ein detaillierteres Höhen- und Streckenprofil gezeigt, in dem über die Wegpunkte eine Zuordnung zu Karte und Text möglich ist. Es können in diesem Überblick nur die markantesten Höhenunterschiede dargestellt werden, jede einzelne kleinere Steigung wird in dieser grafischen Darstellung nicht berücksichtigt. Die Steigungs- und Gefälleverhältnisse entlang der Route finden Sie im Detail mit Hilfe der Steigungspfeile in den genauen Karten.

Der Text

Der Textteil besteht im Wesentlichen aus der genauen Streckenbeschreibung, welche die empfohlene Hauptroute enthält. Stichwortartige Streckeninformationen werden von dem Zeichen ⌐ begleitet. Manche besonders markante oder wichtige Punkte auf der Strecke sind als Wegpunkte 1, 2, 3,… oder als Knotenpunkte KP 1, KP 2, KP 3,… durchnummeriert und – zur besseren Orientierung – mit dem selben Symbol in den Karten wieder zu finden.

Unterbrochen wird dieser Text gegebenenfalls durch orangefarbige Absätze, die Varianten und Ausflüge beschreiben.

TIPP | Textabschnitte in Violett heben Stellen hervor, an denen Sie Entscheidungen über Ihre weitere Fahrstrecke treffen müssen, z. B. wenn die Streckenführung von der Wegweisung abweicht oder mehrere Varianten zur Auswahl stehen u. ä.

AUSFLUG | Sie weisen auch auf Ausflugstipps, interessante Sehenswürdigkeiten oder Freizeitaktivitäten etwas abseits der Route hin.

Ferner sind alle wichtigen **Orte** zur besseren Orientierung aus dem Text hervorgehoben. Gibt es interessante Sehenswürdigkeiten in einem Ort, so finden Sie unter dem Ortsbalken die jeweiligen Adressen, Telefonnummern, Öffnungszeiten und Weblinks.

Die Beschreibung der einzelnen Orte sowie historisch, kulturell oder naturkundlich interessanter Gegebenheiten entlang der Route tragen zu einem abgerundeten Reiseerlebnis bei. Diese Textblöcke sind kursiv gesetzt und unterscheiden sich dadurch auch optisch von der Streckenbeschreibung.

Öffnungszeiten – Kategorien

- 🕐 Öffnungszeiten
- 24⃣ frei zugänglich
- 7⃣ täglich
- 🙂 häufig (5-6 Tage/Wo.)
- 😐 durchschnittlich (3-4 Tage/Wo.)
- 🙁 selten (bis 2 Tage/Wo.)
- ☎ nach tel. Anfrage

Diese Angaben gelten während der Radsaison und dienen als Orientierungshilfe. Die tagesaktuellen Öffnungszeiten finden Sie über den Weblink.

Weblink

Im Ortsdatenblock bei dem jeweiligen touristischen Eintrag befindet sich nach dem @ Symbol eine sechsstellige Zahlen- und Buchstabenkombination (*z. B.* @ *abc123*). Die Eingabe dieser Weblink-ID auf unserer Internetseite www.esterbauer.com leitet Sie direkt auf die entsprechende Webseite weiter und ersetzt somit die mühsame Eingabe ellenlanger Webadressen.

Übernachtungs- und Serviceverzeichnis

Auf den letzten Seiten dieses Radtourenbuches sind zu fast allen Orten entlang der Strecke eine Vielzahl von Übernachtungsmöglichkeiten aufgelistet, vom einfachen Zeltplatz bis zum 5-Sterne-Hotel. Zusätzlich finden Sie umfangreiche Informationen zu Radwerkstätten und Radverleihstationen.

Mit dem E-Bike

Mittlerweile sind immer mehr Radler mit einem E-Bike unterwegs. Im Grunde sind dabei die Anforderungen dieselben, auch wenn damit längere Etappen und mehr Steigungen zurückgelegt werden können. Da auch die Leistungsfähigkeit bei unmotorisierten Radlern sehr unterschiedlich ist, haben wir schon bisher keine Etappenlängen vorgegeben.

Engstellen, Treppen oder Tragestellen, die wegen des Gewichts des E-Bikes schwer zu überwinden sind, sind in den Karten verzeichnet und wo möglich Alternativen angegeben.

Wir verzichten bewusst auf das systematische Erfassen offizieller Ladestationen, da die „inoffiziellen" Ladestationen (Steckdosen) ungleich häufiger sind. Vergessen Sie das Ladekabel nicht.

Von Berlin nach Neustrelitz

173,3 km

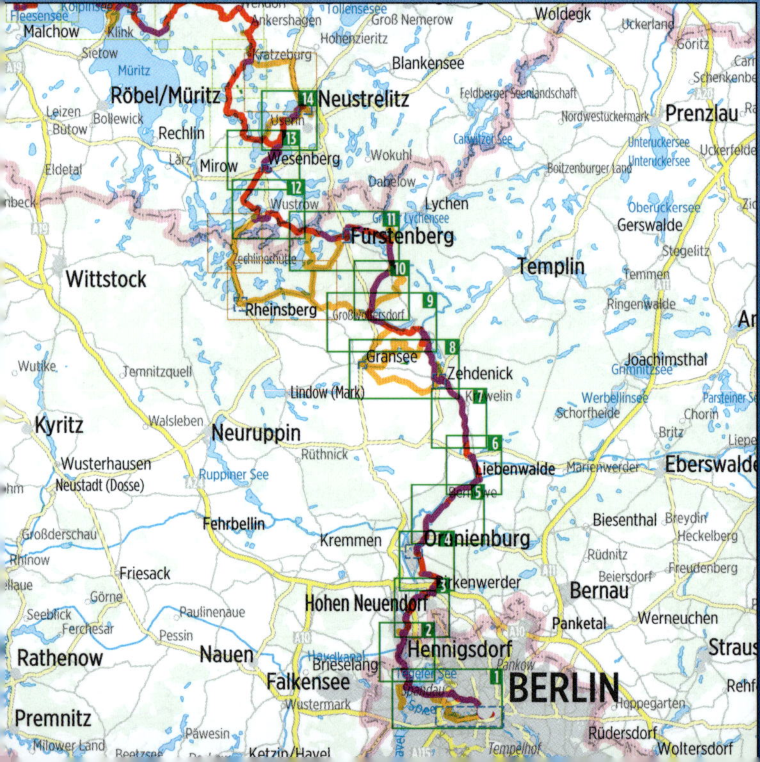

HM/km: ↗ 1,6 (276m) ↘ 1,4 (244m)   Radweg: 64 %   Unbefestigt: 5 %   Verkehr: 3 %

In Berlin geht es zunächst auf der Straße Unter den Linden entlang und durchs Brandenburger Tor, dann immer entlang des Hohenzollernkanals nach Berlin-Spandau. Nach der Stadtgrenze in Nieder Neuendorf stoßen Sie auf den ehemaligen Grenzturm an der Berliner Mauer, ein Zeugnis deutsch-deutscher Geschichte. Vor Ihnen liegt nun Brandenburg mit seiner reichen Natur und den einladenden Städten Oranienburg, Zehdenick und Fürstenberg/Havel. Ausflüge bringen Sie in die gut erhaltene, mittelalterliche Stadt Gransee und nach Rheinsberg mit seinem berühmten Schloss. Bei Großmenow überqueren Sie die Landesgrenze nach Mecklenburg-Vorpommern. Ziel der ersten Etappe ist die einstige Residenzstadt Neustrelitz am Zierker See mit ihrem unverwechselbaren Charme.

Auf der ersten Etappe verläuft die Tour überwiegend auf befestigten Radwegen und Fahrradstraßen sowie ruhigen Nebenstraßen.

Mitte (Berlin)
Vorwahl: 030

- **Tourist Info Brandenburger Tor**, Pariser Pl., südliches Torhaus, ✆ 25002333, @ thb838
- **Museumsinsel**, Bodestr., ✆ 266424242 – Alte Nationalgalerie, Altes Museum, Bodemuseum, Neues Museum, Pergamonmuseum. Bereits 1841 wurde mit dem Bau der Museumsinsel begonnen, sie ist heute eines der bedeutendsten Ausstellungszentren Europas. @ nej773
- **Akademie der Künste**, Pariser Pl. 4, ✆ 200571000, @ cfm234
- **Denkmal für die ermordeten Juden Europas**, Cora-Berliner-Str. 1, ✆ 26394336, ✆ 74072929 (Führungen) – Das Mahnmal ist nach einem Entwurf des jüdischen Architekten Peter Eisenman errichtet worden. Das Stelenfeld steht Besuchern immer offen. @ rqk864
- **Deutsches Historisches Museum (DHM)**, Unter den Linden 2, ✆ 203040 – Dauerausstellung „Deutsche Geschichte vom Mittelalter bis zum Mauerfall" und diverse Sonderausstellungen. @ drv541
- **DDR-Museum**, Karl-Liebknecht-Str. 1, ✆ 847123730 – Das private Museum stellt Alltagsgegenstände der DDR vor und gibt unterhaltsam und interaktiv Einblick in das Leben in der DDR. @ jna237
- **Deutscher Dom**, Gendarmenmarkt 1, ✆ 22730431, ✆ 22730432 – Die evangelische Kirche übergab 1984 das Gebäude an den Staat, seit den 1990er Jahren werden diverse Ausstellungen gezeigt, u. a. auch die Dauerausstellung „Wege, Irrwege, Umwege – die Entwicklung der parlamentarischen Demokratie in Deutschland". @ oyv573
- **Hugenottenmuseum**, Joachim-Friedrich-Str. 4, im Französischen Dom, ✆ 8928146 – In einer Dauerausstellung wird die Geschichte der Hugenotten in Berlin und Brandenburg vom Beginn bis in die Gegenwart präsentiert. Zusätzlich finden Vorträge und wechselnde Ausstellungen statt. @ slj776
- **Märkisches Museum**, Am Köllnischen Park 5, ✆ 24002162, bis auf weiteres geschlossen wegen umfassender Sanierung. Stadt- und Landesgeschichte von der Frühgeschichte bis zum 19. Jh. @ pll788
- **Neue Synagoge – Centrum Judaicum**, Oranienburger Str. 28-30, ✆ 88028316 – In der Pogromnacht wurde die Synagoge verwüstet und im Zweiten Weltkrieg schwerst beschädigt. Seit der Zerstörung des prächtigen Hauptsaales wird das Haus nicht mehr als Synagoge genutzt, es enthält aber einen Gebetsraum. Nach umfangreicher Sanierung erfolgte am 7. Mai 1995 die Eröffnung als Sitz der Stiftung

Berlin, Bodemuseum auf der Museumsinsel

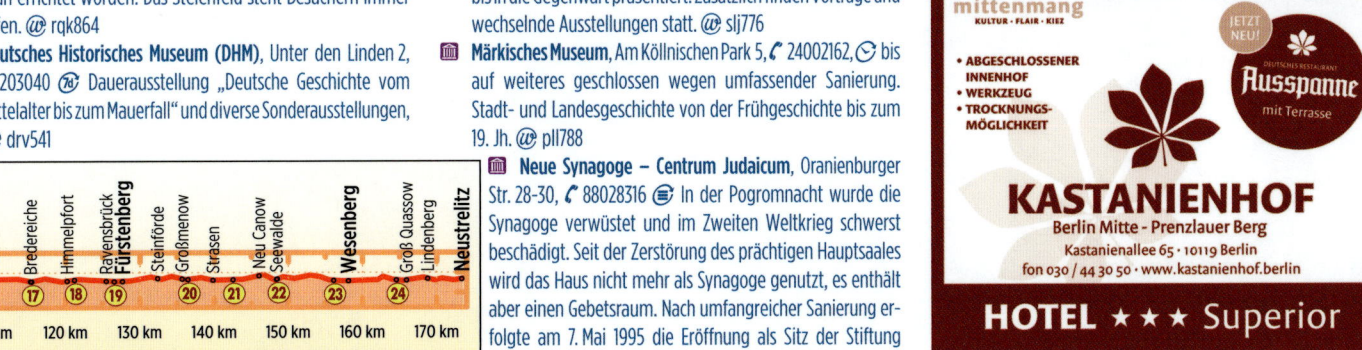

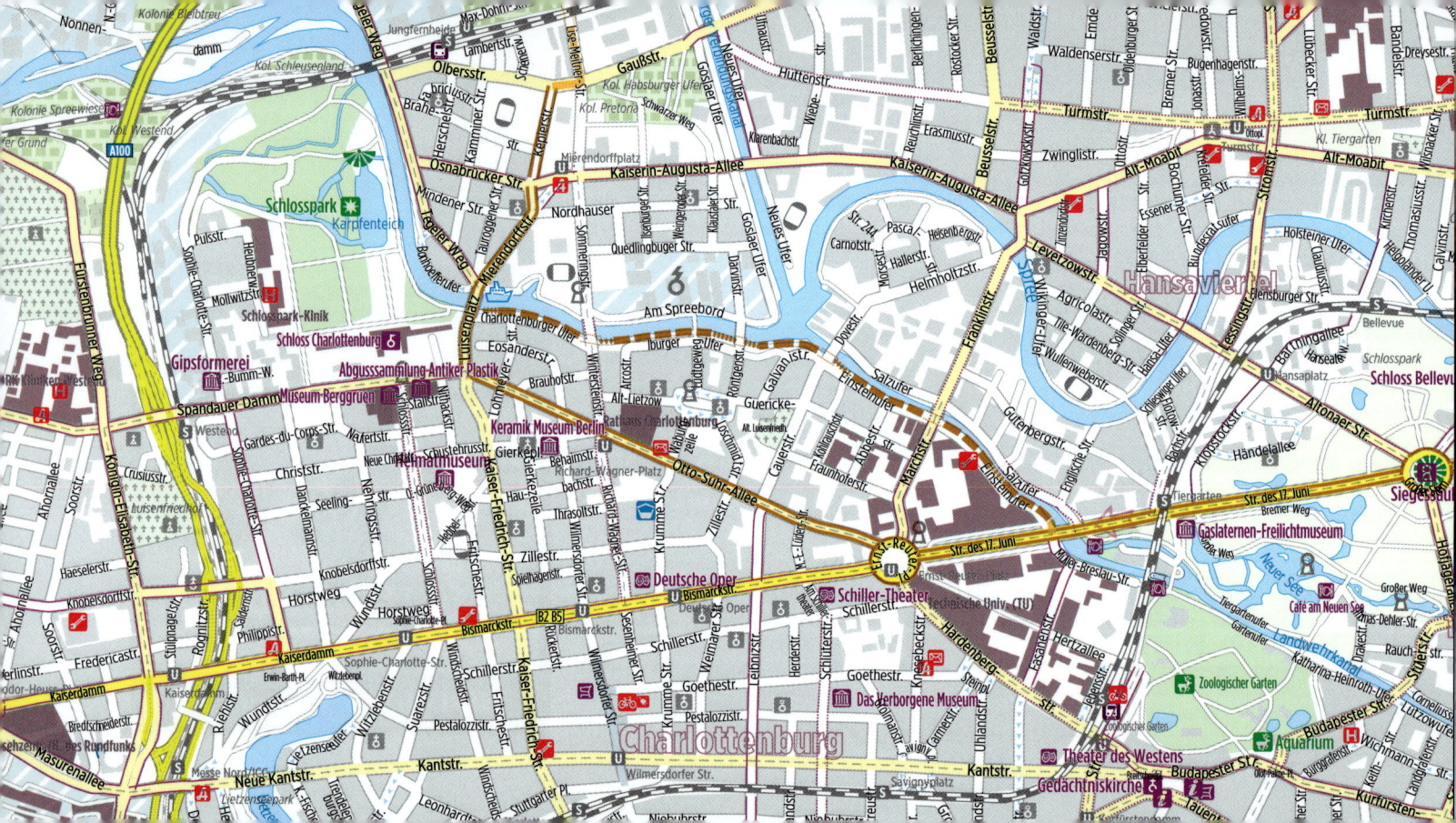

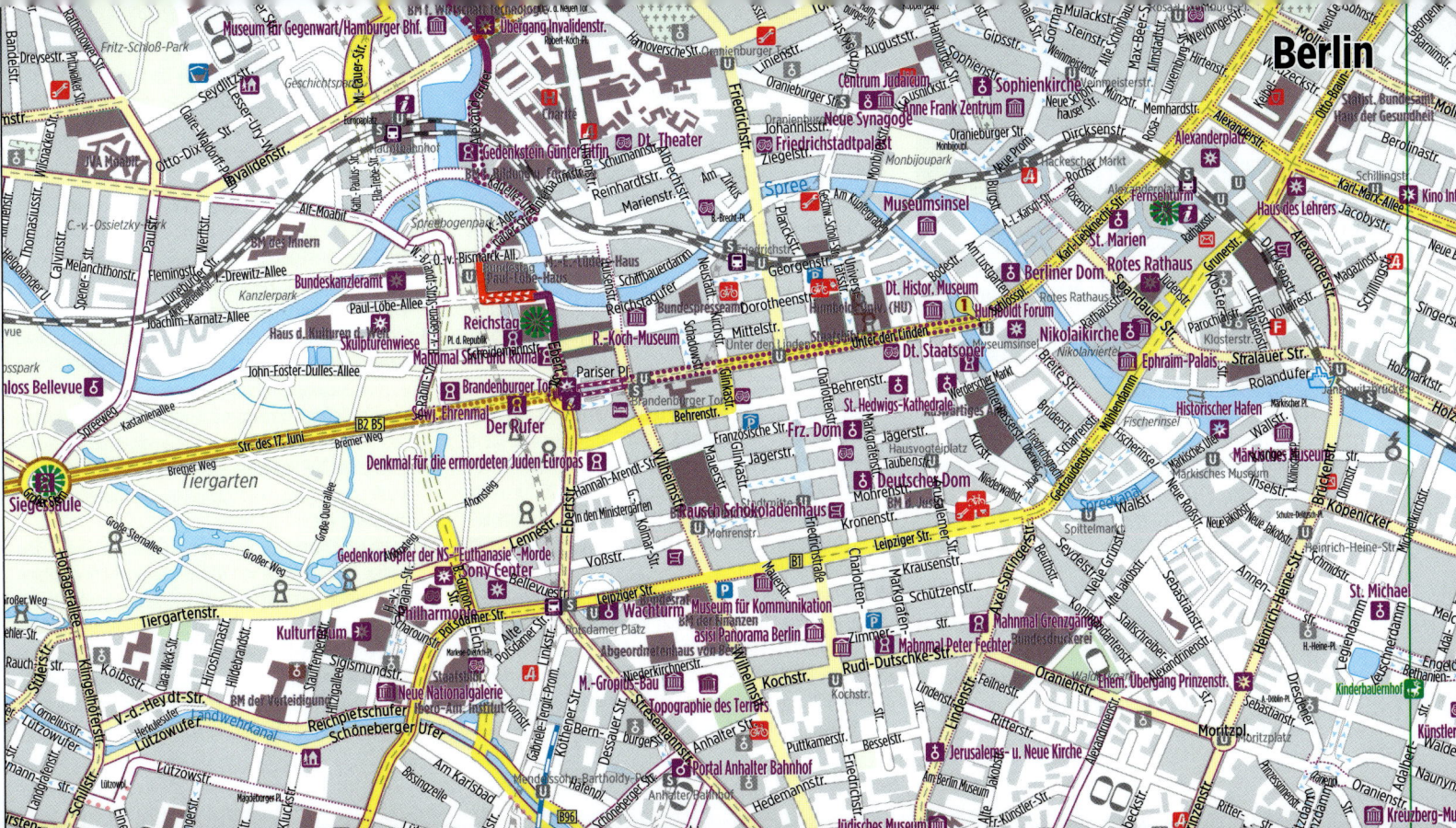

Berlin, Dom und Fernsehturm

Centrum Judaicum. Es werden wechselnde Ausstellungen zur Geschichte des Judentums in Berlin gezeigt. @ bcq175

🏛 **Gedenkstätte Berliner Mauer**, Bernauer Str. 111, an der Grenze zum Wedding, ☎ 213085123 🚇 Ausstellung im Gedenkstättenareal, Besucher- und Dokumentationszentrum. @ nat737

🏛 **Museum für Kommunikation**, Leipziger Str. 16, ☎ 202940 🚇, @ rbs823

⛪ **Berliner Dom**, Am Lustgarten, ☎ 20269136 🚇 Die größte Kirche Berlins wurde 1894-1905 erbaut. Sehenswert sind das Kaiserliche Treppenhaus, die Trau- und Taufkapelle sowie Prunksarkophage. @ mwy531

⛪ **Friedrichwerdersche Kirche**, ☎ 266424242. In der nach Plänen von Friedrich Schinkel erbauten Kirche ist heute ein Schinkel-Museum untergebracht. @ qfo266

⛪ **Nikolaikirche**, Nikolaikirchpl. 🚇 Die Kirche, die nach weitreichenden Zerstörungen im Zweiten Weltkrieg zur 750-Jahr-Feier der Stadt (1987) wiederaufgebaut wurde, prägt seit fast 800 Jahren das Nikolaiviertel und gilt als ältestes Gebäude Berlins. Eine Ausstellung informiert über die Geschichte des Bauwerks und des Viertels. @ oox282

⛪ **St. Marienkirche**, Karl-Liebknecht-Str. 8, ☎ 24759510. Das Gotteshaus aus dem 13. Jh. ist die älteste Kirche in Berlin, in der noch Gottesdienste zelebriert werden. Der Turm ist über 100 m hoch. Im Turmsockel befindet sich der Berliner Totentanz, die Darstellung des Todes in mittelalterlichen Fresken. @ mkx126

⛪ **St.-Hedwigs-Kathedrale**, Bebelpl. Die älteste katholische Kirche der Stadt wurde zwischen 1747 und 1773 erbaut. @ gvi844

⛪ **Fernsehturm**, Panoramastr. 1a, ☎ 2475750 🚇 Von dem 368 m hohen Turm hat man eine Weitsicht von bis zu 40 km. @ cmi483

⛪ **Friedrichstadt-Palast**, Friedrichstr. 107, ☎ 23262326. Die größte Theaterbühne der Welt ist mit atemberaubender Technik bestückt, die den aufgeführten Revuen ihren einzigartigen Schliff verleiht. @ kao458

⛪ **Staatsoper**, Unter den Linden 7, ☎ 20354555. Das Operngebäude ist 1743 nach einem Entwurf von Georg Wenzeslaus von Knobelsdorff erbaut worden. @ jpd421

✳ **Brandenburger Tor**, Pariser Pl. Das Brandenburger Tor wurde 1788-1791 von Carl Gotthard Langhans nach dem Vorbild der Propyläen in Athen erbaut. Ursprünglich wurde es als eines der Stadttore errichtet, die 1734-1866 die Stadt umschlossen. Es ist das berühmteste Bauwerk Berlins und steht als Wahrzeichen der Stadt symbolisch für die jahrzehntelange Teilung Berlins und Deutschlands und besonders für den Mauerfall 1989. @ tlm286

✳ **Gendarmenmarkt**, ⏱ bis 2024 wegen einer Großbaustelle gesperrt. Der Gendarmenmarkt mit dem Französischen und dem Deutschen Dom und dem Konzerthaus gilt mit seiner friderizianischen und klassizistischen Prägung als einer der schönsten Plätze Europas. @ dkx682

✳ **Schlossplatz**. Einst war hier das Berliner Schloss das zentrale Bauwerk Berlins. Im Zweiten Weltkrieg wurde es stark zerstört und musste daraufhin 1950 gesprengt und abgetragen werden. Auf einen Teil des ehemaligen Schlossgrundstücks wurde dann der Palast der Republik gebaut – ehemaliger Sitz der Volkskammer der DDR und heute ebenfalls abgerissen. Mittlerweile wurde das Schloss wiederaufgebaut, es beherbergt das „Humboldt-Forum". @ asx135

✳ **Humboldt-Universität**, Unter den Linden 6, ☎ 20930. Das heutige Hauptgebäude von 1760 war ursprünglich das Palais des Prinzen Heinrich und wird seit 1810 als Universität genutzt. Sie ist die älteste Universität der Stadt. Wilhelm von Humboldt hatte entscheidend zur Gründung beigetragen, Alexander von Humboldt hielt hier seine berühmten Vorlesungen über die physikalische Weltbeschreibung. Beide sind als Steinskulpturen vor der Universität verewigt. @ uys817

Berlin, Gendarmenmarkt

- **Rotes Rathaus**, Jüdenstr. 1, ☎ 90262411. Sitz des regierenden Bürgermeisters der Stadt Berlin. Das Rote Rathaus wurde 1861-69 aus roten Klinkerziegeln errichtet, sehenswertes Terrakottafries von 1879 in Höhe der 1. Etage rund um das Haus. @ dwg684
- **Schlossbrücke**, Unter den Linden 1. Eine der schönsten Brücken Berlins mit historischem Geländer und acht überlebensgroßen klassizistischen Doppelfiguren aus Marmor.
- **Staatsbibliothek**, Unter den Linden 8, ☎ 2660. Die heutige Staatsbibliothek wurde 1903-1914 als Königliche Bibliothek gebaut und war seinerzeit das größte Bibliotheksgebäude der Welt. @ atw557
- **Alexanderplatz**. Zentraler Platz am nordöstlichen Rand der historischen Stadtmitte mit der Weltzeituhr.
- **Neue Wache**, Unter den Linden 4. Die Neue Wache (1818) war Wachhaus für die königliche Leibgarde und ist eines der Meisterwerke Karl Friedrich Schinkels. 1930 wurde es zum Reichsehrenmal umgestaltet, zu DDR-Zeiten war es das „Mahnmal für die Opfer des Militarismus und Faschismus", in dem eine ewige Flamme brannte. 1993 wurde erneut umgestaltet, mit einer Skulptur von Käthe Kollwitz wird heute der Opfer des Krieges und der Gewaltherrschaft gemahnt. @ xoh456
- **Nikolaiviertel**, Am Nussbaum 3. Im Zweiten Weltkrieg völlig zerstört, wurde das Viertel in den 1980er Jahren originalgetreu rekonstruiert. @ hos531
- **Bebelplatz**. Die den Platz umgebenden Fassaden sehen heute so aus wie vor dem Krieg, sie sind jedoch größtenteils Nachbauten. Am 10. Mai 1933 ließen die Nationalsozialisten hier mehr als 20.000 Bücher verbrennen. Das 8 m tiefe und durch eine Glasplatte sichtbare Mahnmal ist so gestaltet, dass die Zahl der verbrannten Bücher hineinpassen würde. @ wnw727

Berlins Frühgeschichte begann urkundlich 1244 an einer Spreefurt durch einen Brückenschlag zwischen den Siedlungen Berlin und Cölln. Der Fernhandel nahm von da an diesen Weg von Magdeburg nach Posen und sicherte Wachstum und Zukunft der künftigen Metropole. Jäh unterbrochen wurde der Aufschwung Berlins durch den Dreißigjährigen Krieg (1618-1648), der nur noch ein Trümmerfeld übrig ließ. Kurfürst Friedrich Wilhelm (1640-1688) erfand aus Geldmangel die Verbrauchssteuer und finanzierte so den Ausbau zu einer Garnisonsstadt. 1644 erließ der Kurfürst das Toleranzedikt, das die Religionsfreiheit zusicherte. Die in Frankreich als Ketzer verfolgten Hugenotten fanden nun in Berlin ihre Zuflucht. Von da an nahmen sie großen Einfluss auf die weitere kulturelle und wirtschaftliche Entwicklung der Stadt. Friedrich I. (1688-1713), der Sohn des Großen Kurfürsten, verwandelte Berlin-Cölln zur königlichen Residenzstadt und fasste sie 1710 mit den drei Stadtteilen Friedrichswerder, Dorotheenstadt und Friedrichstadt zu seiner Hauptstadt zusammen.

Berlin, Blick zum Alexanderplatz

Hart und unerbittlich regierte nach ihm der König Friedrich Wilhelm I. („Soldatenkönig") bis 1740 und vermachte seinem Sohn Friedrich II. schließlich die viertgrößte Armee Europas und ein stattliches Erbe. Während dieser Regentschaft wuchs die Einwohnerzahl Preußens auf über 2 Millionen Menschen heran.

Friedrich der Große regierte von 1740 bis 1786 als aufgeklärter absolutistischer Souverän. Schloss Charlottenburg und Sanssouci zeigen am deutlichsten, welches Stilempfinden der Monarch hatte. Berlin zählte zu dieser Zeit etwa 100.000 Einwohner und wurde Zentrum der europäischen Aufklärung. Friedrich der Große sorgte durch die Belebung der Landwirtschaft, des Handels und des Handwerks auch für einen größeren Wohlstand des Volkes. Als Feldherr führte er zahlreiche Kriege, die bis zum Ende seiner Regentschaft eine Verdopplung der Staatsfläche Preußens einbrachten. Mit ungefähr 5 Millionen Einwohnern war Preußen nun Ende des 18. Jahrhunderts anerkannte Großmacht. Eine gewaltige Entwicklung, weshalb auch die Thronnachfolger nie aus dem Schatten Friedrich des Großen heraustraten.

Nach diesem Aufschwung verfiel der Staat Preußen in Lethargie und es war für Napoleon ein leichtes Spiel, 1806 durch das Brandenburger Tor zu marschieren. Doch die kurze Herrschaft der Franzosen entfachte erneut den Wehrwillen des Volkes. Zahlreiche Siegesdenkmale zeugen heute noch von den Befreiungskriegen. Der vielseitige Künstler des Berliner Klassizismus Karl Friedrich Schinkel verewigte die Heldenfiguren der Freiheitskämpfe in der Neuen Wache und auf der Schlossbrücke. Berlin verwandelte sich zur bürgerlichen Stadt, jedoch ohne die adelige Führungsschicht zu entthronen. Die einsetzende Industrialisierung war aber der entscheidend entwicklungsbestimmende Faktor Anfang des 19. Jahrhunderts. Erste Maschinenbaufabriken etablierten sich und 1883 wurde die Eisenbahnstrecke von Berlin nach Potsdam eröffnet. Daraus resultierte eine epochale gesellschaftliche Umwälzung und die politischen Forderungen der neu entstandenen Arbeiterklasse gipfelten in der Märzrevolution 1848.

Der Romantiker-König Friedrich Wilhelm IV. stand den blutigen Ausschreitungen recht hilflos gegenüber. Er versuchte, durch die Liberalisierung der Verfassung und ein frei gewähltes Abgeordnetenhaus, die Bevölkerung zufrieden zu stellen, konnte aber wegen dieser Zugeständnisse den Zusammenhalt von 28 Fürstentümern in einer deutschen Union nicht erreichen. Erst die Proklamation Wilhelm I. zum deutschen Kaiser 1871 brachte die staatliche Einheit, denn nicht die Parteien regierten durch das Parlament, sondern wieder das monarchische System der Kanzlerdiktatur als Regierung über ihnen. Der Industriestandort Berlin zog immer mehr Menschen an. Seit der Reichsgründung veranderthalbfachte sich die Einwohnerzahl auf über 2 Millionen Menschen. Dieses Überangebot an Arbeitskräften führte zu unvorstellbaren sozialen Nöten, die als logische Konsequenz die sozialdemokratische Bewegung hervorbrachte, welche 1912 die stärkste Partei im Deutschen Reichstag stellte. Der Erste Weltkrieg (1914-1918) wütete mit all seinen schrecklichen Auswirkungen und ließ auch Berlin nicht verschont. Mit seinem Ende dankte auch der politisch nur wenig begabte Wilhelm II. (regierte 1888-1918) ab. Die neue sozialdemokratische Regierung unter Friedrich Ebert – nach der Nationalversammlung in Weimar die Weimarer Republik genannt – führte einen sehr gemäßigten Kurs ohne einschneidende Reformen, der das Parteienspektrum letztlich nach links und rechts zersplittern ließ.

1933 begann das düsterste Kapitel der Stadt. Hitlers Machtergreifung beendete den Rechtsstaat und die Demokratie. Mit einem Fackelzug durch das Brandenburger Tor marschierend übernahmen die Nazikolonnen gewaltsam erst Berlin und in Folge ganz Europa. Nach dem Ende des Zweiten Weltkrieges (1939-1945) war Berlin zu 30 bis 50 Prozent zerstört. Die Trümmerstadt wurde von den vier Besatzungsmächten in vier Sektoren aufgeteilt und die Verhärtung durch den Kalten Krieg führte zur Blockbildung diesseits und jenseits des eisernen Vorhangs in der Stadt. Noch war Berlin eine Einheit aus zwei Städten, aber mit dem Bau der Berliner Mauer 1961 endete das gemeinsame Stadtleben.
Knapp dreißig Jahre später zerbrach die ideologisierte Staatskultur des Ostens. Mit dem Fall der Mauer 1989 endete die erzwungene Trennung der Stadt, Freunde und Verwandte konnten sich wieder in die Arme schließen und Willy Brandt ließ verlauten, dass jetzt das zusammenwachse, was zusammengehöre.

Von Berlin-Mitte nach Hennigsdorf 28 km

1 Sie starten Ihre Radtour von Berlin nach Kopenhagen am **Schlossplatz** in Berlin-Mitte – mit Blick auf bekannte Sehenswürdigkeiten wie den Berliner Dom oder das Alte Museum – auf der für Radfahrer freigegebenen Busspur der Straße **Unter den Linden** radeln Sie in Rich-

Berlin, Gedächtniskirche

Berlin, Schloss Bellevue

tung Westen bis zum Brandenburger Tor ~ durch das **Brandenburger Tor**, direkt vor Ihnen liegt der beliebte und gut besuchte Tiergarten.

Tiergarten (Berlin)
Vorwahl: 030

- **DJH Jugendherberge Berlin-International**, Kluckstr. 3, ✆ 747687910
- **Hamburger Bahnhof – Museum für Gegenwart – Berlin**, Invalidenstr. 50-51, ✆ 266424242 ⌂ Kunst der Gegenwart, Grundstock der Sammlung bilden Werke von weltbekannten Künstlern wie Andy Warhol, Cy Twombly, Robert Rauschenberg, Roy Lichtenstein, Anselm Kiefer und Joseph Beuys. @ sxp327
- **Kulturforum**, Matthäikirchpl., ✆ 266424242 ⌂ Gemäldegalerie, Kupferstichkabinett, Kunstgewerbemuseum, Neue Nationalgalerie und Kunstbibliothek. @ qhi766
- **Deutsche Kinemathek**, Potsdamer Str. 2, ✆ 3009030. @ mge231
- **Schloss Bellevue**, Spreeweg 1, ✆ 20000. Besichtigung nur nach schriftlicher Anmeldung möglich. Das Schloss wurde 1786 nach Plänen von Philipp Daniel Boumann im Stil des Klassizismus errichtet. Heute ist es Amtssitz des Bundespräsidenten. @ ana144
- **Siegessäule**, Großer Stern. Die Säule erinnert an die Kriege von 1864, 1866 und 1870/71. Die Aussichtsplattform befindet sich in 48 m Höhe und ermöglicht einen beeindruckenden Blick über den Tiergarten. @ trq312
- **Reichstag**, Pl. der Republik 1, ✆ 22732152. Sitz des Bundestages im Reichstag. Eine kostenlose Kuppelbesteigung ist möglich. @ iit286
- **Bundeskanzleramt**, Willy-Brandt-Str. 1, ✆ 182722720. Hier sind 300 Büros untergebracht, darunter auch die Arbeitsräume des Deutschen Bundeskanzlers. @ fpa245
- **Potsdamer Platz**. Sony-Center und Daimler Chrysler Center, Musical Theater. Mit dem schnellsten Aufzug Europas (20 Sek. Fahrzeit) zum Aussichtsgeschoss in 90 m Höhe. @ fic832
- **Haus der Kulturen der Welt**, John-Foster-Dulles-Allee 10, ehemalige Kongresshalle, ✆ 397870. Das Haus, seiner Form wegen auch Schwangere Auster genannt, zeigt Ausstellungen außereuropäischer Kulturen und bietet regelmäßig Festivals u. a. Veranstaltungen an. @ pqm175
- **Aquarium**, Budapester Str. 32, ✆ 254010. @ bvl683
- **Zoologischer Garten**, Hardenbergpl. 8 und Budapester Str. 34, ✆ 254010. Der älteste zoologische Garten Deutschlands gilt mit rund 20.000 Tieren und 1.200 Arten als wertvollste Tiersammlung der Welt. @ qke663

Der Tiergarten erhielt seinen Namen im 16. Jahrhundert, in dieser Zeit war das Gelände ein eingezäuntes Gehege mit heimischem Wildbestand und wurde als kurfürstliches Jagdrevier genutzt. Damals hatte der Tiergarten weitaus größere Ausmaße als heute. Kurfürst Friedrich III. (ab 1701 Friedrich I.) ließ Ende des 17. Jahrhunderts im Stil eines barocken Jagdparks verschiedene sternförmige Alleen und Schneisen anlegen. So ist die Charlottenburger Chaussee entstanden, die heutige Straße des 17. Juni. Diese Straße stellte zusammen mit der Straße Unter den Linden eine Verbindung zwischen dem Berliner Stadtschloss und dem Schloss Charlottenburg dar. Schon damals war die Straße mit Laternen gesäumt. 1740 ließ Friedrich der Große den Plankenzaun um den Tiergarten entfernen, und in einen Park umgestalten. Der Park wurde für die Berliner Bevölkerung geöffnet und zum wichtigsten Naherholungsziel. Noch beliebter wurde der Park, als ab 1745 Sommerwirtschaften aufgestellt waren, die sogenannten Zelten. Schon damals vergnügten sich an den Wochenenden Tausende Berliner im Park. Unter Friedrich Wilhelm III. wurde der Tiergarten von 1833-1840 in einen Landschaftspark nach englischem Vorbild umgewandelt. Dem Landschaftsarchitekten Peter Joseph Lenné gelang eine perfekte Synthese aus barocker und landschaftlicher Parkgestaltung, wie sie noch heute in großen Bereichen erhalten ist.

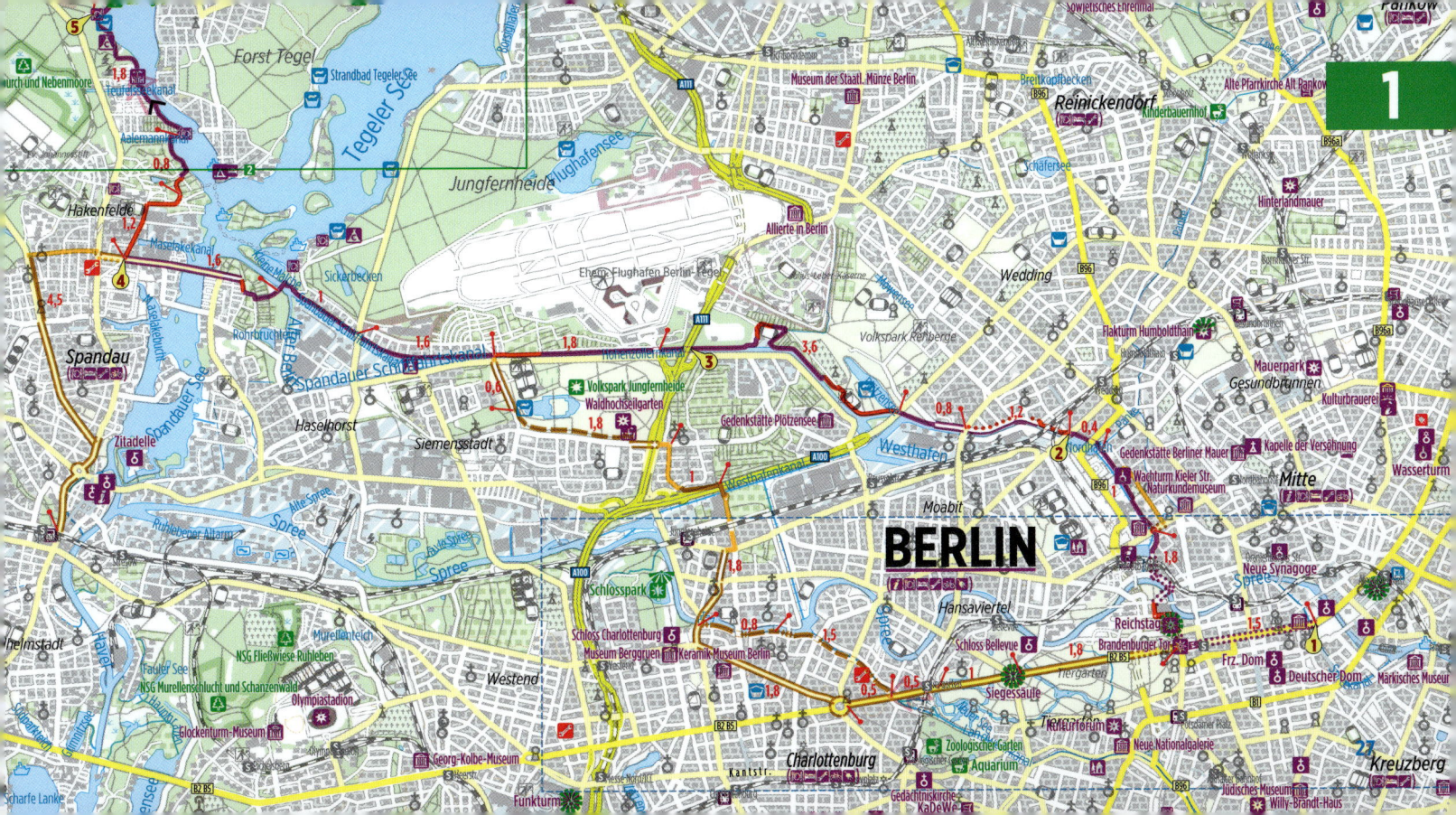

Im Zweiten Weltkrieg war der Park durch Bombenangriffe stark zerstört. Massive Abholzungen, besonders im kalten Winter 1946/47, haben den Tiergarten dann vollends verwüstet. Von den ehemals 200.000 Bäumen blieb nur noch ein Bestand von 700 erhalten.

1949 wurde das Grüne Notstandsprogramm eingeleitet. Am 17. März pflanzte Ernst Reuter die erste neue Linde. Viele bundesdeutsche Städte und Gemeinden spendeten Bäume. Über einen Zeitraum von 10 Jahren wurde die Parkanlage wiederhergestellt, wobei weitgehend auf barocke Elemente wie Alleen und Plätze verzichtet wurde. Erst 1987 anlässlich der 750-Jahr-Feier Berlins ist der Tiergarten nach dem Vorbild der Anlage von Lenné wieder hergerichtet worden.

Auch heute zieht der Tiergarten unzählige Besucher an. Besonders an den Wochenenden und bei schönem Wetter herrscht nahezu Volksfeststimmung: Es wird gepicknickt, gesonnt, gespielt..

VARIANTE Die schöne und ruhige Hauptroute des Radfernweges Berlin-Kopenhagen führt auf verkehrsarmen Straßen und separaten Radwegen am Ufer des Hohenzollernkanals aus der Stadt hinaus. Wenn Sie sich den Tiergarten und den Bezirk Charlottenburg mit dem Schloss ansehen möchten, dann radeln Sie auf der hier beschriebenen Variante durch Berlin. Auch auf diesem Weg fahren Sie zwar vorwiegend auf Radwegen, allerdings an meist vielbefahrenen Straßen.

Variante über Tiergarten und Schloss Charlottenburg

Die Alternativroute führt nach dem **Brandenburger Tor** geradeaus auf dem Radweg entlang der **Straße des 17. Juni** durch den **Tiergarten** ~ am **Großen Stern** geradeaus (3. Ausfahrt) ~ bis zum **Charlottenburger Tor** weiter und über den **Landwehrkanal**.

Charlottenburg (Berlin)
Vorwahl: 030

- **Abgusssammlung Antiker Plastik**, Schlossstr. 69b, ✆ 3424054, ✆ 33778231, @ tco265
- **Bröhan-Museum**, Schlossstr. 1a, ✆ 32690600, ✆ 32690622, Kunst und Kunsthandwerk von 1889-1939. @ gnd263
- **Käthe-Kollwitz-Museum**, Fasanenstr. 24, ✆ 8825210, Zeichnungen, Grafik und das gesamte plastische Werk der Künstlerin sind zu sehen. @ uca443
- **Kaiser-Wilhelm-Gedächtniskirche**, Breitscheidpl., ✆ 2185023, Von der neoromanischen Kirche blieb nach der Zerstörung während des Zweiten Weltkrieges lediglich die Turmruine erhalten. Das Wahrzeichen der Stadt dient heute als Museum und Mahnmal für den Frieden. @ gne652
- **Schloss Charlottenburg**, Spandauer Damm 10-22, ✆ 320910, Das Schloss wurde als Sommerresidenz des Kurfürsten Friedrich III. und seiner Gemahlin Sophie Charlotte angelegt und ist anlässlich der Krönung Friedrichs zu einer repräsentativen Anlage ausgebaut worden. Dieser Barockbau im italienischen Stil, ursprünglich Lietzenburger Schloss genannt, aus dem 17. Jh. ist der größte Feudalsitz in Berlin. @ hub553
- **Kurfürstendamm**. Der im 16. Jh. vom Berliner Stadtschloss zum Jagdschloss Grunewald angelegte Reit- und Fahrweg verwandelte sich mit der Zeit zu einem 3,5 km langen und 53 m breiten Renommier-Boulevard. Heute ist er die Topadresse der Modebranche, guter Restaurants und Cafés und eine feine Wohngegend. @ ytk367
- **Breitscheidplatz & Europacenter**. Besonders beliebt ist der rauschende Weltkugelbrunnen des Bildhauers Johannes Schmettaus vor dem Europa-Center, von den Berlinern auch Wasserklops genannt. @ dki336

Berlin, Schloss Charlottenburg

✱ **Charlottenburger Tor**, Str. des 17. Juni, ✆ 902913201. Neobarockes Bauwerk von 1907.

✱ **Schlosspark**. Der Park des Schlosses Charlottenburg wurde 1697 als Barockgarten angelegt. Ab 1819 löste Peter Joseph Lenné die barocke Anlage auf und schuf einen neuen großflächigen Garten.

Beim Kreisverkehr am **Ernst-Reuter-Platz** an der zweiten Ausfahrt in die **Otto-Suhr-Allee** ↝ weiter bis zum **Schloss Charlottenburg** ↝ vor dem Schloss rechts in die Straße **Luisenplatz** ↝ nach der **Schlossbrücke** in die zweite Straße rechts, **Mierendorffstraße** ↝ am **Mierendorffplatz** links halten ↝ die **Osnabrücker Straße** überqueren ↝ zunächst noch Mierendorffplatz, dann weiter auf der **Keplerstraße** ↝ an der T-Kreuzung rechts in die **Olbersstraße** ↝ gleich darauf links in die **Lise-Meitner-Straße** ↝ geradeaus in die Sackgasse hinein ↝ auf Höhe der Busbetriebshaltestelle befindet sich die **Fußgängerbrücke Goerdeler Steg** ↝ die A 100 überqueren ↝ nach der Brücke gleich links ↝ an der Ampelkreuzung rechts auf den **Reichweindamm** ↝ links in die **Bernhard-Lichtenberg-Straße** ↝ links in den **Heckerdamm** ↝ den **Kurt-Schumacher-Damm** überqueren ↝ auf Höhe des **Heilmannrings** rechts in den Volkspark hinein.

Volkspark Jungfernheide

✉ **Freibad Jungfernheide**, Jungfernheideweg 60, ✆ 030/70712412

An der Wegekreuzung mit dem Unterstand links Richtung **Hundefreiauslauf** und an diesem vorbei ↝ an der T-Kreuzung auf Höhe der Open-Air-Bühne rechts ↝ vor dem Jungfernheideteich gleich wieder links ↝ Sie folgen dem Verlauf des Weges bis zum **Freibad Jungfernheide** ↝ am Haupteingang nach links ↝ an der Wegekreuzung vor dem Parkausgang rechts ↝ der Weg endet auf Höhe des Landesleistungszentrums am **Jungfernheideweg**, hier rechts bis zur Kreuzung am **Saatwinkler Damm** ↝ nach dem Überqueren der **Mäckeritzbrücke** treffen Sie auf die Hauptroute.

Die Hauptroute führt Sie nach dem **Brandenburger Tor** rechts in die **Ebertstraße** ↝ an der Ampel geradeaus in die Fuß-

2

gängerzone hinter dem **Reichstag** ⤳ nach dem Gebäude links halten und auf die **Paul-Löbe-Allee** ⤳ rechts direkt am **Paul-Löbe-Haus** vorbei in die **Konrad-Adenauer-Straße** ⤳ schräg rechts weiter auf der **Konrad-Adenauer-Straße** ⤳ über die Brücke, gleich danach links in das **Kapelleufer** ⤳ rechts auf das **Alexanderufer** und bis zur **Invalidenstraße**.

VARIANTE Die Uferpromenade ist nur eingeschränkt geöffnet (ÖZ: Mitte März-Sept., 7-21.30 Uhr, ansonsten nur bis 18.30 Uhr). Zu Schließzeiten muss die Uferpromenade und der Invalidenfriedhof über die Scharnhorststraße und die Kieler Straße umfahren werden.

Die Invalidenstraße kreuzen, durch das Tor hindurch und geradeaus am Ufer des **Berlin-Spandauer-Schifffahrtkanals** entlang ⤳ kurz rechts und gleich wieder links durch das Eingangstor des **Invaliden-Friedhofs** ⤳ an einem Reststück der **Berliner Mauer** entlang ⤳ geradeaus durch das Tor ⤳ weiter am Ufer entlang ⤳ durch die Hausdurchfahrt, hinter dem Haus rechts sehen Sie die **Gedenkstätte Litfin** ⤳ am Ende des Uferweges links halten und unter der Brücke hindurch ⤳ weiter am Ufer entlang durch das Parkgelände ⤳ **2** an der Querungshilfe die **Fennstraße** kreuzen und kurz nach links ⤳ nach wenigen Metern zweigen Sie rechts ab, nehmen dann linker Hand die Straße **Norderufer** und radeln auf dieser am Kanal entlang unter der neuen S-Bahn-Brücke hindurch ⤳ die Föhrer Straße kreuzen ⤳ auf dem gut asphaltierten Radweg immer am Ufer entlang ⤳ die **Seestraße** an der Ampel überqueren ⤳ den Weg ganz links hinunterfahren und weiter geradeaus am **Nordufer** ⤳ dem Rechtsbogen der Straße folgen, dann nach 40 m links ⤳ am kleinen Parkplatz links halten und auf dem asphaltierten Hauptweg durch die **Kleingartenkolonie Plötzensee** ⤳ im Linksbogen zum Ufer ⤳ am Ende des Radweges links halten und über die Brücke ⤳ links hinter dem **American Football Stadion** vorbei ⤳ direkt danach links abzweigen und über den Parkplatz ⤳ an der **Allée du Stade** links ⤳ vor dem Werkstor der Zementfabrik rechts auf den Radweg ⤳ **3** unter der **Hinckeldeybrücke** hindurch ⤳ geradeaus weiter auf dem Uferweg am Hohenzollernkanal ⤳ im Rechtsbogen zur Straße ⤳ die **Bernauer Straße** überqueren, auf der anderen Straßenseite leicht bergab ⤳ an der Schranke vorbei auf den Uferweg ⤳ geradeaus auf dem breiten Weg ⤳ am Ufer entlang bis kurz vor die Brücke **Saatwinkler Steg** radeln ⤳ rechts durch die Drängelgitter und die Brücke überqueren ⤳ geradeaus hinunter ⤳ an der T-Kreuzung rechts in den **Wiesenweg** ⤳ an der Straße **Am Havelgarten** rechts ⤳ an der Neubausiedlung entlang ⤳ biegen Sie links ab in die Straße **An den Rohrbruchwiesen** ⤳ über die **Wasserstadtbrücke** und geradeaus auf dem straßenbegleitenden Radweg an der **Rauchstraße** weiter ⤳ **4** an der Ampel rechts in die **Goltzstraße** ⤳ rechts in die **Werderstraße** ⤳ an der Straßengabelung links in den **Elkartweg** ⤳ dem Weg im Rechtsbogen folgen ⤳ links und gleich wieder rechts in den für Radfahrer freigegebenen Fußgängerweg ⤳ der Weg führt nach links, dann rechts auf der Brücke über den **Aalemannkanal** ⤳ dahinter wenden Sie sich nach rechts ⤳ vor dem Fährhaus links ⤳ vor dem Spielplatz links halten ⤳ weiter am Ufer entlang und über die Brücke ⤳ an der T-Kreuzung rechts auf den Waldweg ⤳ auf dem Waldweg bis kurz vor die **Badestelle Bürgerablage** ⤳ **5** vor dem Forsthaus links und um das Haus herum, hier zweigt der Berliner Mauer-Radweg ab ⤳ am Ufer wieder links auf den Weg ⤳ durch den ehemaligen Mauerstreifen und über die Landesgrenze hinweg nach Brandenburg ⤳ auf dem Radweg bis zum Grenzturm in Nieder Neuendorf.

Nieder Neuendorf, Grenzturm

Nieder Neuendorf (Hennigsdorf)
Vorwahl: 03302

- **Stadtinformation**, Rathauspl. 1, Hennigsdorf, ✆ 877320, @ jks118
- **Grenzturm Nieder Neuendorf**, Dorfstr., ✆ 877312, ⊙ Anf. April-Anf. Okt., Di-So 10-18 Uhr. Seit 1999 ist der denkmalgeschützte Grenzturm als Dokumentationszentrum für die Öffentlichkeit zugänglich. Die Ausstellung wurde 2014 vollständig überarbeitet und erweitert. Sie informiert über das Leben der Menschen in der Region an und mit der Berliner Mauer. @ qwn851

Der Grenzturm in Nieder Neuendorf, Typ Führungsstelle, war bis zum 9. November 1989 ein wichtiger Bestandteil der Grenz- und Sperranlagen der Berliner Mauer. In dem neun Meter hohen Turm überwachte das Grenzregiment 38 „Clara Zetkin" auf insgesamt fünf Ebenen mehrere Wach- und Beobachtungstürme und die Elektronik der Grenzanlagen. Heute beherbergt der Turm ein Museum. In der Dauerausstellung wird dem Besucher anhand von Dokumenten, originalen Utensilien und Informationstafeln die deutsche Teilung, der Aufbau der Grenzanlagen und der Alltag an der Grenze näher gebracht.

Auf dem Radweg bis zur **Dorfstraße**, hier rechts in Richtung Bahnhof ⌁ über die Brücke ⌁ kurz dahinter im spitzen Winkel nach rechts (**KP 16**) ⌁ dem Radweg am **Bombardier Betriebsgelände** entlang folgen ⌁ um das Hafenbecken herum ⌁ rechts wieder zum Uferradweg ⌁ unter der Brücke hindurch und geradeaus weiter auf die Spielstraße am **Hennigsdorfer Hafen** ⌁ am Ende der Straße rechts (**KP 15**), links von Ihnen liegt das Zentrum von Hennigsdorf.

Hennigsdorf
Vorwahl: 03302

- **Stadtinformation**, Rathauspl. 1, ✆ 877320, @ jks118
- **Reederei Grimm & Lindecke**, Anlegestelle: Hennigsdorfer Hafen, Hafenstr., ✆ 030/28885892, @ dvw454
- **Altes Rathaus mit Stadtarchiv**, Hauptstr. 3, ✆ 877312 ⊙ Das neugotische Rathaus wurde im Jahr 1907 errichtet. Heute beherbergt das Gebäude das Stadtarchiv, in dem eine

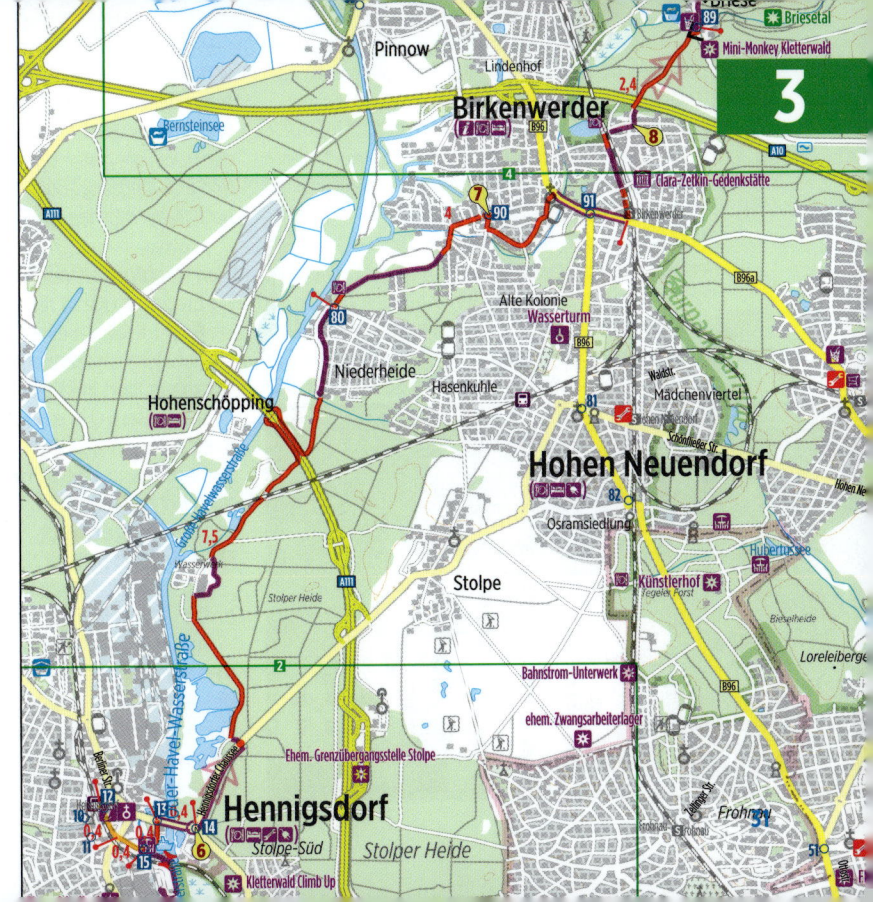

Ausstellung zur Geschichte der Stadt präsentiert wird. @ vop352

✱ **Kletterwald Climb Up!**, Ruppiner Chaussee 99, ✆ 0152/56788992. Der Kletter- und Seilrutschenparcours mit verschiedenen Schwierigkeitsstufen erlaubt ungeahnte Perspektiven in und auf den Wald. @ wvf285

🛁 **Aqua Stadtbad**, Rigaer Str. 3, ✆ 224125

Hennigsdorf war lange Zeit ein kleines Fischerdorf. Erst Anfang des 20. Jahrhunderts gewann der Ort an Bedeutung, als sich die AEG mit den beiden großen Werken für Elektrolokomotivbau und Stahlherstellung hier ansiedelte. Das Stadtrecht wurde Hennigsdorf erst 1962 verliehen. Heute ist die Stadt ein moderner Dienstleistungs- und Technologiestandort, der zunehmend auch touristisch an Bedeutung gewinnt. Die reizvolle Lage an der Havel, die grüne Umgebung und reichlich Freizeit- und Erholungsangebote sowie die S-Bahn-Anbindung nach Berlin machen die Stadt für Ausflügler attraktiv.

Von Hennigsdorf nach Oranienburg 22 km

Sie biegen am **KP 13** rechts ab in die **Ruppiner Straße** ↝ **6** am Kreisel beim **KP 14** links Richtung Stolpe auf dem straßenbegleitenden Radweg bis zum Übergang, dort links in Richtung **Wasserwerk Stolpe** ↝ am Wasserwerk rechts auf dem Asphaltweg entlang des Zauns um das Werk herum ↝ auf der anderen Seite rechts in den **Schwarzen Weg** und weiter bis nach Hohen Neuendorf.

Hohen Neuendorf

🛁 **Wasserturm**, Summter Str. 5a. Der Turm wurde Anfang des 20. Jhs. im Stil des Neobarock erbaut. @ gdx111

Im Ort fahren Sie zunächst auf der **Schillerpromenade** ↝ in der rechts abknickenden **Goethestraße** beim **KP 80** links in den **Saumweg** Richtung S-Bahnhof Birkenwerder ↝ in Birkenwerder an der T-Kreuzung links in den **Stolper Weg** ↝ folgen Sie dem Rechtsbogen in die **Havelstraße** ↝ **7** biegen Sie rechts ab in die **Humboldtallee** ↝ an der nächsten Kreuzung (**KP 90**) links in den **Fontaneweg** ↝ Sie folgen dem Verlauf der Spielstraße bis zur **Dorfkirche** in Birkenwerder.

Birkenwerder
Vorwahl: 03303

ℹ️ **Tourist-Information**, Clara-Zetkin-Str. 13, ✆ 290147, @ idv685

🏛 **Clara-Zetkin-Gedenkstätte**, Summter Str. 4, ✆ 402709 Ⓒ Eine Ausstellung zu Leben und Werk der Frauenrechtlerin und sozialdemokratischen Politikerin Clara Zetkin. @ mpb545

Vor der Dorfkirche rechts ↝ an der Hauptstraße gleich wieder rechts auf den Rad- und Fußweg ↝ beim **Rathaus** (**KP 91**) an der Ampel links in die **Clara-Zetkin-Straße** ↝ vor dem **S-Bahnhof Birkenwerder** links in die Straße **An der Bahn** ↝ auf Höhe der Erich-Mühsam-Straße geradeaus in den **Akazienweg**, es gibt einen Rad- und Fußweg, der parallel zum Bahndamm verläuft ↝ geradeaus in die **Brieseallee** und weiter auf dem Radweg ↝ in einem Rechtsschwenk unter der Eisenbahnbrücke hindurch geradeaus weiter entlang der **Friedensallee** ↝ **8** links in die **Fichteallee** ↝ der Radweg endet an der Autobahn, geht auf der ruhigen Straße weiter nach Briese.

Briese (Birkenwerder)

✱ **Mini-Monkey Kletterwald für Kinder**, Briese 13, ✆ 0176/62467591, 🕐 April-Okt., Sa, So/Fei und in den Sommerferien 10-18 Uhr, @ rov716

🌳 **Briesetal**. Briesesteig und Naturlehrpfad.

Oranienburg, Schloss

Im Ort an der T-Kreuzung links Richtung Borgsdorf (**KP 89**) ~ auf dem Radweg entlang der Straße **Papengestell** nach Borgsdorf ~ ⚠ aufgrund des starken Gefälles in diesem Abschnitt werden Radfahrer gebeten abzusteigen.

Borgsdorf (Hohen Neuendorf)

Im Ort weiter entlang der **Friedensallee** ~ geradeaus am **S-Bahnhof Borgsdorf** vorbei ~ hinter der Schule wechselt der Radweg auf die linke Straßenseite ~ an der T-Kreuzung (**KP 84**) rechts in Richtung Lehnitz.

Lehnitz (Oranienburg)

Vorwahl: 03301

- **Friedrich-Wolf-Gedenkstätte**, Alter Kiefernweg 5, ✆ 524480 ⓒ Seit 1973 ist in dem ehemaligen Wohnhaus des Arztes und Schriftstellers Friedrich Wolf diese Gedenkstätte eingerichtet. @ wao741

- **Schleuse Lehnitz**. Die erste, mittlerweile stillgelegte Schleuse dieser Anlage wurde 1910 erbaut, die zweite im Jahr 1940.

In Lehnitz im Linksschwenk am **S-Bahnhof** vorbei und weiter geradeaus auf der **Oranienburger Chaussee** Richtung Oranienburg-Zentrum ~ an der Kreuzung nach dem Oder-Havel-Kanal (**KP 55**) rechts in die **André-Pican-Straße** und an der TURM Erlebniscity vorbei.

Oranienburg

Vorwahl: 03301

- **Tourismus und Kultur Oranienburg gGmbH, Tourist-Information**, Schlosspl. 2, ✆ 5220040, @ hpg333

- **Gedenkstätte und Museum Sachsenhausen**, Str. der Nationen 22, ✆ 200200 ⓒ Auf dem Gelände des einstigen Konzentrationslagers wurde die Gedenkstätte und das Museum Sachsenhausen errichtet. Führungen, Ausstellungen und Ansicht der Originalgebäude informieren über den Nazi-Terror (1936-45) und

---

★★★★ Stadthotel Oranienburg — bett+bike adfc
Wir sind ein modernes 4 Sterne „Bett & Bike" Hotel und freuen uns auf Ihren Besuch.
16515 Oranienburg · André-Pican-Straße 23
Tel.: +49 (0) 33 01 / 690 - 0
info@stadthotel-oranienburg.de
www.stadthotel-oranienburg.de

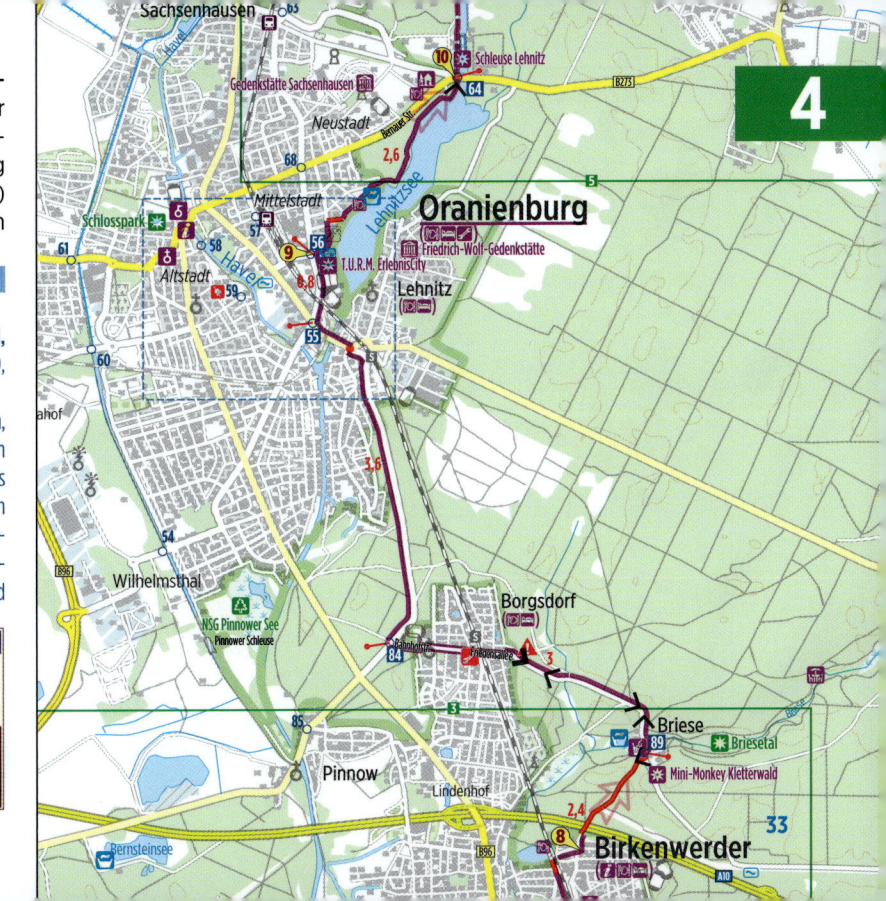

4

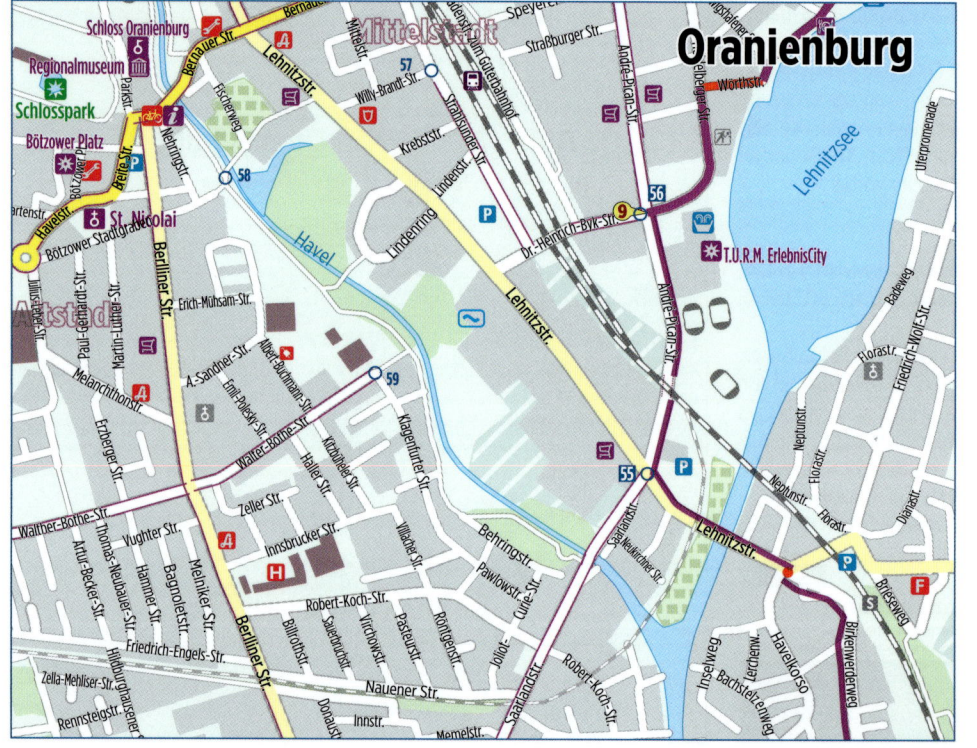

die Zeit des sowjetischen Speziallagers Nr. 7/Nr. 1 (1945-50). @ kpv345

ReMO Regionalmuseum Oberhavel im Schloss Oranienburg, Schlosspl. 1, ✆ 6015770, ✆ 6015771 Ständige Ausstellungen zu verschiedenen Themenkomplexen aus der Geschichte der Stadt und der Umgebung. @ fpl878

St. Nicolai, Havelstr. 28, ✆ 3416. Das imposante Gotteshaus aus den Jahren 1864-66 ist das weithin sichtbare Wahrzeichen der Stadt. Vom Turm hat man einen schönen Blick über die Stadt und ihre Umgebung.

Schloss Oranienburg, Schlosspl. 1, ✆ 537437, ⊙ Museum: April-Okt., Di-So 10-17.30 Uhr, Nov.-März, Di-So mind. 10-16 Uhr, monatl. Themenführungen. Im ältesten Barockschloss Brandenburgs aus dem 17. Jh. werden in den Fest- und Paraderäumen Kunstwerke niederländischer Künstler des 17./18. Jhs. gezeigt. Weiterhin gibt es eine Silberkammer, eine Porzellangalerie, Bildteppiche aus der Zeit des Großen Kurfürsten und Mobiliar u. a. aus afrikanischem Elfenbein zu sehen. Sehenswert ist auch die berühmte Deckenmalerei im Porzellanzimmer und das Silbergewölbe, in dem ausgewählte Beispiele königlichen Prunksilbers gezeigt werden. @ ufu686

Bötzower-Platz. Der Bötzower-Platz wurde in den 1980er Jahren auf dem Altstadtkern der Stadt zur Erinnerung an den mittelalterlichen Ursprung Oranienburgs errichtet, einst hieß die Stadt Bötzow.

✴ **Goldene Yacht „Sehnsucht"**, Schlosshafen. Es handelt sich um den Holznachbau eines niederländischen Plattenbodenschiffes aus dem 17. Jh., das seinen Liegeplatz am Schiffsanleger Schlosshafen hat.

✴ ☎ **T.U.R.M. ErlebnisCity Oranienburg**, André-Pican-Str. 42, ☏ 57381111. Erlebnisbad, Sauna, Klettern, Bowling, Beachsporthalle, @ awk618

✴ **Schlosspark Oranienburg**. Der Park wurde als barocker Lustgarten erbaut und im 19. Jh. zu einem Landschaftsgarten umgestaltet. Das Gartenportal (1690) mit seinem wunderschönen schmiedeeisernen Tor und die Orangerie (1754/55), heute moderner Konzert-, Theater- und Festsaal, sind die einzigen noch erhaltenen Parkgebäude. Der Schlosspark ist 2009 mit der Landesgartenschau nach dem Motto „Traumlandschaften einer Kurfürstin" wiedererblüht. Als Familien- und Freizeitpark vereint er Gartenkunst und Erlebnisspielplatz und ist zugleich Erholungs-, Lern- und Kulturort für alle Generationen.

✉ **Lehnitzsee**, Mainzer Str.

Die Kreisstadt Oranienburg liegt im Norden Berlins umgeben von einer reizvollen Landschaft mit Seen, Kanälen, Wiesen und Wäldern.

Bis zum Jahr 1652 hieß die Ansiedlung, auf die Oranienburg zurückgeht, Bötzow. Zwei Jahre zuvor hatte der Große Kurfürst, Friedrich Wilhelm, die Domäne Bötzow seiner niederländischen Gemahlin, Luise Henriette Prinzessin von Oranien, geschenkt. Sie ließ Schloss

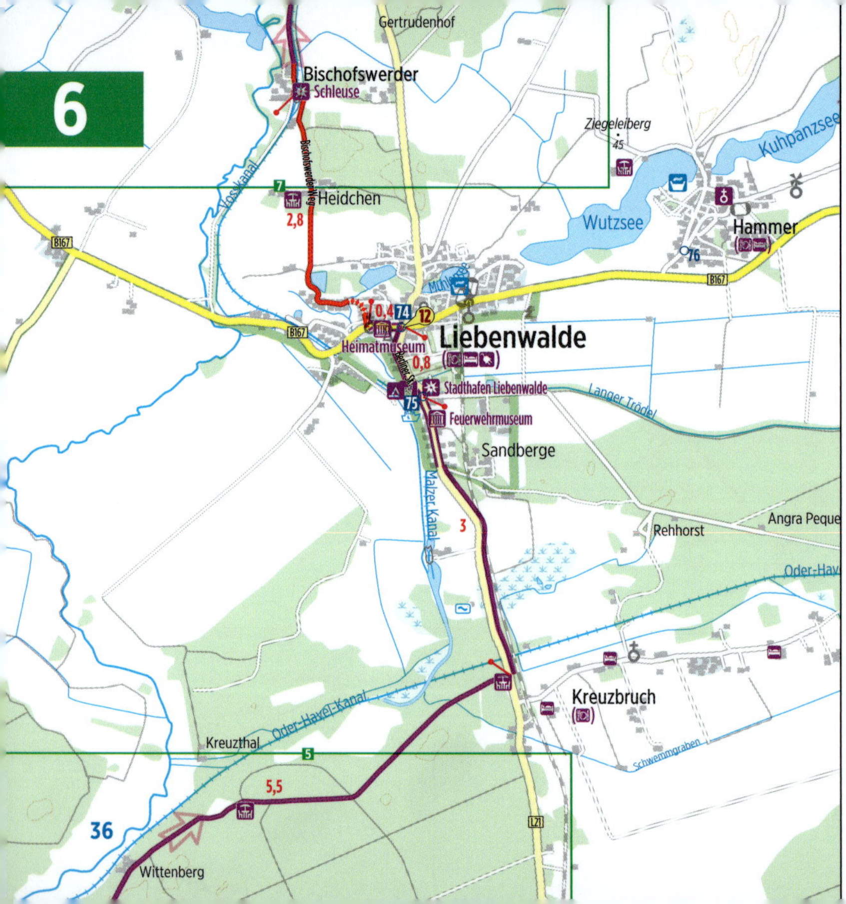

6

Liebenwalde, Rathaus

Oranienburg errichten und trieb den Wiederaufbau der durch den Dreißigjährigen Krieg stark zerstörten Domäne an. So ließ sie erstmals in Brandenburg Kartoffeln anbauen und gründete das erste Waisenhaus der Mark. Der Name des Schlosses wurde auf die Ansiedlung übertragen. Am Ende des Zweiten Weltkrieges wurde die Stadt und das Konzentrationslager Sachsenhausen befreit. Bei der Bombardierung erlitt Oranienburg schwere Verluste – 60 Prozent der Häuser wurden zerstört, 40 Prozent der Einwohner obdachlos. Noch heute werden bei Erdbauarbeiten Bomben gefunden.

„Gegen das Vergessen" wurde 1961 die Gedenkstätte und das Museum Sachsenhausen auf dem Gelände des ehemaligen Häftlingslagers errichtet, um die Erinnerung an den Nazi-Terror wachzuhalten.

Von Oranienburg nach Zehdenick — 36 km

9 An der Kreuzung nach der Erlebnisciy rechts in die **Heidelberger Straße** (**KP 56**) ~ nach dem Tennisplatz rechts in die **Wörthstraße** ~ am Ufer des Lehnitzsees links in den mit Pollern abgesperrten Weg ~ vorbei an einem Fußball- und einem Spielplatz ~ rechts in die **Mainzer Straße** ~ geradeaus in den Wald ~ auf einem befestigten Weg entlang des Lehnitzsees bis zur Brücke, die Durchfahrt ist für den Kraftverkehr verboten ~ der Weg führt stark bergauf ~ **10** Sie überqueren die Bundesstraße am Übergang (**KP 64**) ~ auf dem asphaltierten Radweg entlang des Oder-Havel-Kanals bis zur Brücke.

Friedrichsthal (Oranienburg)
An der Brücke beim **KP 65** rechts über den Oder-Havel-Kanal ~ bei den ehemaligen **Heilstätten Grabowsee** links in die Fahrradstraße (**KP 66**).

Bernöwe (Oranienburg)
11 An der Kreuzung in Bernöwe geradeaus weiter ~ nach den letzten Häusern geradeaus in die Fahrradstraße ~ an der **L 21** links auf den Radweg und vorbei am **KP 75** weiter bis nach Liebenwalde.

Liebenwalde
Vorwahl: 033054

🏛 **Heimatmuseum Liebenwalde im ehemaligen Stadtgefängnis**, Marktpl. 20, ☏ 80555, ☏ 80557 ✉ Im ehemaligen Stadtgefängnis gibt es Ausstellungen zur Stadt-, Kirchen-, Schul-, Vereins- und Industriegeschichte. Außerdem werden die Binnenschifffahrt, die „Heidekrautbahn" und die Geschichte der umliegenden Ortsteile thematisiert. Auch eine „echte" Zelle ist noch vorhanden. @ nro538

🏛 **Feuerwehrmuseum**, Berliner Str. 50, ☏ 0152/27963668 ✉ Auf einer Fläche von 600 m² werden u. a. alte Löschfahrzeuge und -anhänger gezeigt. @ bwa723

⛪ **Stadtkirche**, Marktpl. Ursprünglich stand der 30 m hohe Glockenturm getrennt von der klassizistischen Stadtkirche aus den 1830er Jahren. Nachdem er 1875 abgerissen werden musste, wurde der neue Turm durch einen Zwischenbau mit dem Kirchenschiff verbunden.

✹ **Rathaus**, Marktpl. Das Gebäude wurde 1879 im Stil des Historismus erbaut.

🛟 **Badestelle am Mühlensee**

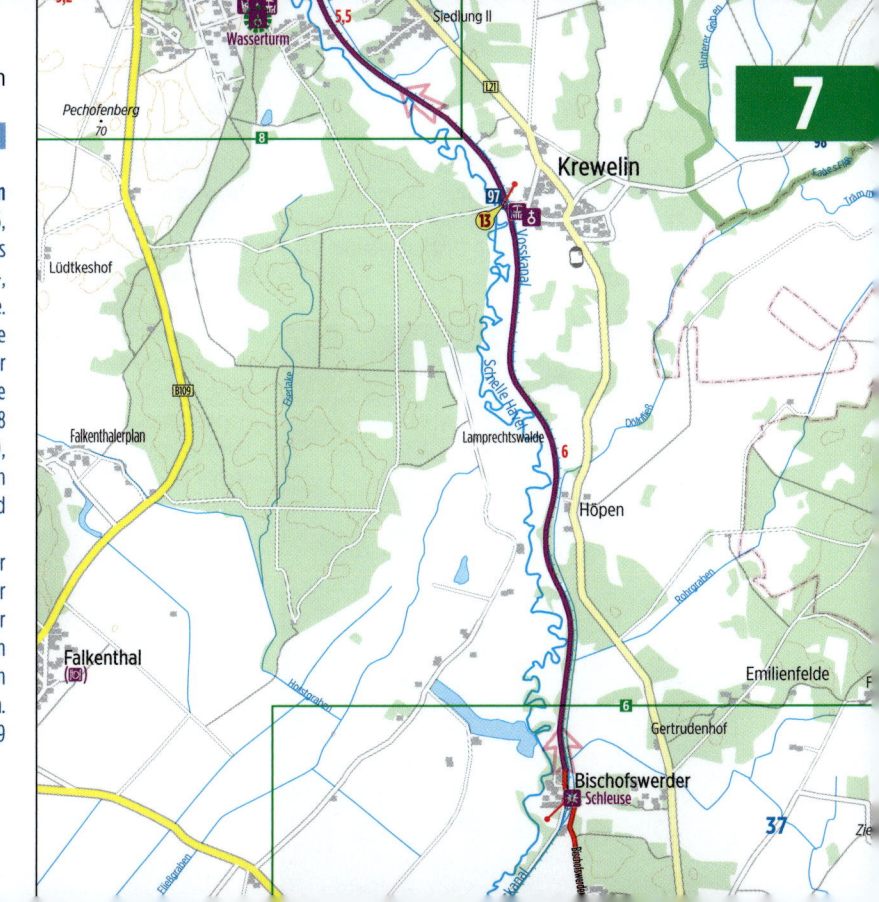

In Liebenwalde auf der **Berliner Straße** immer geradeaus ~ 12 an der großen Kreuzung links in die **Ernst-Thälmann-Straße** (**KP 74**) an **Rathaus** und **Kirche** vorbei, gleich danach rechts in die **Breite Straße** ~ links in die **Rudolf-Breitscheid-Straße** ~ Sie verlassen den Ort Richtung Zehdenick ~ die Straße führt am **Ausbau Heidchen** vorbei ~ auf dem **Bischofswerder Weg** kommen Sie zur Schleuse.

Zehdenick, Klosterruine

Bischofswerder (Liebenwalde)

✳ Schleuse Bischofswerder. Die erste Schleuse Bischofswerder wurde in den Jahren 1880 bis 1884 errichtet.

Nach der Schleuse gleich rechts in den asphaltierten Radweg ~ entlang des **Vosskanals** weiter ~ 13 an der Brücke nach Krewelin vorbei (**KP 97**).

Krewelin (Zehdenick)

♿ Fachwerkkirche. Das Kirchlein mit Dachreiter und Haube stammt aus dem Jahr 1694.

Die Route führt weitere 4,5 km am Vosskanal entlang ~ in Zehdenick endet der Weg am ehemaligen Wasserstraßenamt ~ geradeaus weiter auf der asphaltierten Straße ~ auf der Straße **Freiarche** in einem Linksschwenk leicht bergauf ~ an der T-Kreuzung rechts in die **Parkstraße** ~ an der Querstraße auf Höhe der Feuerwehr geradeaus in die **Clara-Zetkin-Straße** ~ am Fußgängerüberweg nach rechts ~ an der **Klosteranlage** vorbei und am Sportplatz entlang ~ vor der Havel links in den gepflasterten Weg (**KP 84**) ~ zwischen dem Sportplatz und der Havel entlang, dann gleich nach dem Parkplatz links abzweigen ~ an der folgenden T-Kreuzung nach rechts ~ beim **KP 83** links in die **Dammhaststraße** ~ auf der **Berliner Straße** durch das Zentrum von Zehdenick.

Zehdenick

Vorwahl: 03307

ℹ **Tourist-Information Zehdenick**, Am Markt 11, Rathaus, ✆ 2877, @ smh745

♿ **Stadtkirche**, Am Kirchpl. 10. Die evangelische Stadtkirche aus dem Jahr 1250 zählt zu den ältesten Bauwerken der Stadt. Der Turmunterbau mit dem Portal ist im Original erhalten, das Kirchenschiff hingegen stammt aus dem 19. Jh. Sehenswert ist vor allem der neugotische Altar.

♿ **Kath. Kirche Mariä Himmelfahrt**, Friedrich-Engels-Str. 3. Der rote Klinkerbau wurde 1901 eingeweiht. Die Orgel stammt aus dem Jahr 1999.

♿ **Havelschloss Zehdenick**, Schleusenstr. 13, ✆ 4290839. Das Schloss wird heute als Übernachtungsbetrieb genutzt. @ jvc572

♿🏛 **Klosterruine des ehemaligen Zisterzienserinnen-Klosters**, Im Kloster 2, ✆ 4205172, ⏱ Museum: Di-So 12-17 Uhr. Zu sehen ist die Dauerausstellung „Die Zisterzienser" und eine Farbkopie des Altartuches in der Originalgröße von 6 m². Das Kloster aus der Zeit um 1250 wurde beim Stadtbrand 1801 stark zerstört, aber die erhaltenen Gebäude lassen die Größe der einstigen Anlage noch erkennen. @ vni321

♿ **Wasserturm**, Parkstr. 56a, ✆ 4979049. Der über 44 m hohe Wasserturm stammt aus der Zeit um 1900 und wurde 1991 saniert. Knapp 15 Jahre später wurden die letzten Anlagen außer Betrieb genommen. Heute ist der Turm begehbar und beherbergt ein Café. @ lyt444

✳ **Hastbrücke**. Die Zugbrücke ist das Wahrzeichen der Stadt. Die einstige Holzbrücke wurde 1992 durch eine zweiflügelige Eisen-

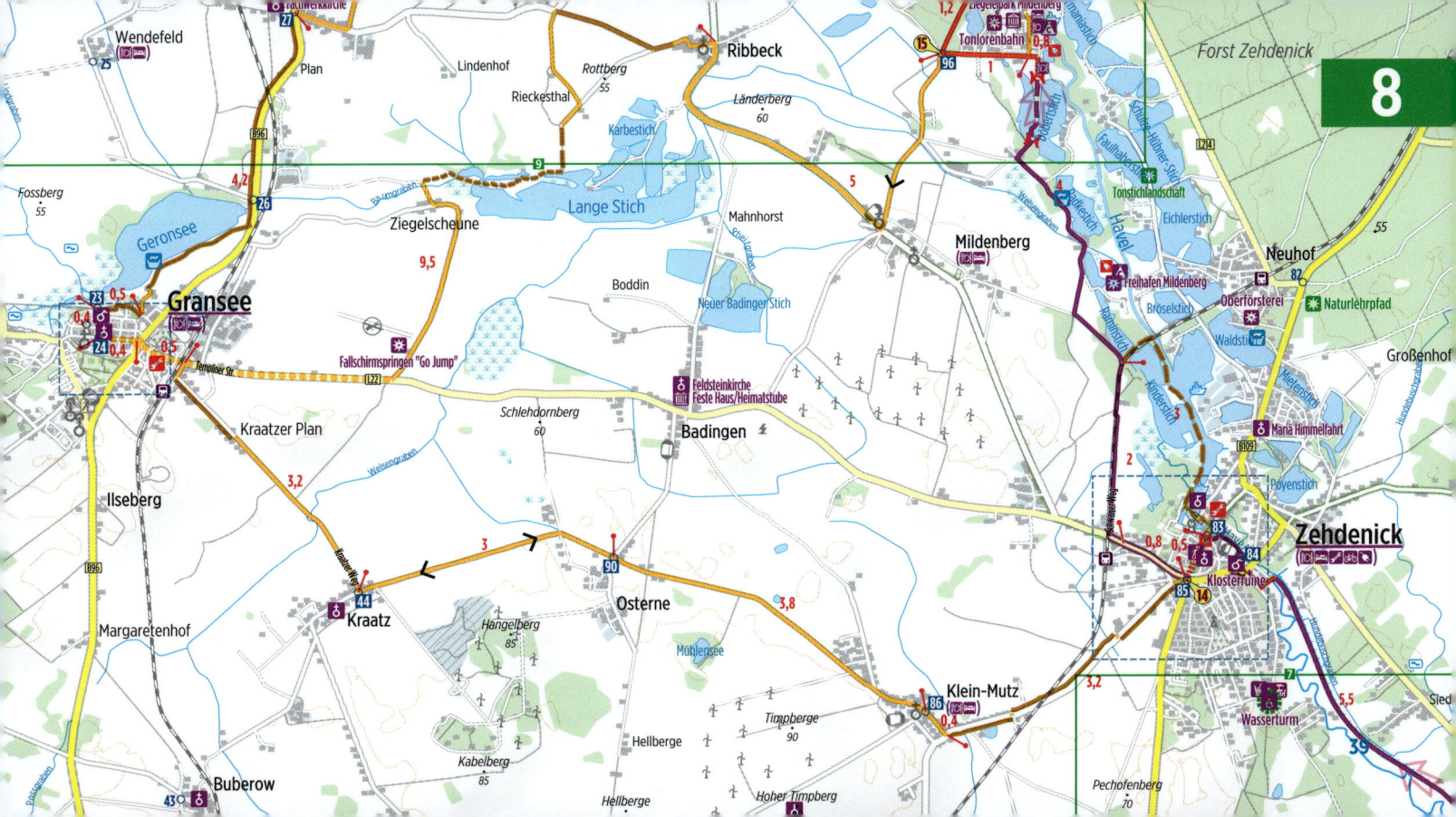

brücke ersetzt. Weiter stromaufwärts befindet sich die vollautomatisierte Schleuse.

✱ **Freiarche**, Freiarche. Das Staubauwerk steht seit 1999 unter Denkmalschutz und wurde 2006 restauriert.

✱ **Klostergalerie**, Am Kloster 1, In der Klosterscheune, ✆ 310777, ✆ 0171/3851137, ⌚ Mi-So 13-17 Uhr. Es gibt wechselnde Ausstellungen, Konzerte, Lesungen u. v. m. @ gcl432

✱ **Trockendock**, Schleusenstr. 13. Das Trockendock ist ein funktionstüchtiges Technisches Denkmal, in dem heute noch Wartungs- und Reparaturarbeiten durchgeführt werden.

✱ **Stadtpark**. Der Stadtpark gegenüber der Klosteranlage wurde zur Erinnerung an den Besuch des Kaisers Friedrich III. 1885 angelegt. Eine Aussichtsplattform bietet einen guten Blick auf die Havelstadt.

✱ **Tonstichlandschaft**, zwischen Zehdenick und Burgwall. Mehr als ein Jahrhundert wurde in den Tonstichen links und rechts der Havel bis in die 1990er Jahre Ton abgebaut. In der Folge füllten sich die Tongruben mit Wasser und es entstand eine deutschlandweit einzigartige Landschaft. @ iav688

🛁 **Waldbad**, Altes Forsthaus 4a, @ brj857

Zehdenick wurde 1216 erstmals urkundlich erwähnt. Damals bestand der Ort aus einer Burg und einer Ansiedlung. 1281 wurden Zehdenick die Stadtrechte verliehen.

Das Zisterzienserinnenkloster war lange Zeit eine wichtige Institution und eng mit der Geschichte der Stadt verwoben. Grund für die Klostergründung im Jahre 1250 war ein Hostienwunder und das Kloster entwickelte sich rasch zu einem bedeutenden Wallfahrtsort. 1541 wurde es durch die kurfürstliche Visitation aufgehoben und in ein Stift für adlige Damen umgewidmet. Als solches existierte es bis 1945. Durch Kriege und Stadtbrände wurde das Kloster stark zerstört und ist heute nur noch als Ruine erhalten. Sehenswert sind die Reste des Klausurgebäudes mit den beiden erhaltenen Giebelwänden aus Findlingsmaterial, der nördliche Kreuzgangflügel und die restaurierte Klosterscheune. Seit 1946 ist das gesamte Klostergelände Evangelisches Stift und dem Konsistorium der Evangelischen Kirche Berlin-Brandenburg unterstellt.

Von Zehdenick nach Dannenwalde 21,5 km

VARIANTE Wer mit leichtem Gepäck sowie ohne Anhänger reist und die naturbelassene Landschaft mit ihrer einmaligen Flora und Fauna genießen will, sollte die Naturparktour durch die Tonstichlandschaft wählen. Beim Ramin-Stich stoßen Sie dann wieder auf den Radfernweg.

Naturparktour 3 km

Sie biegen rechts in die **Dammhaststraße** ab und überqueren die Havel ~ nach der **Zugbrücke** links in den **Havelweg** ~ an der **Schleuse** links und sofort rechts in den **Treidelweg** ~ im starken Anstieg die erste Kamelbrücke hinauf, dann nach rechts ~ über die zweite Kamelbrücke ~ auf dem sehr schmalen, unbefestigten Fußweg bis zur **Eisenbahnbrücke** ~ danach links und weiter bis zum **Ramin-Stich**, hier treffen Sie wieder auf die Hauptroute.

Auf der Hauptroute fahren Sie auf der **Berliner Straße** durch das Zentrum von Zehdenick bis zur Ampelkreuzung nach dem **Rathaus** (**KP 85**).

AUSFLUG Von Zehdenick bietet sich ein Ausflug in die mittelalterliche Stadt Gransee mit ihrem wunderschönen, sanierten historischen Stadtkern an.

Ausflug nach Gransee 30 km

Am Ende der Berliner Straße zweigen Sie schräg rechts ab in die kleine Straße **Am Berliner Tor** ~ geradeaus auf den Radweg der **Rudolf-Breitscheid-Straße** in Richtung **Klein-Mutz** ~ im Ort biegen Sie nach rechts ab und radeln am **KP 86** vorbei weiter in Richtung Osterne und Kraatz ~ Sie folgen der Landstraße durch **Osterne** (**KP 90**) und biegen dann in **Kraatz** beim **KP 44** rechts ab in Richtung Gransee ~ an der T-Kreuzung beim Bahnhof nach rechts ~ links ein Stück auf der stark befahrenen **Templiner Straße** übergehend in die **Rudolf-Breitscheid-Straße** ins historische Stadtzentrum.

Gransee
Vorwahl: 03306

- **Tourist-Information im Heimatmuseum**, Rudolf-Breitscheid-Str. 44, ✆ 21606, @ ysg254
- **Heimatmuseum**, Rudolf-Breitscheid-Str. 44, ✆ 21606 💶 Das heimatgeschichtliche Museum ist in der einstigen Hospitalkapelle St. Spiritus und dem ehem. Heilig-Geist-Hospital untergebracht. Beide Gebäude gehören zur spätmittelalterlichen Stadtbebauung. @ wkr784
- **Pfarrkirche St. Marien**, Kirchpl. Die Kirche wurde in mehreren Bauphasen zwischen 1285 und 1520 errichtet und zählt mit ihrer reichen spätgotischen Backsteinarchitektur zu den bedeutendsten Bauwerken der Region. Im Inneren sind eine Wagner-Orgel von 1744 und zwei besonders schöne Altäre zu sehen.
- **Ruine des Alten Franziskanerklosters**, Klosterstr. Das Kloster wurde im 13. Jh. erbaut und ging im Zuge der Reformation für 200 Gulden an die Stadt. Heute ist noch der Westflügel als begehbare Ruine erhalten.

Gransee, Königin-Luise-Denkmal

- **Luisen-Denkmal**, Schinkelpl. Als die jung verstorbene preußische Königin Luise von Hohenzieritz nach Berlin zu ihrer Ruhestätte verbracht wurde, machte der Trauerzug an dieser Stelle Rast. Im Gedenken daran wurde 1811 das von Schinkel stammende Denkmal errichtet.
- **Historischer Stadtkern**. Mit dem kommentierten Stadtrundgang von der Tourist-Info können Sie auf Entdeckungsreise durch die Architekturgeschichte vom Mittelalter bis ins 19. Jh. gehen.
- **Ruppiner Tor**, Rudolf-Breitscheid-Str. 44, Schlüssel im Heimatmuseum erhältlich. Das Bauwerk aus dem 14. Jh. ist das einzige Stadttor, das Kriege und Brände überlebt hat. Es ist das Wahrzeichen der Stadt und zählt zu den schönsten Stadttoren Brandenburgs. Von oben hat man einen wunderschönen Ausblick über die Stadt.
- **Stadtmauerring mit Pulverturm, Weichhaus und Wallgärten**. Gransee galt im Mittelalter und bis zum Dreißigjährigen Krieg wegen der starken Stadtbefestigung als sicherste Stadt in der Mark Brandenburg.

Gransee entstand im Mittelalter am Schnittpunkt der zwei wichtigsten Handelsstraßen durch die Mark Brandenburg, der Verbindung zwischen Mecklenburg-Strelitz und Brandenburg sowie zwischen der Uckermark und dem Ruppiner Land. Im Jahre 1262 verlieh Markgraf Johann von Brandenburg Gransee das Stadtrecht. Die Stadt erhielt einen Befestigungsring, der über eine lange Zeit als sicherster der Mark Brandenburg galt.

Über mehrere Jahrhunderte blieb die mittelalterliche Stadtstruktur erhalten. Die Altstadt, die sich heute behutsam saniert präsentiert, entstand nach dem verheerenden Brand des Jahres 1711. Ein Großteil der mittelalterlichen Bebauung war den Flammen zum Opfer gefallen. Die meisten Ackerbürgerhäuser und der vereinfachte Stadtgrundriss stammen aus der Zeit des Wiederaufbaus.

VARIANTE Auf dem Weg zurück zur Hauptroute können Sie auch dem rund 8 km langen Abschnitt des Königin-Luise-Radweges über Alt-Lüdersdorf nach Wentow folgen. Die unkommentierte Route ist im Kartenblatt eingezeichnet. Sie verkürzen damit den Rückweg um 15 km, verpassen aber die schöne Tonstichlandschaft nördlich des Ziegeleiparks Mildenberg.

Sie kehren zurück zum Radfernweg über die **Templiner Straße** in Richtung Badingen ~ links in Richtung Ziegelscheunen ~ am **Flugplatz** vorbei der Straße bis zur Ortsmitte **Ziegelscheunen** folgen ~ rechts auf den Feldweg, auf dem nach 200 m ein angelegter, schmaler Radweg an den Tonstichen vorbei nach **Rieckesthal** führt ~ an der Kreuzung rechts bis **Ribbeck** und von dort aus bis Mildenberg.

Gransee, St. Marien

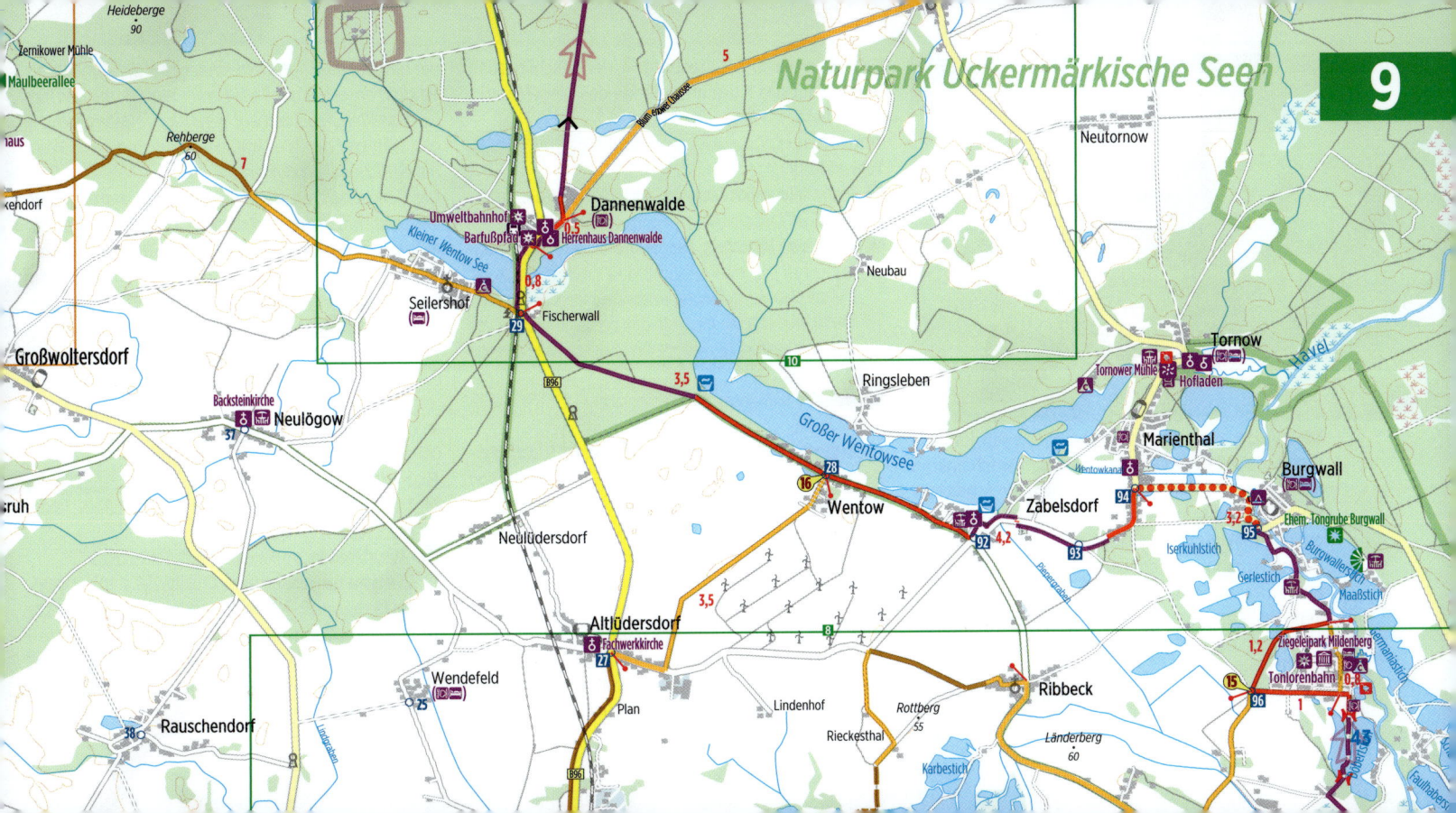

Ziegeleipark Mildenberg

14 Auf der Hauptroute in Zehdenick beim Rathaus rechts in die **Bahnhofstraße** ↷ vor dem beschrankten Bahnübergang rechts in die Fahrradstraße **Schwarzer Weg** ↷ parallel zu den Gleisanlagen Richtung Ziegeleipark Mildenberg, 6 km ↷ den unbeschrankten Bahnübergang in einem Links-Rechtsschwenk überqueren ↷ am **Ramin-Stich** vorbei ↷ weiter auf der verkehrsberuhigten Straße und die Brücke überqueren ↷ an den ehemaligen Ziegeleikasernen und einem Lokschuppen vorbei ↷ am Ende der Fahrradstraße rechts in eine weitere Fahrradstraße, geradeaus geht es in den Ort Mildenberg ↷ der Beschilderung folgend auf das Museumsgelände des Ziegeleiparks Mildenberg.

Mildenberg (Zehdenick)
Vorwahl: 03307

- **Tourist-Information Zehdenick**, Am Markt 11, Rathaus, Zehdenick, ☎ 2877, @ smh745
- **Ziegeleipark Mildenberg**, Ziegelei 10, ☎ 310410 ℗ Überblicksfahrt mit der Ziegeleibahn, Naturparktour mit der Tonlorenbahn, multimediale Ausstellungen, einzigartige Ringöfen und alte Werkstätten erzählen die Geschichte der Ziegelindustrie von 1894-1990, weitläufiges Gelände mit Spielplatz, Badestelle und Picknickplatz. @ dsq237
- **Freihafen Mildenberg**, Am Welsengraben 5, ☎ 0175/7916779, @ cgo676

Mildenberg entwickelte sich gegen Ende des 19. Jahrhunderts zu einem der wichtigsten Orte der Ziegelproduktion in Europa. Zu dieser Zeit war Ziegelstein der begehrteste Baustoff. In Deutschland verschlang der wirtschaftliche Aufschwung der Gründerzeit große Mengen des aus Ton hergestellten Ziegelsteins für die Errichtung von Fabriken und Häusern. Mit der Erfindung des Hoffmannschen Ziegelringofens 1858 und des maschinenbetriebenen Tonschneiders 1880 war die industrielle Produktion von Ziegelsteinen möglich geworden. Die zeitgleiche Entdeckung des Zehdenicker Ziegeltones und der Ausbau der Havel begünstigten Mildenberg bei der Auswahl als Produktionsort. Große Teile Berlins wurden mit den hier hergestellten Ziegeln erbaut. Bis auf kurze Unterbrechungen während der Weltkriege wurden in diesem Werk bis 1990 Ziegel produziert.

Die Landschaft an der Oberen Havel wurde durch die über 100 Jahre andauernde Austonung stark in Mitleidenschaft gezogen. Nach der Stilllegung füllten sich die Tongruben mit Wasser und es entstand eine einzigartige Tonstichlandschaft mit einer seltenen Tier- und Pflanzenwelt.

Vor dem Gelände des Ziegeleiparks Mildenberg nach links ↷ **15** an der abknickenden Vorfahrt beim **KP 96** rechts ↷ es geht durch die idyllische Landschaft und an der Havel entlang ↷ an der Querstraße geradeaus (**KP 95**), rechts geht es nach Burgwall.

Burgwall (Zehdenick)

- **Tourist-Information Zehdenick**, Am Markt 11, Rathaus, Zehdenick, ☎ 03307/2877, @ smh745
- **Aussichtspunkt**, am Burgwaller Stich. Mit Rastplatz.
- **Ehemalige Tongrube Burgwall**, ☎ 03307/2511, ☎ 03307/310025. Der Tauchsportclub Zehdenick bietet Tauchgänge an. @ ifs214

Sie fahren weiter in den Ort Marienthal.

Marienthal (Zehdenick)

- **Fachwerkkirche**. Das Gotteshaus von 1782 besitzt ein hübsches Dachtürmchen.

An der T-Kreuzung beim **KP 94** links Richtung Zabelsdorf, rechts geht es nach Tornow.

Tornow (Fürstenberg/Havel)

- **Feldsteinkirche**, Neue Str. Das Gotteshaus wurde im 14. Jh. errichtet. Der 1838 hinzugefügte Turm erinnert an die von Schinkel geschaffenen Türme der Friedrichwerderschen Kirche in Berlin.
- **Schloss Tornow**, Neue Str. Das Schloss stammt aus dem 19. Jh. und wird seit den 1990er Jahren vom Verein Ökowerk Brandenburg genutzt.
- **Tornower Mühle**, Neue Str. 1. Die in den 1870er Jahren erbaute Wassermühle war bis 1989 in Betrieb. Heute beherbergt das liebevoll sanierte Gelände ein Restaurant, eine Pension und einen Hofladen.

Sie bleiben auf der Vorfahrtsstraße und radeln beim **KP 93** geradeaus weiter auf der **Dorfstraße** durch Zabelsdorf.

Zabelsdorf (Zehdenick)

- **Feldsteinkirche**, Dorfstr. Das Gotteshaus stammt aus dem 13. Jh.

Am Kreisverkehr nach rechts in die **Neue Dorfstraße** in Richtung Wentow (**KP 92**) 16 auf der **Zabelsdorfer Straße** an der Kreuzung geradeaus (**KP 28**) und durch **Wentow** die Fahrradstraße endet an der Bundesstraße nach Dannenwalde (**KP 29**).

VARIANTE Hier bietet sich eine Variante in das sehenswerte Rheinsberg an, vor allem das am gleichnamigen See gelegene Schloss ist einen Besuch wert. Über Zechlinerhütte kehren Sie dann wieder zur Hauptroute zurück. Allerdings verpassen Sie auf dieser Variante das inmitten von Seen gelegene Fürstenberg/Havel. Sollten Sie darauf nicht verzichten wollen, können Sie auch der Hauptroute bis Fürstenberg/Havel, und dann der Variante über Neuglobsow nach Rheinsberg folgen. In diesem Fall verlängert sich die Strecke um ca. 26 km.

Ausflug nach Rheinsberg   37 km

Die Bundesstraße und den Bahnübergang überqueren und geradeaus durch den Ort.

Seilershof (Gransee)

Nach ca. 2,5 km in der Rechtskurve geradeaus in die Fahrradstraße, den **Polzow-Radweg** nach 3,5 km haben Sie Zernikow erreicht.

Zernikow (Großwoltersdorf)

Vorwahl: 033082

- **Dorfkirche**, Zernikower Str. Die Wehrkirche wurde im 13. Jh. aus Feldsteinen errichtet.
- **Gutshaus Zernikow**, Zernikoer Str. 43, ☎ 51288. Informationsstelle, Veranstaltungen, Pension, Gaststätte, Ausstellungen über Kronprinz Friedrich und seinen Kämmerer Fredersdorf sowie über den ehemaligen Seidenanbau in Brandenburg. Eine alte Maulbeerbaumallee erinnert an die Zeit des Seidenanbaus in der Mitte des 18. Jhs. @ cud481
- **Fredersdorff'sches Erbbegräbnis**, neben der Kirche. Bis nach dem Zweiten Weltkrieg lagen hier M. G. Fredersdorff, seine Gemahlin, deren Tochter aus zweiter Ehe Amalie von Arnim, Mutter des Dichters Achim von Arnim, und dessen Bruder begraben.

Friedrich II. schenkte das Gut Zernikow 1740 seinem Kammerherrn Michael Gabriel Fredersdorff, der in den Jahren 1746 bis 1748 ein Gutshaus errichten ließ, vermutlich nach Plänen von Knobelsdorff, dem Freund

Gutshaus Zernikow

Schloss Rheinsberg

führt bis nach Menz, wo Sie rechts in die **Lindenstraße** einbiegen, um am **NaturParkHaus** vorbeizukommen.

Menz (Stechlin)
Vorwahl: 033082

- **Feldsteinkirche**, Kirchstr. In der 1585 vollendeten Kirche finden regelmäßig Konzerte und der sog. Umweltsonntag statt.
- **NaturParkHaus Stechlin mit Besucherzentrum des Naturparks „Stechlin – Ruppiner Land"**, Kirchstr. 4, ✆ 51210, ⌚ Ferien Berlin/Brandenburg, tägl. 11-16 Uhr, Sept.-Dez., Fr-So 11-16 Uhr. Der Naturpark ist das jüngste Großschutzgebiet Brandenburgs. Die Ausstellung über die Kultur- und Naturlandschaft des Naturparks steht unter dem Motto „erleben, entdecken, anfassen". Von hier aus können Sie eine 30 km lange „Landschaft zum Hören"-Tour rund um den Stechlinsee unternehmen. Abspielgeräte können geliehen werden. @ jrr718
- **Badestrand Roofensee**, Strandweg

Menz liegt im Naturpark „Stechlin – Ruppiner Land" umgeben von Klarwasserseen und der Menzer Heide. Herzstück des Ortes ist der Dorfanger. Hier prägen die alte Feldsteinkirche, das alte Schulgebäude, die einstige Oberförsterei mit dem NaturParkHaus und die historischen Hofanlagen die Dorfatmosphäre, die durch den schönen alten Baumbestand aus Linden und Eichen ihren ganz besonderen Reiz hat.

Beim **KP 33** links in den **Friedensplatz** ∼ am Ende leitet Sie links die **Seestraße** wieder zurück zur Vorfahrtsstraße, hier nach rechts ∼ kurz vor dem Ortsausgang halbrechts in den **Schleusenweg** ∼ folgen Sie der Radwegmarkierung nach links zur Vorfahrtsstraße ∼ rechts auf den Radweg ∼ mal rechts, mal links der Straße entlang ∼ auf der **Menzer Straße** nach Rheinsberg hinein ∼ geradeaus auf der **Schlossstraße** bis zum **Marktplatz**.

Rheinsberg
Vorwahl: 033931

- **Tourist-Information**, Mühlenstr. 15a, Remise am Schloss, ✆ 34940, @ iop167
- **Blau-Weiße-Flotte**, ✆ 039833/22270, @ uwx143
- **Fahrgastschifffahrt**, Markt 11, ✆ 38619, @ epl877
- **Schlossmuseum**, Schloss Rheinsberg 2, ✆ 7260 🚻 In den historischen Räumlichkeiten werden zahlreiche Kunstwerke gezeigt, die zu einer Reise in das 18. Jh. einladen – in die Zeit von Kronprinz Friedrich und seinem Bruder Prinz Heinrich. @ jwg375
- **Kurt-Tucholsky-Literaturmuseum**, Schloss Rheinsberg 1, ✆ 39007 🚻 Das Museum im Schloss widmet sich einem der bekanntesten Schriftsteller der Weimarer Republik, Kurt Tucholsky. Außerdem wechselnde Kunst- und Literaturausstellungen. @ smf787
- **Galerie „Zopf" Keramikmuseum**, Am Kirchpl. 1, ✆ 37631 🚻 Das Museum im ehem. Spritzenhaus beschäftigt sich mit der Keramikproduktion in Rheinsberg seit 1762. @ ulq168
- **St. Laurentius**, Kirchstr. 1. Die ältesten Teile stammen aus dem 13. Jh., während der Turm um 1580 fertiggestellt wurde. Im

und Architekten Friedrichs II. Es entstand ein schlichter zweigeschossiger Putzbau im Barockstil. Das Gut entwickelte sich mit Ziegelei und Brauerei bald zu einem Mustergut. Nach dem Tod von Fredersdorff heiratete seine Witwe Caroline in zweiter Ehe einen Mann aus dem Geschlecht derer von Labes, ihre Tochter ehelichte einen Mann aus dem Geschlecht derer von Arnim. Der Sohn, der romantische Dichter Achim von Arnim, verbrachte hier seine Kindheit.

An der **Dorfstraße** links (**KP 30**) ∼ an der Vorfahrtsstraße rechts auf den Radweg an der **L 222** (**KP 34**) ∼ dieser

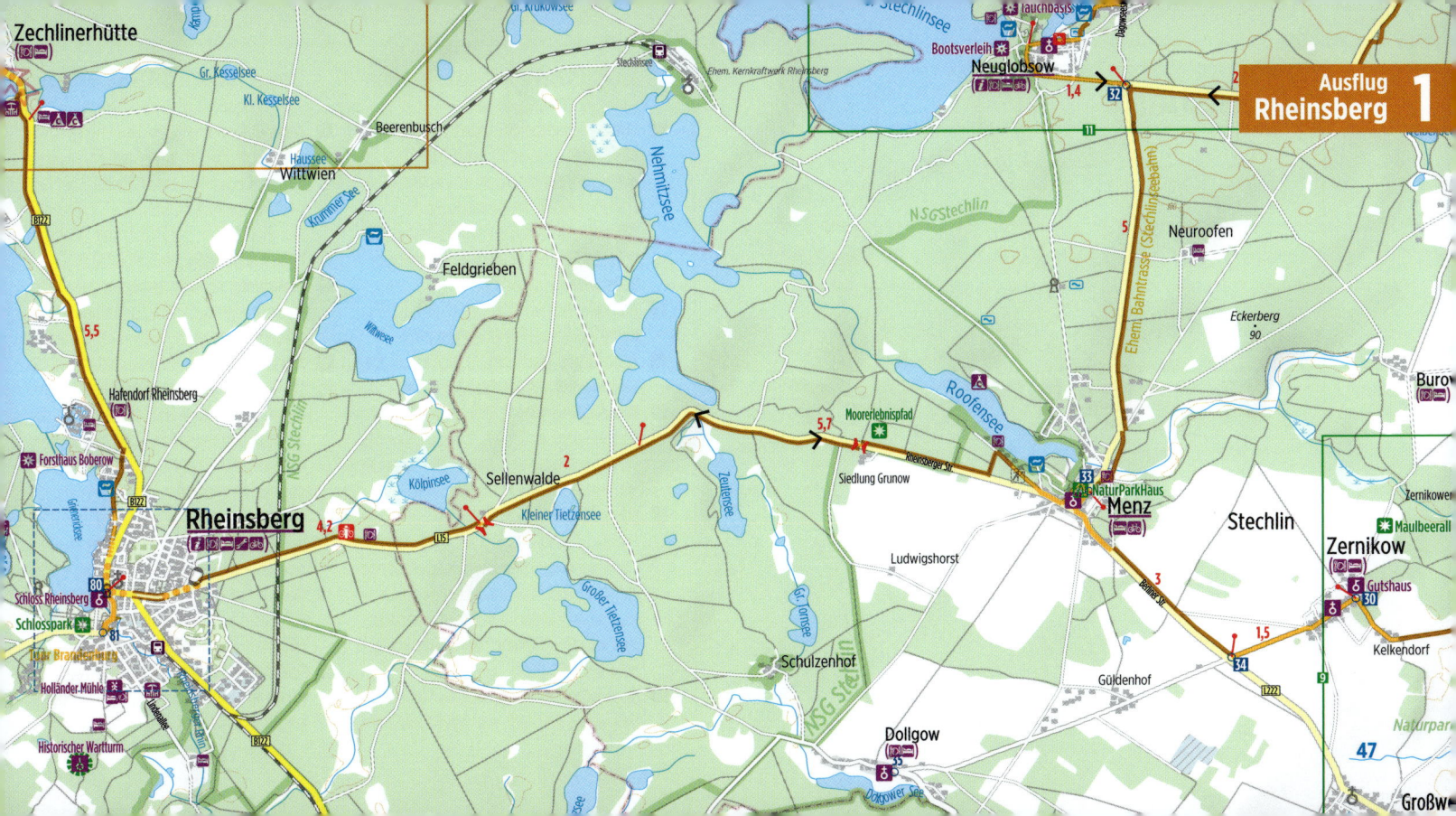

Inneren blieb eine beeindruckende Renaissance-Ausstattung erhalten.

Schloss Rheinsberg, Schloss Rheinsberg 2, ✆ 7260. Das Schloss weist frühe Formen des Rokoko auf. Besonders sehenswert ist der Spiegelsaal mit Deckenbild. Heute ist es Schauplatz kultureller Veranstaltungen, die über die Grenzen Deutschlands hinweg bekannt sind. @ ruk274

Holländer Mühle, Holländer Mühle 1, ✆ 2332. Heute Zimmervermietung. @ dvh726

Historischer Wartturm, Krähenberge. Der Turm stammt aus der Mitte des 18. Jhs.

Kronprinzendenkmal, Mühlenstr. Die vom Berliner Bildhauer Gottlieb Elster zu Beginn des 20. Jhs. geschaffene Bronzeskulptur befindet sich am stadtseitigen Eingang zum Schloss.

Schlosstheater im Kavalierhaus, Remise am Schloss, ✆ 7210. Das Theater wird von der Musikakademie Rheinsberg bespielt. Junge Künstler geben hier in Konzerten und Theateraufführungen ihr Bestes. Im Sommer findet das Festival der Kammeroper Schloss Rheinsberg statt. @ yht115

Historischer Stadtkern. Nach dem Brand von 1740 wurde die Stadt von den Baumeistern Gottfried Kemmeter und Georg Wenzeslaus von Knobelsdorff wieder aufgebaut.

Keramik. Seit dem 18. Jh. wird in Rheinsberg Keramik produziert. Interessant ist auf jeden Fall ein Besuch bei den Herstellern vor Ort: Carstens-Keramik, Rhinstr. 6, ✆ 2003; Keramik Manufaktur Dornbusch mit Keramik-Hotel, Friedrichzentrum 1, ✆ 349512.

Töpfermarkt. Alljährlich präsentieren am 2. Oktoberwochenende ca. 70 Aussteller ihre Keramik auf dem Rheinsberger Töpfermarkt. @ fvd257

Kremserfahrt. Eine Kremserfahrt durch die Stadt und die nähere Umgebung ist ein Erlebnis. Die Kutscher und Kutscherinnen, die am Kronprinzendenkmal auf Sie warten, kennen das eine oder andere Histörchen, das sie gekonnt und gerne zum Besten geben.

Stadtschreiber. Die Stadt pflegt die alte Tradition des Stadtschreibers. Jährlich werden zwei Stipendien von je halbjähriger Laufzeit an Schriftsteller vergeben, die das Alltagsgeschehen und ihre Eindrücke zu Papier bringen. Regelmäßig wird aus diesen Aufzeichnungen vorgelesen.

Schlosspark. Grünanlage mit Grabpyramide, Heckentheater, Malesherbes-Säule, Obelisken, Orangeriepavillon etc.

Rheinsberg liegt inmitten der Rheinsberger Seenkette, einem südlichen Ausläufer der Mecklenburgischen Seenplatte. Im 18. Jahrhundert war Rheinsberg Residenzstadt. 1734 schenkte Friedrich Wilhelm I. seinem Sohn Friedrich, dem späteren Preußenkönig Friedrich II., die Schlossanlage in Rheinsberg. Zwei Jahre dauerte der Umbau des Schlosses nach Plänen von Knobelsdorff, einem Freund des Kronprinzen. 1736 bezog Friedrich frisch vermählt mit Elisabeth Christine Braunschweig-Bevern sein Domizil, in dem er bis zu seinem Regierungsantritt 1740 wohnte. Über seine Rheinsberger Zeit soll der „Alte Fritz" gesagt haben, sie sei die schönste seines Lebens gewesen. Aber nicht nur königliche Häupter genossen die landschaftlichen Reize und die Ruhe der Natur. Einem größeren Publikum wurde dieser Teil Brandenburgs durch Fontanes „Wanderungen durch die Mark Brandenburg" und durch Tucholskys Liebesgeschichte von Claire und Wölfchen bekannt. In den letzten Jahren hat sich Rheinsberg zu einem Zentrum erstklassiger Konzert-, Opern- und Theaterdarbietungen entwickelt.

Am **Marktplatz** zweigen Sie rechts ab (**KP 80**) und radeln auf der **Königstraße** Richtung Norden ↝ links in die **Schillerstraße**, dann im Rechtsbogen geradeaus auf die **Reuterpromenade** ↝ die asphaltierte Querstraße kreuzen ↝ biegen Sie links auf den Radweg an der **B 122** ein und radeln Sie in den nächsten Ort.

Zechlinerhütte (Rheinsberg)

🏛 **Alfred-Wegener-Gedenkstätte**, Rheinsberger Str. 14, ☎ 033931/39007, ⏲ Juni-Sept., Do-So 10-16 Uhr. In der Ausstellung wird an das Wirken von Alfred und Kurt Wegener gedacht, Grönlandforscher und Entdecker der Kontinentalverschiebung. In ihrer Kindheit und zwischen ihren Expeditionen lebten sie immer wieder in Zechlinerhütte, wo auch das Geburtshaus der Mutter stand. @ ipp711

⛪ **Dorfkirche**. Auf einem Hügel nahe der Bundesstraße befindet sich die schöne neuromanische Kirche aus dem Jahr 1881.

Bleiben Sie beim **KP 87** auf der **B 122** in Richtung Norden bis nach Canow.

Ausflug Rheinsberg 2

Canow (Wustrow (Mecklenburgische Seenplatte))

Im Ort zweigen Sie rechts ab in das Sträßchen **Am Canower See** ↝ an der folgenden Gabelung links halten, dann geradeaus durch die Felder ↝ im Wald treffen Sie wieder auf die Hauptroute, siehe Karte 12.

Auf der Hauptroute von **Wentow** kommend am **KP 29** nach rechts auf den linksseitigen Radweg der **B 96** ↝ nach der Brücke zweigt der Radweg am Übergang nach rechts über den Parkplatz ab ↝ bis zum Schloss Dannenwalde an der **Blumenower Straße** radeln.

Dannenwalde (Gransee)

- „Kirche am Weg". Die achteckige Kirche wurde nach Plänen des Baumeisters Hermann aus Zehdenick, einem Schüler Schinkels, im Jahr 1821 erbaut. In den Sommermonaten finden hier Konzerte, Ausstellungen, Lesungen und Gottesdienste statt.
- **Herrenhaus Dannenwalde**. Das ursprünglich aus dem 17. Jh. stammende Schloss wurde mehrfach umgebaut und steht seit vielen Jahren leer.
- **Barfußpfad**, Bahnhofsweg. Auf dem ca. 750 m langen Rundweg lassen sich mit den Füßen verschiedene Materialien und Stoffe befühlen.
- **Umweltbahnhof**, Bahnhofsweg. Im unter Denkmalschutz stehenden Bahnhof finden verschiedene kulturelle Veranstaltungen statt. @ rgf217

Boltenhof (Fürstenberg/Havel)

Vorwahl: 033087

- **Gut Boltenhof**, Lindenallee 14, ✆ 52520. Das ehemalige Rittergut zählt zu den wenigen historischen Gutsanlagen, die noch in ihrer ursprünglichen Form erhalten sind. Heute wird auf dem familiengeführten Gut eine Biolandwirtschaft betrieben. Außerdem: Gutshofpark mit Open-Air-Bühne, kleiner Tiergarten, Zimmer- und Ferienwohnungsvermietung, Café & Bistro und Hofladen. @ dwq371

BEI UNS ERHOLEN SIE SICH!

Sie können in unserem Café & Restaurant oder in unserem Hofladen regionale Produkte genießen und auf unserem einmalig erhaltenen historischen Gutshofgelände biologischen Anbau sowie ökologische Tier-haltung erleben. Ihre gemütlichen Hotelzimmer befinden sich im Gutshaus.

bett+bike adfc

GUT BOLTENHOF:
liegt näher als man denkt.
Lindenallee 14, 16798 Boltenhof / Fürstenberg
T. +49 (0)33087 52520, info@gutboltenhof.de
www.gutboltenhof.de

Von Dannenwalde nach Fürstenberg/Havel — 20 km

An der „Kirche am Wege" vorbei ↝ am folgenden Abzweig links in den **Pozerner Weg** Richtung Bredereiche ↝ nach einer Linkskurve schwenkt die Straße rechts in den Wald ↝ der Fahrradstraße bis Bredereiche folgen ↝ Sie überqueren die Landesstraße (**KP 55**) und radeln auf der gegenüberliegenden Straße geradeaus.

Bredereiche (Fürstenberg/Havel)

- **Touristinformation Fürstenberg/Havel**, Markt 5, Fürstenberg/Havel, ✆ 033093/32254, @ qtr377
- **Fachwerkkirche**, Dorfstr. In der Kirche aus dem Jahr 1689 hängen zwei Traditionsschiffe des Schiffervereins von 1839 und 1939.
- **Havelschleuse**, Schleusenstr. Die Havelschleuse ist mit ihren Hubtoren und der imposanten Hubhöhe von 3 m ein interessantes Bauwerk.

Durch Bredereiche geht es auf Kopfsteinpflasterstraßen, beidseitig befinden sich gut befahrbare Pflasterwege

Himmelpfort, Klosterkirche

auf der **Schleusenstraße** die Havel überqueren ⇝ **17** an der **Dorfstraße** nach links und den Ort verlassen ⇝ am Ortsausgang rechts in den asphaltierten Radweg und weiter in Richtung Himmelpfort ⇝ am Ende des Radweges beim **KP 54** geradeaus auf der Straße nach Himmelpfort hinein.

Himmelpfort (Fürstenberg/Havel)
Vorwahl: 033089

- **Touristinformation Fürstenberg/Havel**, Markt 5, Fürstenberg/Havel, ✆ 033093/32254, @ qtr377
- **Weihnachtshaus Himmelpfort**, Klosterstr. 23, Haus des Gastes, ✆ 41888, @ axu376
- **Klosterkirche**, Klosterstr. Von der einstigen Basilika ist lediglich das Mittelschiff erhalten, das heute als Kirche dient.
- **Ruine des Zisterzienserklosters**, Klosterstr. 33, ✆ 033087/52308 Teile des Klosters, das nach der Reformation in einen Gutshof umgewandelt worden war, verfielen. Erhalten sind die Arkaden und die westliche Abschlusswand, das im Jahr 2010 abgebrannte Brauhaus wird von einer Bürgerstiftung wiederhergestellt und soll dann zu einer Kultur- und Begegnungsstätte werden. Auf dem Klosterplatz können Sie Ihren Orientierungssinn in einem Steinlabyrinth testen. @ vmn448
- **Weihnachtspostfiliale**, Klosterstr. 23, im Haus des Gastes, ✆ 41888. Jährlich treffen hier ca. 300.000 an den Weihnachtsmann adressierte Briefe ein. @ qnf458
- **Himmelpforter Schleuse**. Die heutige Anlage wurde zu Beginn des 20. Jhs. errichtet.
- **Klosterkräutergarten**, Kloster Himmelpfort Infos erhalten Sie über Ökosolar e. V. Dannenwalde, Blumenower Str. 2, 16775 Dannenwalde, ✆ 033085/70202.

Himmelpfort ist ein hübscher beschaulicher Erholungsort inmitten der Seenkette zwischen Woblitz und Havel. Eine Sage erzählt, dass der Zisterziensermönch Otto beim Anblick der idyllischen Wald- und Seenlandschaft verzückt „Coelia Porta!" ausgerufen habe, was soviel wie „Himmelspforte" bedeutet. Dieser Ausruf wurde gleichsam Name des 1299 gegründeten Zisterzienserklosters und später der Name des heutigen Dorfes. Besonders bei Kindern ist Himmelpfort bekannt, da es hier die Weihnachtspost-

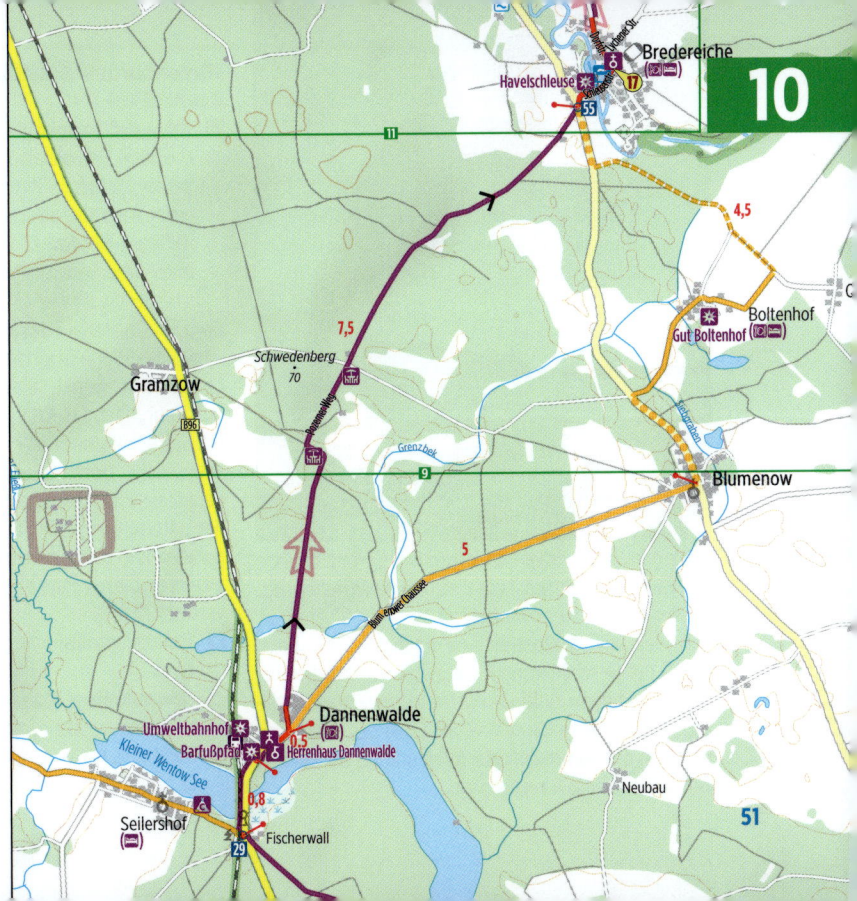

Mahnmal bei der Gedenkstätte Ravensbrück

filiale gibt. In der Adventszeit wird hier die eintreffende Flut von Weihnachtspost von vielen fleißigen Helfern des Weihnachtsmannes beantwortet.

Sie radeln auf der **Klosterstraße** durch den Ort ~ beim **KP 53** der Beschilderung Richtung Fürstenberg/Havel nach links folgen ~ **18** am Ortsende geradeaus in die asphaltierte Fahrradstraße ~ am Ende des Radweges rechts in den **Himmelpforter Weg** und bis zur Zufahrt zur Gedenkstätte Ravensbrück.

Ravensbrück (Fürstenberg/Havel)
Vorwahl: 033093

- **Mahn- und Gedenkstätte Ravensbrück**, Str. der Nationen, ✆ 6080. 1938 ließen die Nationalsozialisten unter Anweisung des Reichsführer SS Heinrich Himmler in Ravensbrück das größte Frauenkonzentrationslager des Deutschen Reiches von Häftlingen aus dem KZ-Sachsenhausen errichten. Die 1959 eingerichtete Gedenkstätte erinnert an die Opfer des faschistischen Terrors. @ wlw543

Dem Straßenverlauf des **Himmelpforter Weges** folgen ~ wo die Straße in einem Rechtsbogen zur **Lychener Chaussee** schwenkt, fahren Sie geradeaus ein kurzes Stück entgegengesetzt in die Einbahnstraße (**KP 52**) ~ ein Stück auf dem Rad- und Fußweg ~ auf der **Ravensbrücker Dorfstraße** weiter ~ **19** an der Kreuzung geradeaus in die **Geldener Straße** ~ an der Gabelung bei der Unterführung (**KP 51**) links halten ~ wenig später geradeaus in die **Luisenstraße** und bis zum **Bahnhof**.

Fürstenberg/Havel
Vorwahl: 033093

- **Touristinformation Fürstenberg/Havel**, Markt 5, ✆ 32254, @ qtr377
- **Haus an der Havel**, Schliemannstr. 6, ✆ 39069. Fahrten mit der Motorbarkasse „Kleine Freiheit", @ Img434
- **Stadtkirche**, Markt 7, ✆ 38912. Die Kirche der evang.-luth. Kirchengemeinde wurde 1845-48 im neobyzantinischen Stil erbaut. Sehenswert ist der 7 m lange Batikteppich über dem Altar.
- **Kath. Kirche**, Bahnhofstr. 2. Führungen nach Vereinb. Das Kachelbild über dem Altar zeigt die Hl. Hedwig, Schutzpatronin der Kirche.
- **Neuapostolische Kirche**, Fritz-Reuter-Str. 5. Das Gotteshaus entstand in den Jahren 1932-33.
- **Stadtschloss**, Unter den Linden 58. Das dreiflügelige Barockschloss wurde im Jahr 1752 nach Plänen des Architekten Chr. J. Löwe fertiggestellt. Ursprünglich als Witwensitz erbaut, wurde das Schloss in den vergangenen Jahrhunderten unterschiedlich genutzt. Das Schloss ist nur von außen zu besichtigen.

Fürstenberg/Havel

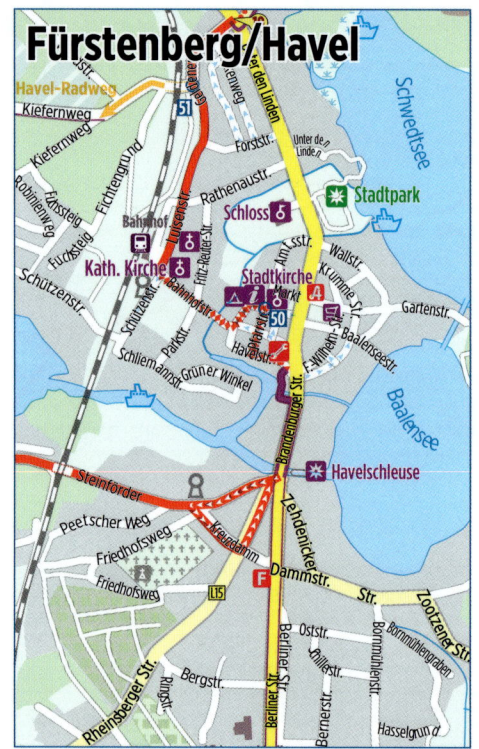

✱ **Röblinseesiedlung**, am Südufer des Röblinsees. Die Röblinseesiedlung entstand in den 1920er Jahren als feine Villengegend für Berliner „Sommerfrischler".

✱ **Havelschleuse mit Schleusenkanal**. Mit dem Bau der Schleuse 1834-37 wurde durch die Verbindung zwischen Röblinsee und Baalensee die Havel über Fürstenberg hinaus schiffbar.

✱ **Fahrrad-Draisine**, Weidendamm 5, ✆ 3300850. Mit der Fahrrad-Draisine können Sie Halbtagestouren von Fürstenberg nach Hohenlychen und zurück unternehmen. @ gae656

✱ **Kremserfahrten**, ✆ 32254. Bei der Tourist-Info können Kutschfahrten gebucht werden.

✱ **Stadtpark**. Der Stadtpark gegenüber dem Schloss ist beliebter Treffpunkt und Ort interessanter Kulturveranstaltungen.

Fürstenberg/Havel ist eingebettet in die facettenreiche Landschaft des Fürstenberger Seenlandes. Umgeben von Buchen und Kiefernwäldern reihen sich die Seen aneinander. Diese Lage bietet nicht nur heutigen Touristen jede Menge Abwechslung und Natur pur, nein, schon früher wussten die Herrscher die Lage zwischen den Seen für ihre Machtansprüche zu nutzen: Der askanische Markgraf von Brandenburg nahm in der ersten Hälfte des 13. Jahrhunderts das Gebiet in Besitz und ließ eine Burg errichten. Die askanischen Markgrafen konnten somit nicht nur die Lücke zwischen ihren im 12. Jahrhundert erworbenen Ländereien Stargard und Barnim schließen, sondern auch im ursprünglich slawisch besiedelten Gebiet Fuß fassen. In der Mitte des 18. Jahrhunderts wurde das Barockschloss errichtet, das als Witwensitz für die mecklenburgische Herzogin Dorothea Sophia erbaut wurde. Doch nicht nur die Herzogin fühlte sich in der reizvollen Landschaft wohl: Durch den Bau der Berliner Nordbahn war die Stadt gut erreichbar, was immer mehr Gäste aus Berlin anlockte. Die Stadt entwickelte sich zu einem anerkannten Luftkurort und war beliebtes Ziel der Berliner Sommerfrischler.

Von Fürstenberg/Havel nach Wesenberg   31 km

Am **Bahnhof** der abknickenden Vorfahrt nach links in die **Bahnhofstraße** Richtung Zentrum folgen ⤳ links in die **Alte Poststraße** ⤳ an der nächsten Kreuzung bei der **Stadtkirche** (**KP 50**) rechts in die **Pfarrstraße** ⤳ an der T-Kreuzung links in die **Havelstraße** ⤳ nach der Wasserstraße halten Sie sich rechts ⤳ auf der kleinen Brücke über den Havelarm ⤳ nach links zur **Brandenburger Straße**, hier rechts einbiegen ⤳ auf der Brücke an der Schleuse vorbei, danach gleich rechts in die **Steinförder Straße** ⤳ am **KP 49** vorbei geradeaus aus der Stadt hinaus.

VARIANTE Hier am Ortsausgang von Fürstenberg/Havel ergibt sich noch einmal die Möglichkeit, auf einer Alternativroute in das sehenswerte Rheinsberg zu kommen. Dafür biegen Sie links in den Weg Zur alten

Kirchenallee ab und folgen dann dem Radweg entlang der Landesstraße via Menz nach Rheinsberg. Die Route ab Neuglobsow ist in der Ausflugskarte Rheinsberg 1 verzeichnet. Unterwegs sollten Sie einen kurzen Abstecher in das am Ufer des Stechlinsees gelegene Neuglobsow unternehmen.

Neuglobsow (Stechlin)
Vorwahl: 033082

- **Tourist-Information**, Stechlinseestr. 21, im Glasmuseum, ✆ 70202, @ tsx288
- **Adventskirche**, Glashüttenweg 3. In der Kirche finden von Juni bis August die Stechliner Sommermusiken statt.
- **Tauchbasis am Stechlin**, Fischerweg 2, ✆ 70453. Tauchen im fischreichen Stechlinsee ist mit Sichttiefen von bis zu 10 m ein besonderes Erlebnis. @ wkn581
- **Naturschutzgebiet Stechlin**. Der Stechlinsee wird die Perle der Mark genannt. Er ist der größte Klarwassersee Norddeutschlands und gleichzeitig einer der tiefsten Seen Brandenburgs, der vor allem durch Theodor Fontanes gleichnamigen Roman bekannt ist.
- **Badestrand am Stechlinsee**

Der Stechlinsee
Um diesen See ranken sich viele Sagen. Eine davon handelt von einem roten Hahn. Demnach soll an einer der tiefsten Stellen des Sees ein roter Hahn leben, der

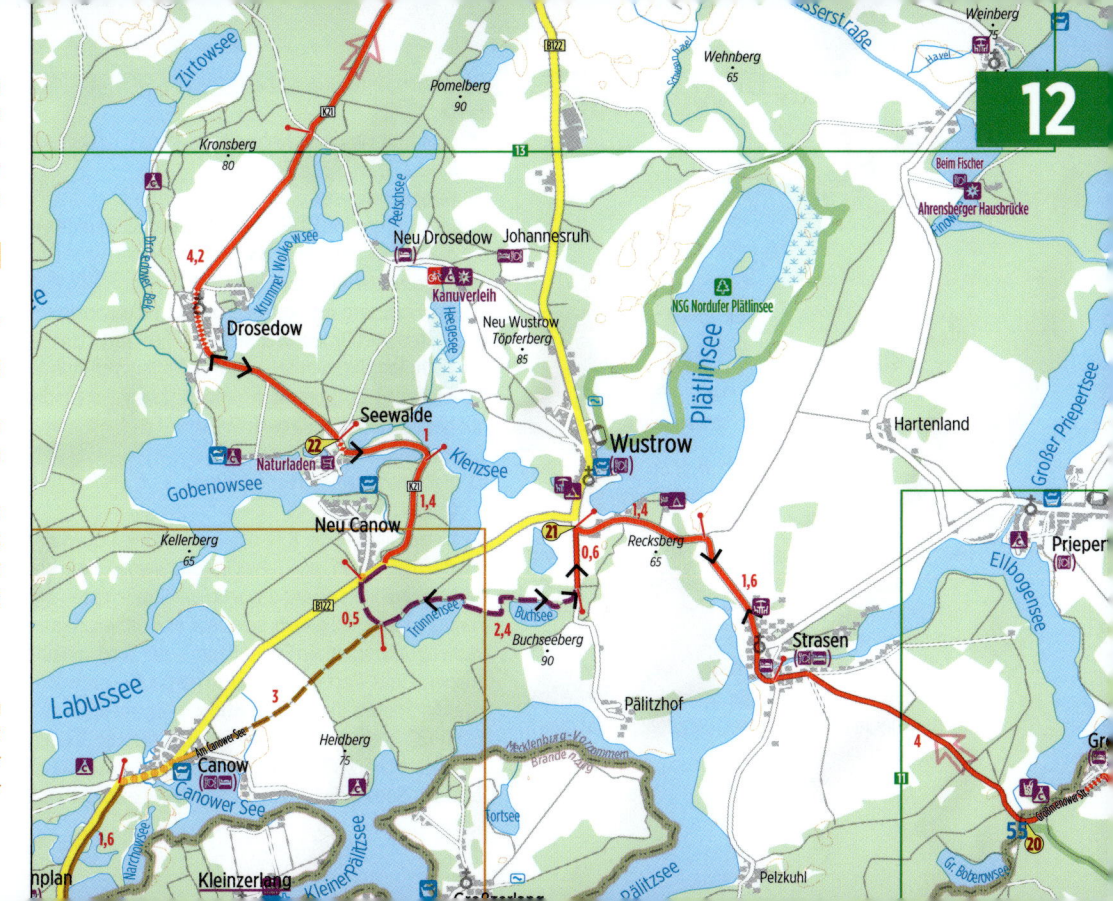

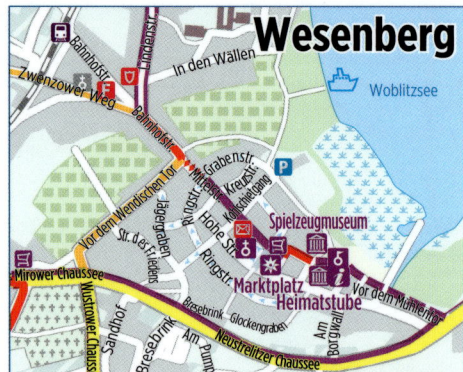

aufpasst, dass nicht zuviel und nicht an Stellen gefischt wird, die ihm nicht genehm sind. Als ein stattlicher Fischersmann eines Tages an eben solcher Stelle sein Netz ausgeworfen hatte, stieg der Hahn aus dem Wasser empor und peitschte das Wasser derart mit seinen Flügelschlägen, dass der Fischer betäubt wurde und mit dem Hahn in den Tiefen des Sees verschwand. Der See lag daraufhin ebenso ruhig da wie zuvor.

Die Hauptroute führt auf der **Steinförder Straße** bzw. auf dem begleitenden Radweg geradeaus in das gleichnamige Dorf.

Steinförde (Fürstenberg/Havel)
Vorwahl: 033093

🛈 **Touristinformation Fürstenberg/Havel**, Markt 5, Fürstenberg/Havel, ☎ 32254, @ qtr377

✉ **Waldbad Menowsee**

An der Kreuzung im Ort beim **KP 48** fahren Sie geradeaus auf die Vorfahrtsstraße und weiter in den nächsten Ort.

Großmenow (Fürstenberg/Havel)
An der Kreuzung im Dorf nach links in die kopfsteingepflasterte **Großmenower Straße** ⟿ **20** am Ortsende am **Campingplatz** vorbei ⟿ Sie befinden sich nun in **Mecklenburg-Vorpommern** ⟿ am Abzweig links in die gut gepflasterte Straße nach Strasen.

Strasen (Wesenberg (Mecklenburg))

❋ **Floß- und Kanutouren**, Schleuseng. 9, ☎ 0151/41951293, @ fpy427

Sie biegen links in die **K 12** ein ⟿ dem Linksbogen der Straße folgen ⟿ **21** nach etwa 1,4 km zweigen Sie in der Rechtskurve links ab auf das schmale Sträßchen ⟿ am Waldrand fahren Sie halbrechts auf den unbefestigten Radweg und radeln am See entlang ⟿ der Weg verläuft in einem Links-Rechtsbogen leicht bergauf ⟿ nach dem zweiten See an der Wegkreuzung nach rechts ⟿ an der **B 122** nach rechts ⟿ auf der Hauptroute biegen Sie nach etwa 200 m links ab auf die Kreisstraße in Richtung Seewalde ⟿ auf der Brücke über den Kanal zwischen Gobenow- und Klenzsee ⟿ in der Ortschaft Seewalde folgen Sie auf der Kopfsteinpflasterstraße der abknickenden Vorfahrt nach rechts.

Seewalde (Wustrow (Mecklenburgische Seenplatte))
Vorwahl: 039828

🛒 **Naturladen & Café Seewalde**, Seewalde 2, ☎ 269837 ⓑ Bio-Produkte, Holzwaren und Bienenwachskerzen. @ hxo744

22 Nach dem Ort fahren Sie geradeaus weiter auf der Kreisstraße ⟿ auf Kopfsteinpflaster durch **Drosedow** ⟿ auf der **K 6** weiter bis an die **B 198** in Wesenberg ⟿ **23** die Bundesstraße überqueren und rechts in den Radweg einbiegen ⟿ am östlichen Rand der Stadt zweigen Sie nach der Straße Vor dem Mühlentor links auf den Radweg ⟿ bei der **Burg** halten Sie sich halblinks und radeln rechts an dieser vorbei zum Marktplatz.

Wesenberg (Mecklenburg)
Vorwahl: 039832

🛈 **Mecklenburgische Kleinseenplatte Touristik**, Burg 1, ☎ 20621, @ udt245

⚓ **Blau-Weiße-Flotte**, ☎ 039833/22270, @ onl714

🏛 **Heimatstube und Fischereiausstellung**, Burg Wesenberg, ☎ 20268 ♿, @ gqq682

🏛 **Spielzeugmuseum Villa Pusteblume**, Burgweg 1, ☎ 21305, ⏰ nach tel. Vereinbarung. Die liebevoll zusammengetragene private Sammlung zeigt altes Spielzeug (Blecheisenbahn, Dampfmaschinen) und mechanische Musikinstrumente (Orchestrion, Grammophone). Der Kaffeegarten lädt zu einer Pause ein. @ xxI147

Gotische Marienkirche, Hohe Str. 2. Hier wird eine sagenumwobene Kette aufbewahrt, die der Teufel persönlich geschmiedet haben soll. Die Roeder-Orgel (1717) erklingt zu den Messen und zu Sommerkonzerten. Neben dem Kircheneingang steht eine ca. 600 Jahre alte Linde, die einen stattlichen Stammumfang von 8 m hat.

Burg mit Fangelturm, Burg 1. Reste der Burgmauer und der Fangelturm zeugen von der einstigen Burg aus dem 13. Jh. des Stadtbegründers Fürst Nikolaus I. von Werle-Güstrow. Eine Turmbesteigung ist möglich.

Marktplatz. Auf dem Marktplatz wurden 1871 acht Linden symbolisch für acht Ratsherren und eine Kastanie in der Mitte symbolisch für den Bürgermeister gepflanzt.

Wesenberg, Burgruine

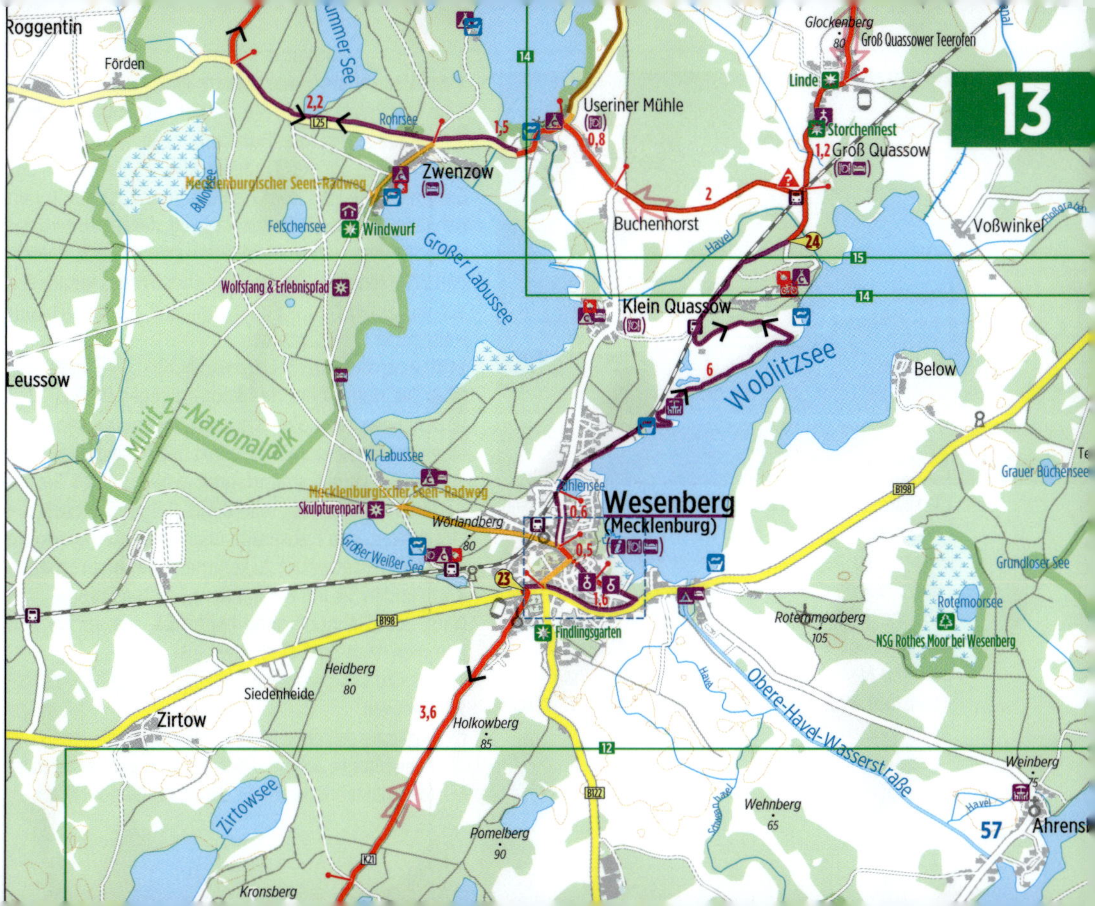

Neustrelitz, Stadthafen

✳ **Findlingsgarten**, Wustrower Chaussee. Auf Hinweistafeln wird jeweils die Gesteinsart erklärt und das Herkunftsland benannt.

Wesenberg liegt eingebettet in die Landschaft des Müritz-Nationalparks, die von zahlreichen Seen, Wiesen und Wäldern geprägt ist. Der Ort strahlt durch den liebevoll sanierten, historischen Marktplatz, die gotische Marienkirche und die Reste der Burg, die der Kleinstadt ihren Namen gab, eine besonders idyllische Atmosphäre aus.

Von Wesenberg nach Neustrelitz 15 km

Vom Marktplatz radeln Sie auf der **Mittelstraße** weiter geradeaus in die **Bahnhofstraße** rechts auf den Radweg in der **Lindenstraße** zwischen der Gartenkolonie und dem Bahnübergang rechts in den bahnbegleitenden Fuß- und Radweg, der am Woblitzsee entlang führt im weiten Bogen um die Wiese, dann in den Wald hinein **24** am Ende des Weges geradeaus auf die Zufahrt zum Ferienpark und weiter bis zum Haltepunkt Groß Quassow.

Haltepunkt Groß Quassow

⚠ **TIPP** Die Hauptroute des Radfernweges Berlin – Kopenhagen führt Sie jetzt nach Neustrelitz und dann wieder hierher zum Haltepunkt Groß Quassow zurück. Sollten Sie direkt weiterfahren wollen, lesen Sie ab Kartenblatt 15 weiter. Allerdings haben Sie auch die Möglichkeit, von Neustrelitz über eine Alternativroute direkt nach Kratzeburg zu kommen. Die entsprechende Karte finden Sie am Beginn der nächsten Etappe.

Nach dem Bahnübergang halten Sie sich rechts und kommen nach Groß Quassow.

Groß Quassow (Userin)

Vorwahl: 03981

♿ **Dorfkirche**. Auf einer Anhöhe befindet sich die rechteckige Fachwerkkirche aus den 1770er Jahren. In dem freistehenden Glockenstuhl erklingt eine Glocke aus der Mitte des 18. Jhs.

✳ **Linde**. Die 600 Jahre alte Linde bietet eine bildschöne Kulisse für eine Rast.

✳ **Storchennest**, Groß Quassow 36, ✆ 204747. Eine „Ahnentafel" informiert über Ankunft und Bruterfolg der letzten Jahre.

Sie fahren durch den Ort nach dem Friedhof und der 600-jährigen Linde dem Straßenverlauf nach links folgen durch **Groß Quassow/Teerofen** in **Lindenberg** rechts auf die **L 25** rund 600 m nach der Brücke über den Kammerkanal verlassen Sie in der Rechtskurve die Landesstraße nach links.

VARIANTE Wenn Sie auf Asphalt nach Neustrelitz radeln wollen, bleiben Sie einfach auf dem straßenbegleitenden Radweg an der Landesstraße.

Geradeaus auf die kleinere Straße wenig später kommen Sie an eine Gabelung, hier links auf den unbefestigten, für KFZ-Verkehr gesperrten Weg die Bahnlinie queren an der Weggabelung links halten an der Schrebergartensiedlung vorbei und parallel zur Bahnlinie weiter linker Hand liegt das **Slawendorf**

Öko-Hotel | Gruppenhaus | Restaurant | Kino

- nah am Zentrum und Badesee
- ruhige Lage im Grünen
- mit div. Kulturangeboten

Alte Kachelofenfabrik
Sandberg 3a · 17235 Neustrelitz
Tel: 03981 - 20 31 45
info@basiskulturfabrik.de
www.basiskulturfabrik.de

Neustrelitz, Schlossgarten

weiter geradeaus entlang der **Useriner Straße** am Ende des Schlossgartens geradeaus über die **Seestraße** ins Zentrum von Neustrelitz.

Neustrelitz
Vorwahl: 03981

Tourist- und Nationalparkinformation, Strelitzer Str. 1, 4534105 Führungen, Dauer- & Wechselausstellungen, Verkauf von Nationalpark-Produkten. Weitere Infos zum Müritz-Nationalpark und zum Nationalparkticket beim Nationalparkamt Hohenzieritz, 039824/2520. @ fty124

Hafeninformation, Am Stadthafen 11, 4534540; 0152/01614033, @ rom866

Blau-Weiße-Flotte, Am Stadthafen, 039833/22270. Ausflugsfahrten im Sommer über Wesenberg bis in den Drewensee. @ yjc138

Santana-Yachting, Zierker Nebenstr. 19, Stadthafen am Zierker See, 205896, @ fcr113

Slawendorf – Erlebniswelt am Zierker See, Franzosensteg, 237545; 0172/9266568 Führungen; Fahrt mit einem Slawenschiff, Workshops, monatliche Aktionstage. Im Sla-

14

Neustrelitz, Stadtkirche

wendorf, Nachbildung einer traditionellen Siedlung, werden alte Handwerke verschiedener Technologiestufen gezeigt. @ iyk856

🏛 **Kulturquartier Mecklenburg-Strelitz**, Schlossstr. 12/13, ☎ 2390999 ♿ Das Kulturquartier vereint die erste umfassende Dauerausstellung zur Geschichte des Landes Mecklenburg-Strelitz, das regionalgeschichtliche Karbe-Wagner-Archiv und die Stadtbibliothek. @ vfo725

🏛 **Plastikgalerie Schlosskirche Neustrelitz**, Hertelstr. 2, ☎ 2390910. Die Schlosskirche, als einschiffige Saalkirche mit freitragender Decke und Empore erbaut, gilt als Meisterwerk des Architekten F. W. Buttel. Seit 2001 dient sie als Ausstellungsort für Bildhauerkunst.

🏛 **Landeszentrum für erneuerbare Energien Mecklenburg-Vorpommern GmbH (LEEA)**, Am Kiefernwald 1, ☎ 4490100 ♿ In dieser Erlebniswelt wird anhand von interaktiven Exponaten das Thema „Erneuerbare Energie" erläutert. @ wbw635

♿ **Stadtkirche**, Markt 12. Die imposante Kirche entstand zwischen 1768 und 1778. Der markante Turm im toskanischen Stil wurde erst um 1830 nach Plänen von Friedrich Wilhelm Buttel vollendet. Eine Turmbesteigung ist möglich.

🎭 **Landestheater**, Friedrich-Ludwig-Jahn-Str. 14, ☎ 206400, @ rqw682

✻ **Carolinenpalais**, An der Promenade. Das Palais entstand 1850 für die Herzogin Caroline, geschiedene Kronprinzessin von Dänemark. Das Gebäude mit dem Rokoko-Erker erinnert an arabische Bauten und teilweise an die Gotik englischer Burgen. Nach der Sanierung des Gebäudes soll die Bundesstiftung für Engagement und Ehrenamt einziehen.

✻ **Marktplatz**. Der Markt ist der Mittelpunkt der sternförmigen spätbarocken Stadtanlage von 1733, die einzigartig in Europa ist. Rund um den Platz stehen die Stadtkirche mit dem im toskanischen Stil erbauten Turm und das klassizistische Rathaus.

✻ **Kulturzentrum Alte Kachelofenfabrik**, Sandberg 3a, ☎ 203145. In dem Kulturzentrum ist eine Galerie für Gegenwartskunst, ein Kino und eine Kneipe mit Gartenlokal angesiedelt. @ eih228

✻ **Tiergarten**, Am Tiergarten 14, ☎ 4533063 🐾 Haustiere, Berberaffen, Lamas, einheimische Wildtiere, Streichelgehege, Spielplatz. Das Hirschtor bildete ab 1826 das Tor zum Haupteingang des Tiergartens. @ xfv611

✻ **Schlossgarten und Schlossgartenensemble**. Der Schlossgarten wurde 1731/32 von Chr. J. Löwe als typischer Barockgarten mit Figuren und Irrgarten angelegt. Mitte des 19. Jhs. erfolgte die Umgestaltung des westlichen Teils zu einem Englischen Landschaftsgarten nach Entwürfen des Gartenbaudirektors P. J. Lenné. Über 50 verschiedene Baumarten wurden angepflanzt, darunter seltene Arten wie der Judasblattbaum und die Hemlockstanne. Im Schlossgarten befindet sich die im klassizistischen Stil erbaute Orangerie. Ein Besuch der Festspiele im Schlossgarten im Juli ist lohnenswert. @ cgb361

✻ **Schlosskoppel**. In der waldreichen Parkanlage von 1794, die seit Mitte des 19. Jhs. unter Schutz steht, sind über 130 Pflanzen- und 40 Vogelarten beheimatet.

🏊 **Badeanstalt am Glambecker See**, Adolf-Friedrich-Str. 11, ☎ 256988

Zu Beginn des 18. Jahrhunderts kam es aufgrund von Erbfolgestreitigkeiten zur Gründung des Herzogtums Mecklenburg-Strelitz. Der damalige Herzog Adolf Friedrich II. bestimmte Strelitz (heute Strelitz Alt) zur Residenz seines neuen Herzogtums. Nach dem Brand vom 24. Oktober 1712, bei dem die Wasserburg in Strelitz zerstört wurde, verlegte Herzog Adolf Friedrich III. seine Residenz an den Zierker See. Er bezog mit seiner Familie das dortige Jagdschloss, das in den Jahren 1726 bis 1731 nach Plänen von Chr. J. Löwe zum Residenzschloss umgebaut wurde. Verschiedene Umstände verhinderten den Wiederaufbau von Strelitz, sodass sich der Herzog endgültig für die neue Residenz am Zierker See entschloss. Am 20. Mai 1733 gründete er das „neue Strelitz" mit der Zusage zahlreicher Privilegien. Wie bereits der Umbau des Schlosses erfolgte der planmäßige Bau der Stadt nach Entwürfen von Chr. J. Löwe. Im 19. Jahrhundert wirkte der Landesbaumeister Friedrich Wilhelm Buttel (1796-1869) im Großherzogtum Mecklenburg-Strelitz. Er prägte mit seinem sehr lokalen Klassizismus, der Stilelemente der Neogotik mit einbezog, die Architektur, die den Charme des heutigen Neustrelitz ausmacht. Von ihm erbaute Gebäude sind z. B. die Schlosskirche, die Orangerie, das Hirschtor, das Carolinenpalais und das Rathaus.

Aus der Linie der Herzöge Mecklenburg-Strelitz stammten zwei berühmte Prinzessinnen. Prinzessin Sophie Charlotte (1761-1818), Königin von England, war die Großmutter von Königin Victoria. Prinzessin Louise (1776-1810) heiratete 1793 den Kronprinzen Friedrich Wilhelm von Preußen. Als Königin wurde sie wegen ihres Engagements und ihrer Natürlichkeit vom Volk sehr verehrt. Ihr plötzlicher Tod 1810 löste eine tiefe Trauer in Preußen aus. Von Hohenzieritz, wo sie auf dem Sommersitz ihrer Familie verstarb, wurde sie in einem langen Trauerzug nach Berlin überführt. Im Park von Schloss Charlottenburg wurde sie im Mausoleum beigesetzt. Die Neustrelitzer Schlossgartenfestspiele – ein Freilicht-Operettenfestival – widmen sich u. a. dem Andenken an die populäre Königin.

Von Neustrelitz nach Rostock

215 km

HM/km: ↗ 1,9 (407m) ↘ 2,2 (475m) **Radweg:** 44 % **Unbefestigt:** 5 % **Verkehr:** 2 %

In Neustrelitz beginnen Sie Ihre Entdeckungstour durch die Mecklenburgische Seenplatte. Es geht an glitzernd blauen Seen vorbei, die zum Sprung ins kühle Nass einladen, durch den Müritz-Nationalpark, in dem Sie Fischadler beobachten können, und vorbei an den Havelquellseen bis nach Waren. Dort schweift der Blick weit über den großen Binnensee, der auch das „Kleine Meer" genannt wird. Die schmucken Kleinstädte Güstrow, Bützow und Schwaan laden zum Verweilen ein. Krönendes Ziel der zweiten Etappe ist Rostock mit der mittelalterlichen Architektur, die an die Vergangenheit als Hansestadt erinnert. Vom Überseehafen geht es dann mit der Fähre über die Ostsee nach Dänemark.

Der Radfernweg verläuft nun überwiegend auf ruhigen Nebenstraßen, teils auf Radwegen, teils auf Wirtschaftswegen. Die Beläge sind recht unterschiedlich, es gibt befestigte und unbefestigte Wege, Kopfsteinpflaster und Betonspurbahnen, die nicht immer gut zu befahren sind. Auf dieser Etappe gibt es wesentlich häufiger Steigungen als auf der ersten.

Von Neustrelitz nach Ankershagen   37,5 km

VARIANTE Sie haben die Möglichkeit, von Neustrelitz direkt nach Kratzeburg zu radeln, ohne wieder nach Groß Quassow zurückfahren zu müssen. Diese um 14 km kürzere Strecke ist in der nebenstehenden Karte als Alternativroute dargestellt. Den Anschluss an die Hauptroute finden Sie auf Karte 16.

Abkürzung nach Kratzeburg   14 km

Von der Useriner Straße kommend biegen Sie beim Kreisverkehr links ab in die **Semmelweisstraße** (3. Ausfahrt) ~ am Ende der Straße links in die **Zierker Straße** und immer geradeaus aus der Stadt hinaus ~ kurz bevor die Straße in die Vorfahrtsstraße mündet wechselt der Radweg die Straßenseite und führt wenig später an die **B 193** heran ~ nach knapp 5 km zweigen Sie links ab und kommen über **Adamsdorf** nach Kratzeburg.

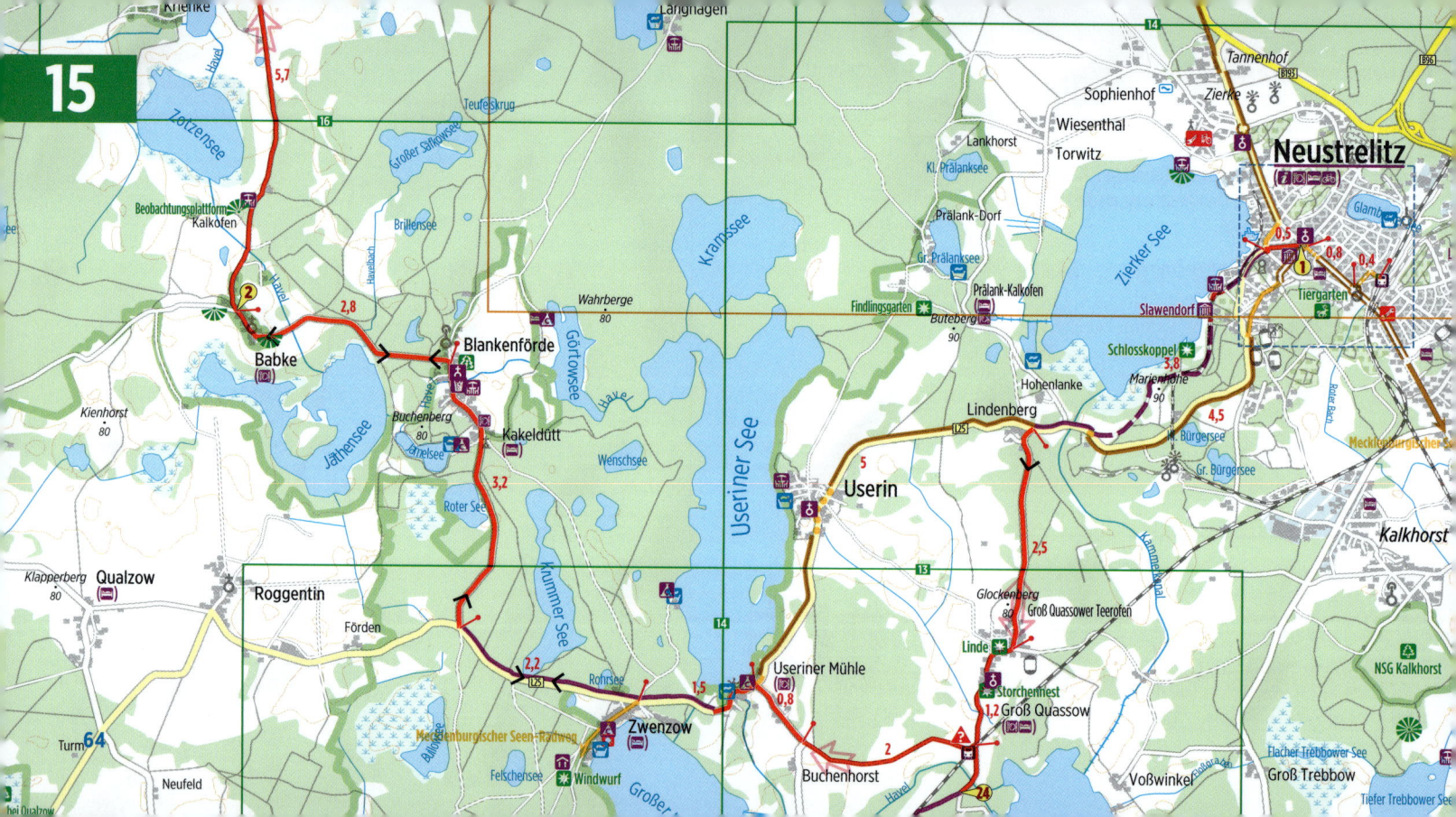

1 Auf der Hauptroute kommen Sie von Neustrelitz auf dem bereits bekannten Weg zurück zum Haltepunkt Groß Quassow.

VARIANTE Sie können 1,5 km abkürzen, wenn Sie auf dem straßenbegleitenden Radweg über Userin fahren.

Haltepunkt Groß Quassow

Am Haltepunkt Groß Quassow biegen Sie von Neustrelitz kommend rechts in die Pflasterstraße ab ~ rechts in die Vorfahrtsstraße einbiegen ~ an der folgenden T-Kreuzung links auf die **L 25** ~ an der **Useriner Mühle** vorbei ~ eine Brücke überqueren und auf dem Radweg in den Ort Zwenzow.

Zwenzow (Userin)

✱ **Wolfsfang**. Der alte Wolfsfang wurde bis ins 19. Jh. als Falle für Wölfe genutzt.

Sie durchfahren Zwenzow auf dem Radweg ~ weiter Richtung Roggentin ~ vor der nächsten Linkskurve rechts abzweigen und auf der **K 2** nach Blankenförde.

Blankenförde (Mirow)

🏛 **Fachwerkkirche**. In der Kirche von 1702 ist ein Altar im flämischen Barockstil zu sehen.

ℹ **Müritz-Nationalpark-Information**, Blankenförde 30, ☎ 0385/58863769 🌐 Informationen zu Freizeitangeboten, Ausstellung zum Renaturierungsprojekt Zotzensee, @ isf712

In Blankenförde folgen Sie nach der **Kirche** und der Gaststätte der links abknickenden Vorfahrt und fahren nach **Babke** **2** rechts haltend weiter in Richtung Havel-Fischerei ~ weiter auf den Betonspurplatten, forst- und landwirtschaftlicher Verkehr frei ~ an der Vorfahrtsstraße kurz vor Granzin nach rechts wenden, der Ort liegt linker Hand.

TIPP Es lohnt sich ein kleiner Abstecher in das idyllische Runddorf Granzin. Der Töpferhof Steuer lädt mit seinem Hofcafé und Ausstellungen im Freien zum Verweilen ein.

Granzin (Kratzeburg)
Vorwahl: 039822

🏛 **Kirche**. Die neugotische Backsteinkirche stammt aus den Jahren 1886-88. Kirche mit Orgelspiel.

✱ **Töpferhof Steuer**, Granzin 4, ☎ 20242, ☎ 0172/9589169, 🕐 Juni-Aug., tägl. 13-17 Uhr (für die Saison 2023 geschlossen). Ausstellun-

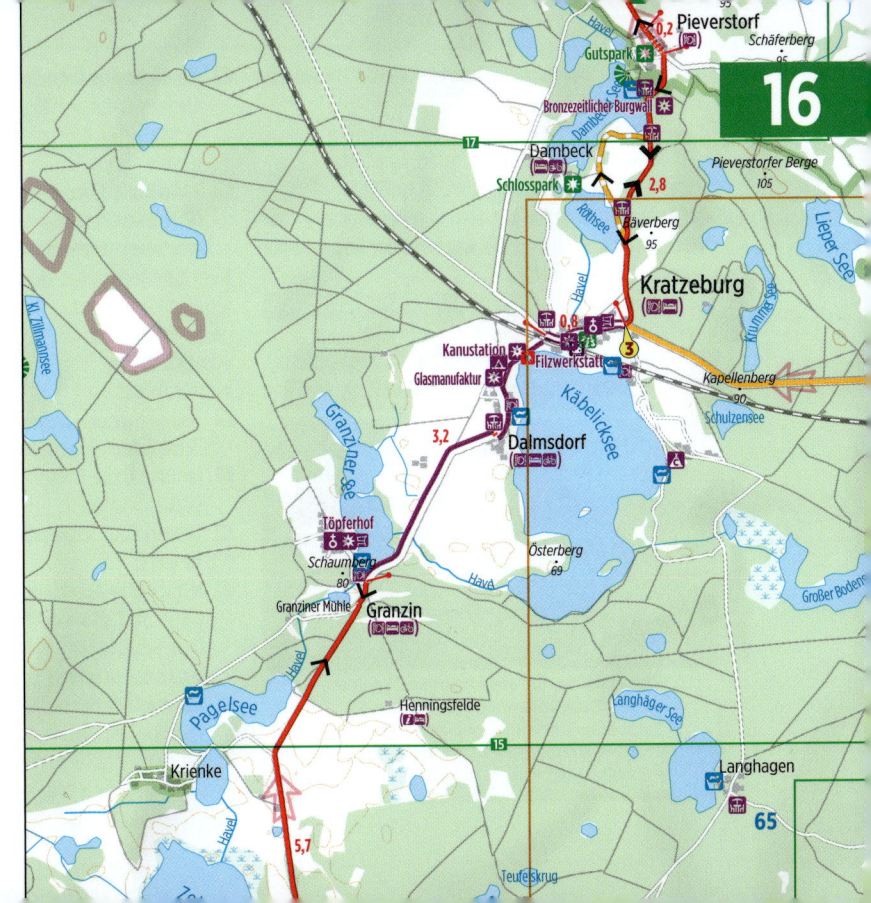

gen, Schaudrehen auf der Töpferscheibe, Verkauf, Kanuverleih, Hofcafé. @ isl571
- ✳ **Kormoran Kanutouring**, Granzin 28a, Havelbrücke Granzin, ☎ 29888, ☎ 0172/2740966. Bootsverleih, Kanufahrten, Führungen durch den Müritz-Nationalpark. @ lvm532

Von Granzin fahren Sie auf dem Radweg weiter ⤳ am Ortseingang von Dalmsdorf wechselt der Radweg auf die andere Straßenseite.

Dalmsdorf (Kratzeburg)
Vorwahl: 039822

- ℹ️ **Tourismusverein „Havelquellseen" e. V.**, Henningsfelde 1, Henningsfelde (Kratzeburg), ☎ 0700/38842835, @ swn832

Nationalpark - Camp Dalmsdorf 32
Direkt am Radfernweg Berlin - Kopenhagen

Blockhäuser für Unterkunft und Sanitär,
Außenküche mit gr. Kühlschrank,
Lagerfeuerstelle mit Grillplatz, Zeltplätze...

0172/3832587 oder 0172/3014818
info@surf-hecht.de · www.surf-hecht.de

- ✳ **Glasmanufaktur Dalmsdorf**, Dalmsdorf 1, ☎ 296057 🚲 In der Glasmanufaktur werden u. a. Glasdeko und Glasschmuck hergestellt. Neben dem Laden gibt es auch ein Café mit Sonnenterrasse. @ nxg761
- ✳ **R'Adler Rast und Kanu-Hecht**, Dalmsdorf 5c, ☎ 17988, ☎ 0172/9323625 🚲 Bootsverleih, Kanufahrten, Führungen durch den Nationalpark, verschiedene Unterkunftsmöglichkeiten. @ mco347

Dem Straßenverlauf durch den Ort folgen ⤳ an der R'Adler-Rast vorbei ⤳ nach der Eisenbahnbrücke rechts nach Kratzeburg.

Kratzeburg
Vorwahl: 039822

- ℹ️ **Tourismusverein „Havelquellseen" e. V.**, Henningsfelde 1, Henningsfelde (Kratzeburg), ☎ 0700/38842835, @ swn832
- ⛪ **Fachwerkkirche**, Dorfstr. Im Gotteshaus von 1786 gibt es einen schönen Schnitzaltar.
- ✳ **Filzwerkstatt Schafsgaben**, Dorfstr. 24, ☎ 20322 ⏰ @ gcr727
- 🏛️ **Müritz-Nationalpark-Information „Flatterhus Kratzeburg"**, Dorfstr. 31, ☎ 29665 🚲 Neben der Ausstellung „Das Havel-Quell-Gebiet" ist im Flatterhus eine multimediale Fledermausausstellung zu sehen, Führungen. @ pqa151
- 🍽️ **Hofladen Lütte Meierei**, Dorfstr. 5, ☎ 20202, ⏰ Mai-Aug., Mi-Mo 14-18 Uhr, Sept., Okt., Mi-So 14-17 Uhr, @ jxr128

Im Ort dem Straßenverlauf folgen ⤳ **3** kurz vor dem Ortsausgang nach links wenden ⤳ auf einer Asphaltstraße, dann weiter auf Betonspurplatten, land- und forstwirtschaftlicher Verkehr frei ⤳ Sie kommen nach Pieverstorf.

Pieverstorf (Kratzeburg)

- ✳ **Bronzezeitlicher Burgwall**, südlich des Ortes. Es handelt sich um einen der größten seiner Art in Norddeutschland.
- ✳ **Gutspark**. Gutspark mit Resten des ehemaligen Gutshauses.

Im Ort halten Sie sich links ⤳ auf der schlecht gepflasterten Straße durch das Dorf ⤳ Sie verlassen den Ort auf einem Betonpflasterweg ⤳ immer geradeaus, linker Hand liegt der **Flötenberg** ⤳ weiter geht es auf einem zweispurigen Betonplattenweg.

AUSFLUG: Links zweigt ein Weg zur Havelquelle ab. Dort oder bei der nahe gelegenen Badestelle haben Sie Gelegenheit für eine gemütliche Rast.

Havelquelle

- ✳ **Havelquelle**. Auf einem Obelisken stehen die Namen der Orte, die von der Havel von Ankershagen bis Havelberg durchflossen werden.

Weiter auf Asphalt ⤳ in einem Linksbogen nach Ankershagen hinein.

Ankershagen
Vorwahl: 039921

- 🏛️ **Heinrich-Schliemann-Museum**, Lindenallee 1, ☎ 3252 ⏰ Die umfangreiche Ausstellung zum Leben und Wirken des Archäologen Heinrich Schliemann (1822-1890) ist in dessen Elternhaus

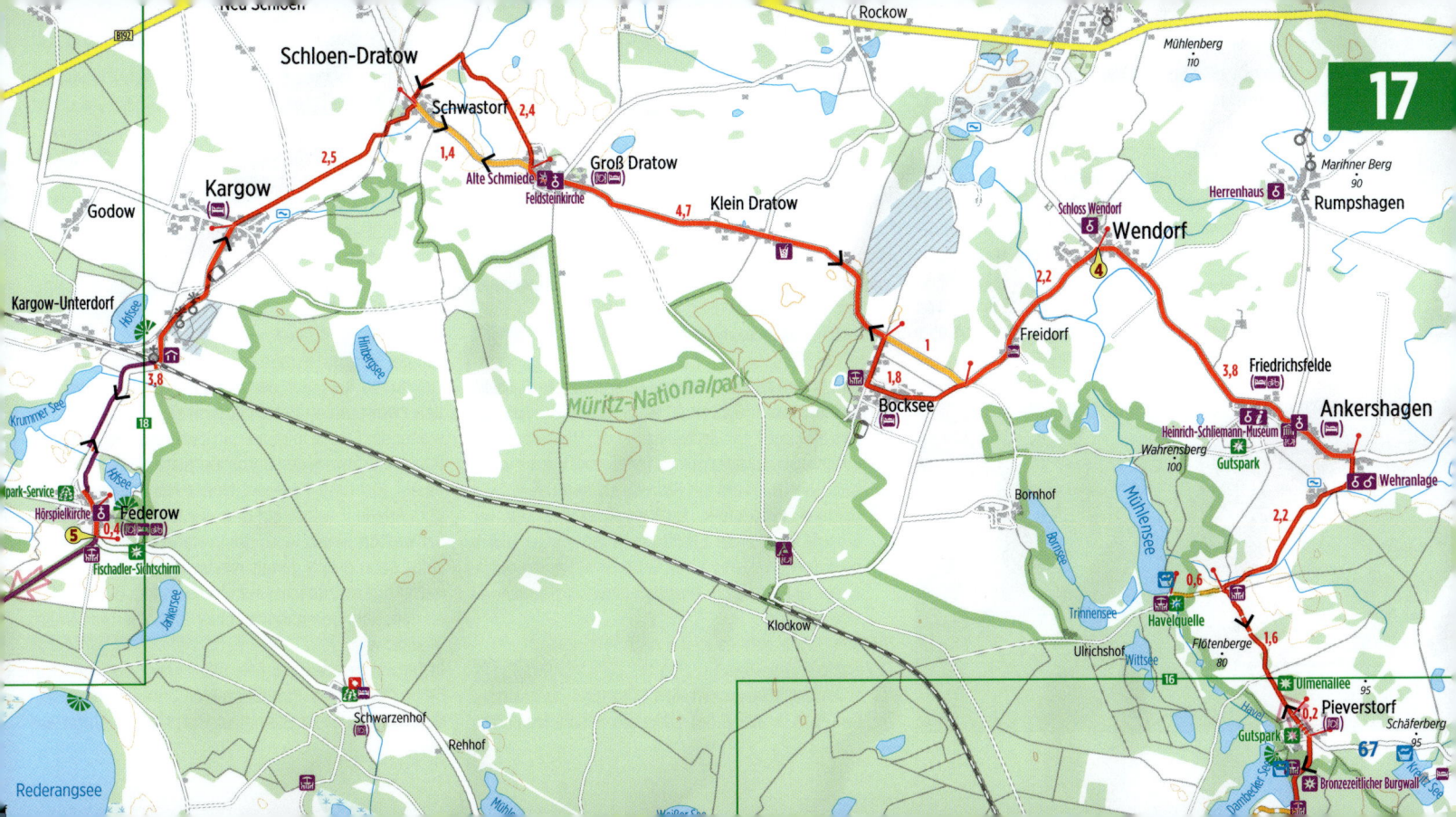

(Pfarrhaus aus dem 18. Jh.) untergebracht. Schliemann war Altertumsforscher, Wiederentdecker der mykenischen Kultur und Troja-Ausgräber. Auf dem Außengelände ist eine Nachbildung des Trojanischen Pferdes zu sehen. @ vid276

- **Feldsteinkirche**. Das Gotteshaus aus dem 12./13. Jh. weist frühgotische und romanische Stilelemente auf. Bei der Renovierung wurden alte Wandmalereien freigelegt. Die Kirche zählt zu den ältesten noch erhaltenen Feldsteinkirchen Mecklenburgs. @ lpa261
- **Herrenhaus**, Mühlenstr. Die Anlage wurde im 16. Jh. im Stil der Renaissance erbaut. Bei der einst auf dem Schloss ansässigen Familie von Oertzen war 1759-62 Johann Heinrich Voß, Humanist und Erstübersetzer klassischer griechischer Literatur, als Hauslehrer tätig. Zwischen 1945 und 1997 wurde das Gebäude als Schule genutzt.
- **Spätmittelalterliche Wehranlage**, Mühlenstr., hinter dem Schloss. Von der im Dreißigjährigen Krieg zerstörten spätmittelalterlichen Wehranlage mit Graben, Wehrmauer und Castell sind noch Mauerreste erhalten.

Von Ankershagen nach Waren (Müritz)   30 km

Sie biegen an der T-Kreuzung links in die **Lindenallee** ein und durchqueren die nächste Ortschaft.

Friedrichsfelde (Ankershagen)
Vorwahl: 039921

- **Informationsstelle der Gemeinde Ankershagen**, Am Nationalpark 10, im ehem. Gutshaus, ☎ 35046. Angebote an Nationalpark-Führungen, Live-Beobachtungen des Storchennestes in Rumpshagen, Ausstellungen zur Partnerstadt Mykene, zu Johann Heinrich Voß und zum Nationalpark. @ djx785
- **Gutshaus Friedrichsfelde**, Am Nationalpark 10, ☎ 3202. Das Gebäude wurde in der 1. Hälfte des 19. Jhs. errichtet, südlich davon befindet sich der schöne Gutspark mit Findlingsgarten, kleiner Fuchsienanlage, Jahresbaum-Areal und dendrologischem Parkteil.

Auf der Straße geht es weiter nach Wendorf.

Wendorf (Möllenhagen)

- **Schloss und Schlosspark Wendorf**, Schlossstr. 3. Das Schloss aus dem 19. Jh. wurde in den 1990er Jahren nach historischen Plänen rekonstruiert. Es gibt einen botanischen Lehrpfad im Garten. Heute beherbergt die Anlage eine Kinder- und Jugendhilfeeinrichtung.

4 An der Kreuzung im Ort links in die **Freidorfer Straße** nach Bocksee ⌇ weiter nach Freidorf.

Freidorf (Möllenhagen)

Es geht über die Orte **Bocksee** und **Klein Dratow** nach **Groß Dratow**.

Groß Dratow

- **Feldsteinkirche**, Dorfstr. Die Ursprünge des Gotteshauses reichen bis in das 13. Jh. zurück.

Auf der Vorfahrtsstraße an der Kirche vorbei ⌇ in der Linkskurve kurz vor dem Ortsausgang geradeaus in den zweispurigen Betonplattenweg, Sie können auch weiter der Straße folgen ⌇ an der Kreuzung nach dem Bauernhof links in den Betonspurplattenweg ⌇ es geht hinauf Richtung Federow/Müritz Nationalpark ⌇ ab dem Friedhof weiter auf dem gepflasterten Weg nach **Schwastorf** hinein ⌇ an der Vorfahrtsstraße kurz nach links, dann gleich darauf wieder rechts ⌇ Sie fahren nach Kargow, zunächst auf wechselndem Bodenbelag, ab dem Bahnübergang auf einer asphaltierten Straße.

Kargow

In Kargow geradeaus auf die abknickende Vorfahrtsstraße ⌇ über einen unbeschrankten Bahnübergang und dann parallel zu den Bahngleisen bis **Kargow-Unterdorf**

Heilbad Waren (Müritz), Neuer Markt

↝ nach der Bahnunterführung halten Sie sich gleich rechts und kommen auf dem straßenbegleitenden Radweg direkt nach Federow.

Federow (Kargow)
Vorwahl: 03991

- **Hörspielkirche**, An der Brennerei, ✆ 635723, ⊙ Ende Juni-Ende Aug. Die Kirche stammt aus dem 13. Jh. @ rra276
- **Müritz-Nationalpark-Information**, Damerower Str. 2, ✆ 668549 Es werden u. a. geführte Wanderungen und Radwanderungen angeboten. Bei der Fischadler-Beobachtungsstation gibt es vom Frühjahr bis zum Herbst eine ständige Live-Übertragung. @ kyh146
- **Fischadler-Sichtschirm**. Von einer Anhöhe kann ein Fischadlerhorst beobachtet werden.

Sie fahren zunächst auf einer Kopfsteinpflasterstraße ↝ an der Kreuzung geradeaus ↝ **5** in der Linkskurve am Ortsende rechts in den gut ausgebauten Radweg ↝ an der nächsten Gabelung rechts und in den Wald hinein ↝ nach knapp 100 m nach rechts in die Fahrradstraße abbiegen ↝ am nächsten Abzweig weiter geradeaus und bis zur Stadtgrenze von Waren ↝ weiter auf dem linksseitigen Radweg parallel zur **Specker Straße**, auf der linken Seite liegt der Müritz-Nationalpark-Eingangsbereich ↝ geradeaus auf der Straße **Am Seeufer** ↝ an dem Abzweig in der Rechtskurve links in Richtung Hafen ↝ am Stadthafen mit Marina des Luftkurortes Waren vorbei, vor Ihnen liegt die Altstadt.

Waren (Müritz)
Vorwahl: 03991

- **Waren (Müritz)-Information**, Neuer Markt 21, Haus des Gastes, ✆ 747790, @ fgm127
- **Blau-Weiße-Flotte**, Strandstr. 3, ✆ 663034, @ heu371
- **Weiße Flotte Müritz**, Strandstr./Steinmole, ✆ 122668 (Steinmole), ✆ 669490 (Stadthafen) @ jem561

HOTEL MÜRITZPERLE
Mühlenstraße 11
17192 Waren
Tel.: 03991/633248
info@mueritz-perle.de
www.mueritz-perle.de
bett+bike adfc

Heilbad Waren (Müritz)

Heilbad Waren (Müritz), Innenstadt mit Georgenkirche

- **Müritzeum**, Zur Steinmole 1, ✆ 633680 Das „Haus der 1.000 Seen", ein Informations- und Naturerlebniszentrum für den Müritz-Nationalpark und die Mecklenburgische Seenplatte, vereint Deutschlands größtes Süßwasseraquarium, eine Erlebnisausstellung und die naturhistorische Sammlung Mecklenburg-Vorpommerns. @ idk467
- **Stadtgeschichtliches Museum im Rathaus**, Neuer Markt 1, ✆ 177351 Mit Gedenkraum für den berühmten Volkskundler Richard Wossidlo. @ syj153
- **Militärhistorisches Marinemuseum Müritz**, Lange Str. 3, ✆ 632548280, ✆ 0162/9394782 In dem Museum werden an die 1.000 Marinegegenstände ausgestellt. @ obp513

Waren (Müritz)

- **Marienkirche**, Große Burgstr., ☎ 635727. Über mehr als 800 Jahre Architekturgeschichte entstand ein harmonisches Gesamtensemble, zu dem auch ein Aussichtsturm gehört. @ kko264
- **Georgenkirche**, St.-Georgen-Kirchpl., ☎ 732504. Die dreischiffige Basilika aus dem 14. Jh. gilt als ein wichtiges Bauwerk der Backsteingotik. Sehenswert ist u. a. das Kreuzrippengewölbe. In der Mitte des 19. Jhs. erfolgte die neogotische Ausgestaltung. Vor der Kirche gibt es seit Kurzem ein Denkmal zur Erinnerung an die Friedliche Revolution im Jahre 1989. @ ipp218
- **Freilichtbühne Waren (Müritz)**, Am Mühlenberg, ☎ 0177/7006012. Zwischen Ende Juni bis Ende Aug. wird auf dieser Bühne die Müritz-Saga aufgeführt. @ hkd754
- **Neuer Markt**. Rund um den Neuen Markt bestimmen das Neue Rathaus (1797) und die typischen Giebel- und Traufhäuser (18./19. Jh.) das Bild.
- **Haus des Gastes**, Neuer Markt 21. Das zweigeschossige Fachwerkgebäude stammt aus der Zeit um 1800 und war ehemals Wohnort einiger prominenter Bürger Warens. Hier befinden sich heute die Waren (Müritz)-Information und die Löwen-Apotheke.
- **„Weinbergschloss"**, Weinbergstr. 20. Die historische Villa aus den 1870er Jahren wird aufgrund ihres prächtigen Aussehens umgangssprachlich als Schloss bezeichnet.
- **Kletterwald Müritz**, Kameruner Weg 14, ☎ 631226, April-Okt. @ ynd571
- **Müritz-Tschu-Tschu-Bahn** @ hpf255
- **Steinmole**. Von hier aus legen zahlreiche Fahrgastschiffe ab.
- **„Müritz rundum"**, ☎ 039931/5380. Kostenfreie Mobilität für Übernachtungsgäste in den Orten Klink, Rechlin, Röbel/Müritz, Kargow und Waren (Müritz). @ ejn352
- **Schaugarten**, Richard-Wossidlo-Str. 7a, ☎ 125641. Dieses Kleinod der Gartengestaltung befindet sich auf einer Landzunge am Tiefwarensee. @ rft875
- **Badestellen**. Müritz (Ecktannen, Volksbad), Kölpinsee, Tiefwarensee, Feisnecksee.

Waren (Müritz), idyllisch auf einer Anhöhe gelegen, ist ein beliebtes Heilbad, das seit dem Beginn des 19. Jahrhunderts Erholungssuchende willkommen heißt. Der kleine Ort entstand im 13./14. Jahr-

Schloss Klink

hundert durch das Zusammenwachsen zweier Siedlungskomplexe. Der erste befand sich ab etwa 1265 um die Georgenkirche. Der zweite, die Neustadt, entwickelte sich ab 1300 um die Marienkirche. Um 1330 wuchsen beide Teile auf Höhe des Neuen Marktes zusammen. 2012 erhielt die Stadt das Kurortprädikat „Heilbad".

Von Waren (Müritz) nach Linstow — 36 km

Vom Hafen aus weiter auf der **Müritzstraße** ↝ links in die **Strandstraße** ↝ links in die **Kietzstraße** ↝ geradeaus auf dem straßenbegleitenden Radweg entlang der **Gerhart-Hauptmann-Allee** ↝ im Rechtsknick der Straße nach links ↝ am Volksbad entlang und durch einen Kletterwald ↝ immer so nahe wie möglich am Ufer halten ↝ vor dem **Campingplatz** zweigen Sie rechts vom Ufer in die Straße **Zur Stillen Bucht** ab.

AUSFLUG Wenn Sie hier geradeaus weiter fahren, kommen Sie entlang des schönen Müritzufers zum Schloss Klink. Die Beschilderung des Mecklenburgischen Seen-Radweges weist Ihnen den Weg.

Klink
Vorwahl: 03991

- **Tourismus-Information**, Schlossstr. 1, ☎ 1822722, ☎ 634688, @ mhp217
- **Blau-Weiße-Flotte**, Anleger Schloss, ☎ 663034. Fährverbindungen auf der Müritz nach Waren (Müritz) und Röbel sowie thematische Sonderfahrten. @ rdi882
- **Weiße Flotte Müritz**, Anleger Müritz-Klinik und Schloss, ☎ 122668. April-Okt. tägl. Fährverkehr zwischen den Anlegestellen in Waren (Müritz), Klink, Röbel, Bolter Kanal und Rechlin sowie thematische Sonderfahrten. @ ef1155
- **Kirche**, Schlossstr. Die kleine Backsteinkirche wurde zwischen 1736 und 1742 ohne Turm erbaut.
- **Schloss Klink**, Schlossstr. 6. Das Schloss wurde zwischen 1896 und 1898 zusammen mit mehreren Gutshofgebäuden von der Familie von Schnitzler errichtet. Heute beherbergt die Anlage ein Hotel.
- **Sun-Sailing Müritz**, Hafenstr. 6a, ☎ 125025, ☎ 0171/4520062. Verleih von Segel- und Motoryachten. @ tdy411
- **Naturdenkmal „Jeffreys Kiefer"**, Gemeindeweg 12. Diese exotische Kiefernart bildet Nadeln von bis zu 25 cm und Zapfen von bis zu 30 cm Länge aus.

Auf dem gleichen Weg zurück zur Hauptroute.
Auf der Straße **Zur stillen Bucht** bis zur B 192 ↝ **6** ↝ an der Ampelkreuzung geradeaus in die Straße **Eldenholz** ↝ auf der Siedlungsstraße bis zum Abzweig vor dem **Torbogenhaus** ↝ rechts in die Fahrradstraße ↝ immer geradeaus bis zur Querstraße nach Damerow, das links von Ihnen liegt.

Damerow (Jabel)
Vorwahl: 039929

- **Fischereihof Damerow**, Dorfstr. 7a, ☎ 76698, ⊙ Ende April-Okt. Vielfältiges Fischangebot sowie regelmäßige Fischgrillabende. @ xvt325
- **Wisentreservat – Forstamt Nossentiner Heide**, Zum Werder 5b, Naturschutzgebiet Damerower Werder @ Fütterungszeiten tägl. 11 und 15 Uhr. Das 320 ha große Gehege ist ein idealer Lebensraum für das europäische Wisent (Wildrind), das zur Gattung der Bisons gehört. Der heutige Bestand (rund 30 Tiere) geht auf ein polnisches Wisentpaar zurück, das hier 1957 angesiedelt wurde. Mit der Zucht in den vergangenen Jahrzehnten konnte das Wisent vor dem Aussterben bewahrt werden. Weitere Infos erhalten Sie beim Forstamt Nossentiner Heide,

📞 039927/7500 oder beim Revierleiter Herr Zentner, 📞 0173/3010219.

🔺 **Naturpark Nossentiner/Schwinzer Heide**, 📞 0385/58864860, @ hsk713

Der Naturpark Nossentiner/Schwinzer Heide ist eine 36.500 Hektar große geschützte Kulturlandschaft. Kernstück des Naturparks bildet eines der größten Waldgebiete Mecklenburg-Vorpommerns. Zum Naturpark gehören Klarwasserseen, Bäche, Flüsse, Heideflächen, Moore, Sümpfe und Brüche. Gut beschilderte Wanderwege führen durch das einzigartige Areal, das Rückzugsgebiet für See- und Fischadler, für Rohrdommel und Rohrsänger, für Fischotter sowie zahlreicher Pflanzenarten ist.

Biegen Sie an der Querstraße rechts ab und überqueren Sie den Bach ~ am **Jabelschen See** vorbei 7 an der T-Kreuzung links auf den linksseitigen Radweg ~ nach etwa 150 m wechselt der Radweg auf die andere Straßenseite ~ auf der Straße in den Ort hinein.

Jabel
Vorwahl: 039929

⛪ **Dorfkirche**, Ringstr., 📞 70462. Nach einem Brand wurde die Kirche, die ursprünglich aus dem 13. Jh. stammt, im 19. Jh. im neogotischen Stil wieder aufgebaut. Auf dem Friedhof ist der Küster Suhr beerdigt. Fritz Reuter machte während seines fünf Monate dauernden Aufenthaltes in Jabel Bekanntschaft mit ihm.

In seinem Buch „Ut mine Stromtid" gab er dem Küster den Namen „Suer".

- **Pfarrhof.** Umgeben von alten Linden bildet der Pfarrhof aus den 1820er Jahren mit der Scheune und der ehemaligen Bäckerei ein sehenswertes Ensemble.
- **Alte Eibe.** Neben dem Pfarrhaus (hinter der Scheune) steht eine 250 Jahre alte Eibe, ein Naturdenkmal. Mit ihrem Stammumfang von 4,35 m zählt sie zu den mächtigsten und schönsten Eiben Mecklenburgs.
- **Klosterhauptmannstanne.** Am Ortsausgang Richtung Nossentin steht ein Naturdenkmal, die sog. „Klosterhauptmannstanne". Die skurril gewachsene Kiefer bezeichnete einst die Gemarkungsgrenze im Ort.

Auf der **Dorfstraße** zunächst in Richtung Nossentin ↝ die Schienen queren ↝ am nächsten Bahnübergang erneut die Gleise kreuzen ↝ auf der südlichen Straßenseite folgen Sie dem Radweg mit wassergebundener Oberfläche parallel zur Straße bis zum **York-Blücher-Denkmal** ↝ auf die andere Straßenseite wechseln und auf dem asphaltierten Radweg durch Nossentin.

Nossentin (Silz)

Sie überqueren nochmal die Bahngleise und kommen nach Silz.

Silz

Am Kreisverkehr im Ort geradeaus (2. Ausfahrt) und aus dem Dorf hinaus ↝ beim nächsten Kreisel zwischen den Feldern rechts abzweigen und nach Nossentiner Hütte.

Nossentiner Hütte

Im Ort zweigen Sie links ab in die **Güstrower Landstraße** ↝ nach etwa 2,4 km mündet von rechts die Variante ein ↝ Sie folgen weiterhin der Straße.

Drewitz (Nossentiner Hütte)
Vorwahl: 039927

- **Ehem. Jagdsitz der DDR-Führung,** Am Drewitzer See 1, ✆ 7670. Erich Mielke schenkte DDR-Staatschef Erich Honecker den Jagdsitz zu dessen 70. Geburtstag. Heute wird die Anlage vom Naturresort Drewitz betrieben. @ rde635
- **Naturpark Nossentiner/Schwinzer Heide.** Informationen erhalten Sie beim Nationalparkamt Mecklenburg-Vorpommern, Naturparkverwaltung Nossentiner/Schwinzer Heide, Ziegenhorn 1, 19395 Karow, ✆ 0385/58864860. @ oby557
- **Hallenbad im Naturresort Drewitz,** Am Drewitzer See 1, ✆ 7670. Mit Sauna. @ bmq756

Auf Asphalt weiter geradeaus ↝ **8** an der Kreuzung kurz vor dem nächsten Ort rechts ↝ Sie kommen nach **Bornkrug** ↝ links in Richtung Krakow am See ↝ mit schönem Ausblick auf den Linstower See weiter ↝ über das Flüsschen Nebel nach Linstow hinein.

Linstow (Dobbin-Linstow)
Vorwahl: 038457

- **Tourist-Information Krakow am See,** Markt 21, Krakow am See, ✆ 22258, @ fmq436

- **Wolhynier Umsiedlermuseum,** Hofstr. 5, ✆ 51963 ⊕ Im einstigen Umsiedlerhaus ist seit 1993 ein Museum zum Gedenken an das Schicksal der Wolhynier untergebracht, die während des Zweiten Weltkrieges gezwungen waren, ihre Heimat in der heutigen Nordwest-Ukraine zu verlassen. Außerdem beherbergt das Gelände auch das Harzer-Museum, das Wissenswertes über den Beruf des Harzers vermittelt. @ ysg374
- **Hudewald,** auf dem Eichwerder. Der Hudewald besitzt einen großen Bestand an alten Eichen. Die Bezeichnung „Hude" leitet sich von dem Wort „hüten" ab. Im Hudewald wurden vor allem Schweine und Rinder gehütet.
- **Erlebnisbad im Resort Linstow,** Krakower Chaussee 1, Van der Valk Resort, ✆ 70, @ geh832

Im 18. Jahrhundert hatten sich deutsche Handwerker in der westukrainischen Region Wolhynien niedergelassen. Während des Zweiten Weltkrieges waren sie durch den Hitler-Stalin-Pakt gezwungen, dieses Gebiet zu verlassen. Deutschstämmige Wolhynier fanden nach dem Krieg in Linstow eine neue Heimat.

Von Linstow nach Krakow am See — 19 km

An der Kreuzung im Ort links auf die Hauptstraße ↝ am Kreisverkehr am Ortsausgang rechts auf den straßenbegleitenden Radweg ↝ an der T-Kreuzung nach links und über die Autobahn hinüber ↝ wenig später geht es auf der rechten Straßenseite weiter

❾ auf Höhe der Ortschaft Dobbin, die zur Linken liegt, nach rechts ~ nach ca. 150 m schwenkt der Weg nach links, zweispuriger Betonplattenweg entlang einer Eichenallee ~ am Abzweig rechts halten ~ zunächst Betonspurplatten, dann asphaltierter Weg ~ an der Weggabelung nach rechts ~ bei den ersten Häusern und der Hochspannungsleitung links in die asphaltierte Straße nach Neu Zietlitz.

Auf dem **Dobbiner Weg** geht es an einem Hotel und einem **Golfplatz** vorbei ~ entlang des Serrahner Sees bis in den gleichnamigen Ort.

Serrahn (Kuchelmiß)

- **Tourist-Information Krakow am See**, Markt 21, Krakow am See, ✆ 038457/22258, @ fmq346
- **Kirche**, An der Kirche. Die Ursprünge der Kirche reichen bis in das Jahr 1240 zurück, die heutige Kreuzkirche aus Backstein entstand nach einem Umbau in den 1870er Jahren.
- **Alte Post**, Alte Poststr. 11. Sehenswert ist die in Fachwerkbauweise errichtete Alte Poststation aus dem 17. Jh., in der sich heute die Diakonie befindet.
- **Hügel- und Großsteingräber**. Im Nebeltal befinden sich 5 Hügelgräber, im Waldstück 1,5 km südöstl. des Ortes gibt es zudem ein Großsteingrab zu sehen.
- **Naturschutzgebiet Nebel**. Auf dem Naturlehrpfad entdecken Sie im Nebeldurchbruchstal einen der saubersten und artenreichsten Flussläufe im nördlichen Mitteleuropa, die Nebel.

Auf der **Alten Poststraße** durch Serrahn in Richtung Seegrube ~ kurz nach dem Aussichtspunkt an der abknickenden Vorfahrt rechts halten ~ durch das Naturschutzgebiet Nebel ~ über die Brücke hinüber, dann dem Straßenverlauf nach links folgen ~ weiter auf der leicht hügeligen Straße mit Blick auf den Krakower See ~ am Abzweig nach Seegrube rechts halten ~ vorbei an Seegrube-Ausbau und dem Campingplatz am Windfang ~ an der T-Kreuzung links auf den Radweg ~ an der nächsten Kreuzung erneut links ~ an der Kirche links in den **Möwenweg** in Richtung Badeanstalt ~ vor dem Ufer rechts in den **Jörnbergweg** ~ am Abzweig links

20

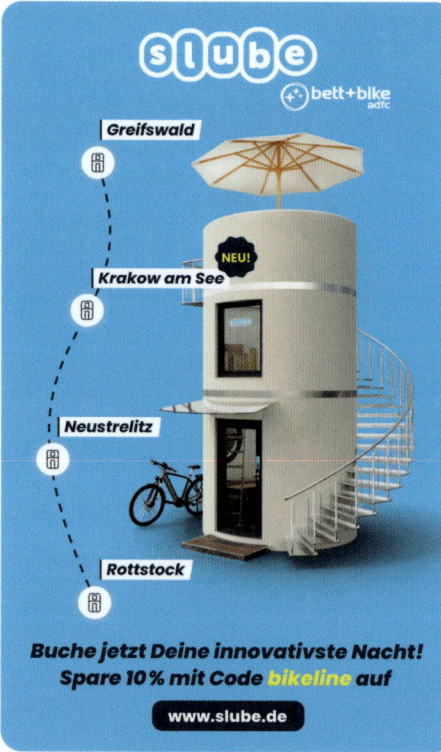

in die **Goetheallee**, unbefestigter Weg, Radfahrer und Anlieger frei ~ Sie radeln am See entlang ~ nach der Brücke mit dem Holzgeländer weiter auf dem asphaltierten Teil der **Goetheallee** bis zur Dampferanlegestelle im Fischereihof ~ rechts in die **Kleine Wasserstraße** ~ geradeaus weiter in die **Schulstraße**, entgegengesetzt der Einbahnstraße ~ am Rathaus nach links ~ Sie überqueren den **Markt**, kommen an der Tourist-Information mit dem schiefen Fenster vorbei und fahren weiter geradeaus auf der **Plauer Straße**, entgegengesetzt der Einbahnstraße ~ am **Schulplatz** rechts ~ gleich wieder rechts in die **Ernst-Thälmann-Straße**.

Krakow am See
Vorwahl: 038457

- **Tourist-Information Krakow am See**, Markt 21, ✆ 22258, @ fmq436
- **Erlebnisschifffahrt Zopf**, Goetheallee 11, ✆ 0160/97933333. Einstündige Rundfahrten.

Blick auf Krakow am See

- **Buchdruckmuseum Mecklenburg-Vorpommern**, Schulpl. 2, Alte Schule, ✆ 0175/8928056 Kurse, Workshops, Galerie, Druckladen, Schaudrucken. Wissenswertes über die Buchdruckkunst von der Handsetzerei bis zum Maschinensatz, von der Handpresse bis zur Schnellpresse. Zu sehen ist ein originalgetreuer Aufbau eines Druckerei-Familienbetriebes um 1900. @ cra861
- **Heimatstube**, Schulpl. 2, Alte Schule, ✆ 22613 Wechselnde Ausstellungen und „Gute Stube" einer Ackerbürgerfamilie. @ axd274
- **Stadtkirche**, Wedenstr. 16. Die Stadtkirche aus dem Jahr 1230 ist das älteste Gebäude der Stadt.
- **Alte Synagoge**, Schulpl. 1, ✆ 23647 Kulturelle Begegnungsstätte, Veranstaltungen, Galerie, ständig wechselnde Ausstellungen. Heute ist die ehem. Synagoge Sitz des gleichnamigen Kulturvereins. @ pbi152

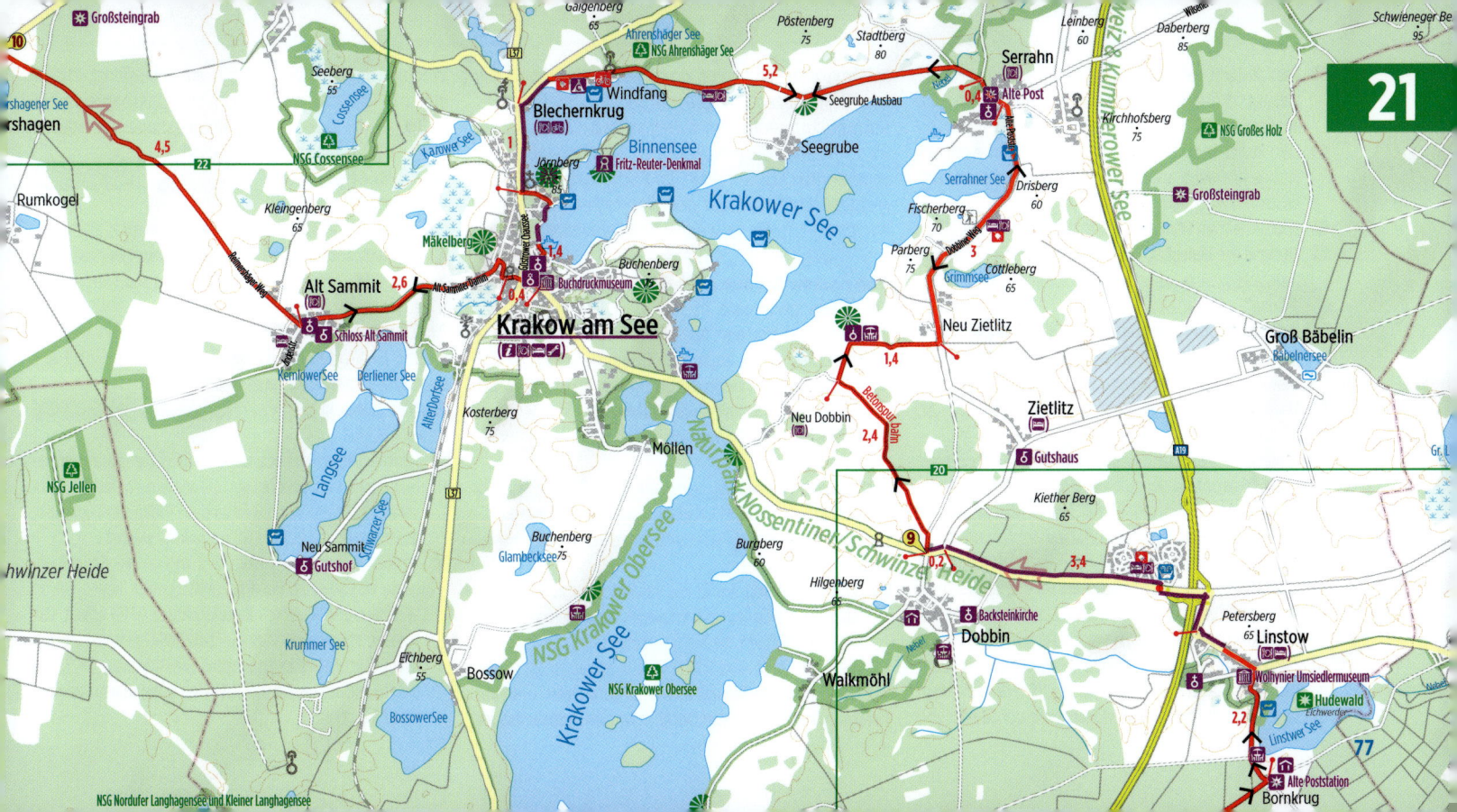

- **Aussichtsturm**, auf dem Jörnberg 🚲 Die Aussichtsplattform befindet sich mehr als 100 m über dem Meeresspiegel, der Turm aus dem Jahr 1995 ist 28 m hoch. @ xyl137
- **Fritz-Reuter-Denkmal**, auf der Halbinsel Lehmwerder. Der Gedenkstein wurde anlässlich des 100. Geburtstages von Fritz Reuter 1910 aufgestellt.
- **Bootsverleih am Stadtsee**, Goetheallee 1a, ✆ 0160/97933333
- **Fischerei Dat Hüdenhus**, Goetheallee 11, ✆ 22204. Frischfisch, Räucherfisch, Angelkartenverkauf, Fischimbiss, Angelboote. @ uup111
- **Naturschutzgebiet Krakower Obersee**. Der 843 ha große See ist für Brut- und Zugvögel ein wichtiger Lebensraum. Mit viel Glück kann man hier Seeadler beobachten.
- **Historische Badeanstalt**, Jörnbergweg 23, ✆ 519560 🚲 @ oau377

Das idyllische Städtchen Krakow am See ist wegen der direkten Seelage und dem gesunden Klima traditioneller Erholungsort und seit mehr als 60 Jahren Kurort. Im Jahr 2000 wurde die Stadt als staatlich anerkannter Luftkurort ausgezeichnet. Unverändert in seinem Grundriss hat sich der Kleinstadtcharakter des im Jahr 1298 erstmals erwähnten Ortes bis heute bewahrt. Das Ensemble rund um den Marktplatz ist denkmalgeschützt, es besteht aus Bürgerhäusern aus dem 18. und 19. Jahrhundert, dem neogotischen Rathaus und der Stadtkirche aus dem 13. Jahrhundert, dem ältesten Bauwerk der Stadt. Von kulturhistorischer Bedeutung ist die Alte Synagoge, das heutige Kulturzentrum. Die Alte Schule beherbergt das Buchdruckmuseum und die Heimatstube. Sehr sehenswert sind auch die reetgedeckten Bootsschuppen, die sogenannten Fischerhüden, im Fischereihafen und die reetgedeckte Haupthaus der Historischen Badeanstalt am Jörnberg sowie der weithin sichtbare Aussichtsturm.

Von Krakow am See nach Güstrow 27,5 km

Sie radeln geradeaus in Richtung Bahnhof ⤳ der abknickenden Vorfahrt nach links in die Straße **Bahnhofsplatz** folgen ⤳ nach dem Bahnübergang auf der Vorfahrtsstraße rechts in die Straße **Am Bahnhof** ⤳ auf der Vorfahrtsstraße links in die **Goldberger Straße** ⤳ auf dem **Alt Sammiter Damm** am Reitsportzentrum vorbei nach Alt Sammit.

Alt Sammit (Krakow am See)

- **Dorfkirche**, Am Schloss 1. Nach der Zerstörung im Dreißigjährigen Krieg wurde die Kirche unter Daniel von Weltzien wieder aufgebaut.
- **Schloss Alt Sammit**, Am Schloss. Das Schloss entstand im 19. Jh. auf dem Gelände des halb verfallenen Vorgängerbaus der Familie von Weltzien, die hier jahrhundertelang ansässig war. Heute befinden sich im Schloss Ferienwohnungen. @ uqh321

Auf der **Lindenstraße** geht es weiter geradeaus ⤳ an der Kreuzung kurz vor der **Kirche** rechts in den **Reimershäger Weg** und aus dem Ort hinaus ⤳ auf der Betonspurbahn durch die Felder ⤳ im Wald nach dem Linksbogen weiter ⤳ **10** an der Kreuzung bei **Reimershagen** geradeaus weiter ins Bücherdorf Groß Breesen.

Groß Breesen (Zehna)
Vorwahl: 038458

- **Gutshotel Groß Breesen**, ✆ 500. Die Besitzerin des „Bücherhotels" tauscht zwei mitgebrachte Bücher gegen eines aus ihrer Bibliothek – eine gute Gelegenheit sich mit neuer Reiselektüre zu versorgen. @ mef387

Am **Gutshotel** vorbei ⤳ im Ort links halten ⤳ bei den letzten Gebäuden des Ortes rechts abbiegen und auf dem **Breesener Weg** nach Bellin.

Bellin (Krakow am See)
Vorwahl: 038458

- **Feldsteinkirche**, Am Karpendiek, ✆ 20468. Die spätromanische Feldsteinkirche aus der Zeit um 1230 wurde nach westfälischem Vorbild errichtet. Sehenswert sind die Wand- und Gewölbemalereien (13./15. Jh.), die 1985 restauriert wurden.
- **Belliner Schloss**, Am Schloss. Das neobarocke Herrenhaus, heute im Privatbesitz und als Hotel genutzt, wurde 1911 an Stelle des ursprünglichen Barockschlosses (1746) erbaut. Das Torhaus, die Kavaliershäuser und die Stallungen sind von der ursprünglichen Bebauung erhalten. Die Parkanlage (1822), das Herrenhaus umgibt, besitzt einen einzigartigen Baumbestand. @ dbd175

✴ **Belliner Steintanz.** Die Hügel- und Steingräber zeugen von der frühen Besiedlung dieser Gegend.

An der Querstraße kurz links in die **Krakower Straße**, dann sofort rechts in die Straße **Am Karpendiek** 11 auf Höhe der **Kirche** nach links und wenig später auf der asphaltierten Fahrradstraße vorbei an Wiesen und Feldern und durch den Wald ↝ auf Höhe des Rastplatzes am Abzweig zum Steintanz rechts halten ↝ folgen Sie der asphaltierten Straße bis Kirch Rosin.

Kirch Rosin (Mühl Rosin)

⛪ **Kirche.** Zisterzienser aus dem Harz erbauten im Jahr 1270 die Kirche. Im Inneren finden sich wertvolle Malereien aus dem 17. Jh., die erst 1988 entdeckt wurden.

An der Kreuzung mit der Bushaltestelle im Ort links in die **Dorfstraße** ↝ an der **Kirche** vorbei ↝ Sie fahren bis nach Mühl Rosin.

Mühl Rosin

12 Nach dem Sportplatz links in die Straße **Waldsiedlung** ↝ an der T-Kreuzung rechts ↝ über die Bölkower Chaussee geradeaus in den Radweg ↝ immer geradeaus am Ufer des Inselsees entlang ↝ schon bald kommt ein Abzweig zur **Ernst-Barlach-Gedenkstätte.**

Schabernack (Güstrow)
Vorwahl: 03843

🏛 **Ernst-Barlach-Gedenkstätte,** Heidberg 15, ☏ 844000 🌐 Die Gedenkstätte, die an das Leben und Werk des Expressionisten Ernst Barlach erinnert, ist auf drei unterschiedliche Häuser aufgeteilt: In seinem ehemaligen Atelierhaus am Inselsee sind Holzskulpturen, Plastiken und Werkmodelle zu sehen. Das benachbarte Ausstellungsforum beherbergt ein Graphik-Kabinett mit Zeichnungen, Drucken und Handschriften. In der Gertrudenkapelle im Zentrum von Güstrow werden Holzskulpturen und bildhauerische Werke gezeigt.
@ ccp468

Weiter geradeaus am Freibad vorbei ↝ danach rechts und gleich wieder links.

AUSFLUG Alternativ zum Radfernweg können Sie an diesem Abzweig links abbiegen und weiter am Mühlbach entlang radeln. Dieser Weg ist zwar unbefestigt, der Verlauf dafür aber sehr idyllisch.

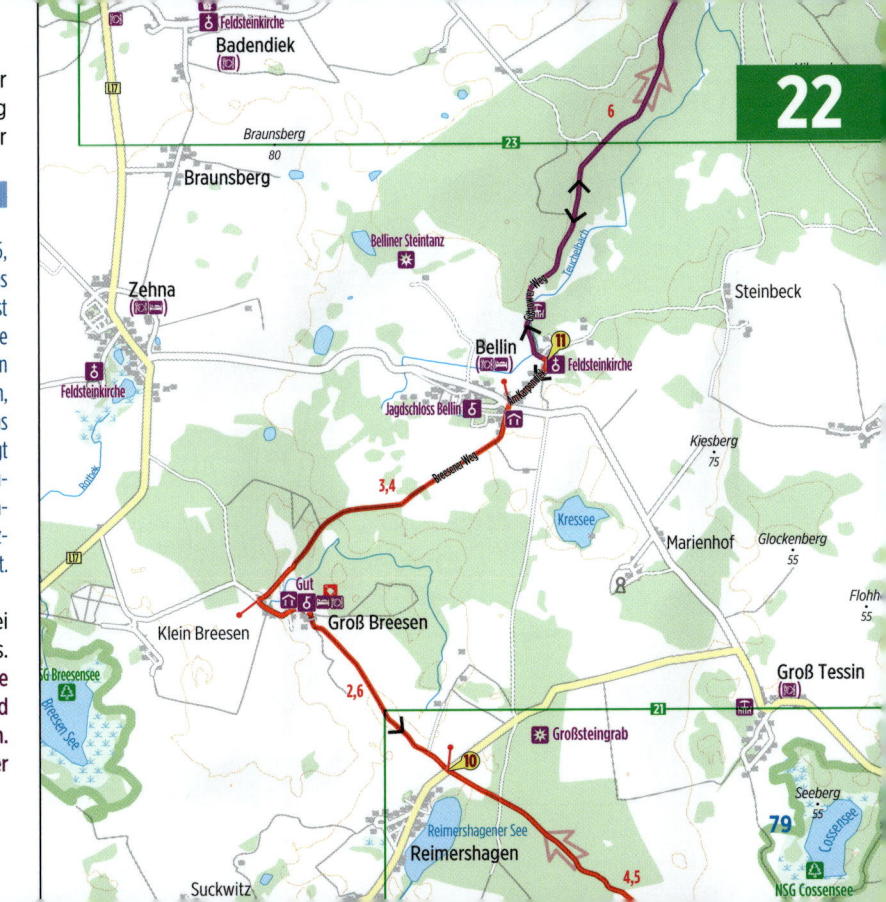

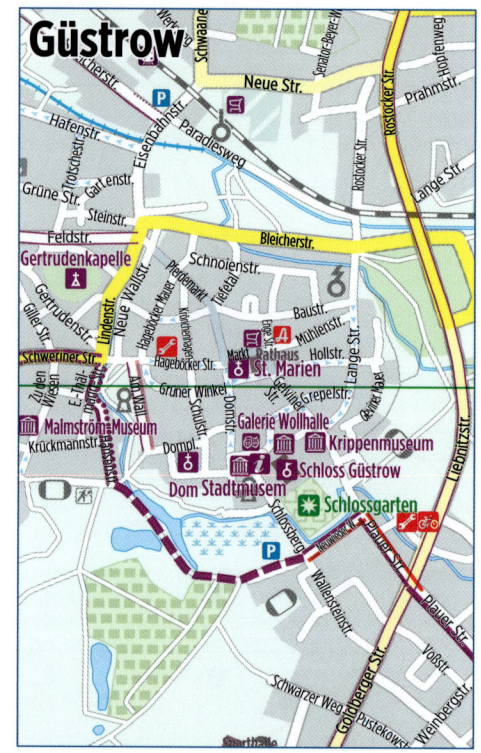

Auf der Hauptroute fahren Sie bis zur Plauer Chaussee, hier wenden Sie sich nach links, rechts geht es zum Wildpark entlang der **Plauer Chaussee**, Verlängerung **Plauer Straße** fahren Sie bis zum Güstrower Schloss und ins Stadtzentrum von Güstrow.

Güstrow
Vorwahl: 03843

- **Güstrow-Information**, Franz-Parr-Pl. 10, ✆ 681023, @ lhw616
- **Schlossmuseum**, Franz-Parr-Pl. 1, ✆ 7520. Zu sehen sind der Festsaal, eine Mittelaltersammlung, Renaissancekunst und Jagd- und Prunkwaffen. Außerdem thematische Ausstellungen: Glas der Antike, Malerei der DDR etc. Das Schloss wird umfangreich saniert und ist nur eingeschränkt zu besichtigen. Der Schlossgarten bleibt frei zugänglich. @ dkt334
- **Ernst-Barlach-Gedenkstätte**, Heidberg 15, Schabernack (Güstrow), ✆ 844000. Die Gedenkstätte, die an das Leben und Werk des Expressionisten Ernst Barlach erinnert, ist auf drei unterschiedliche Häuser aufgeteilt: In seinem ehemaligen Atelierhaus am Inselsee sind Holzskulpturen, Plastiken und Werkmodelle zu sehen. Das benachbarte Ausstellungsforum beherbergt ein Graphik-Kabinett mit Zeichnungen, Drucken und Handschriften. In der Gertrudenkapelle im Zentrum von Güstrow werden Holzskulpturen und bildhauerische Werke gezeigt. @ ccp468

Güstrow, Rathaus

HOTEL & RESTAURANT AM SCHLOSSPARK — bett+bike adfc

- ✔ Mit Schlossblick direkt am Fernradweg
- ✔ EZ, DZ, MZ / DU/WC/KÜ/ TV/Internet
- ✔ Restaurant, Sauna
- ✔ Bett & Bike Station mit Fahrradkeller
- ✔ Übernachtung ab 45,- € p.P.

Neuwieder Weg · 18273 Güstrow · Tel.: 03843 277960 · Fax: 2779520
www.hotel-am-schlosspark-guestrow.de

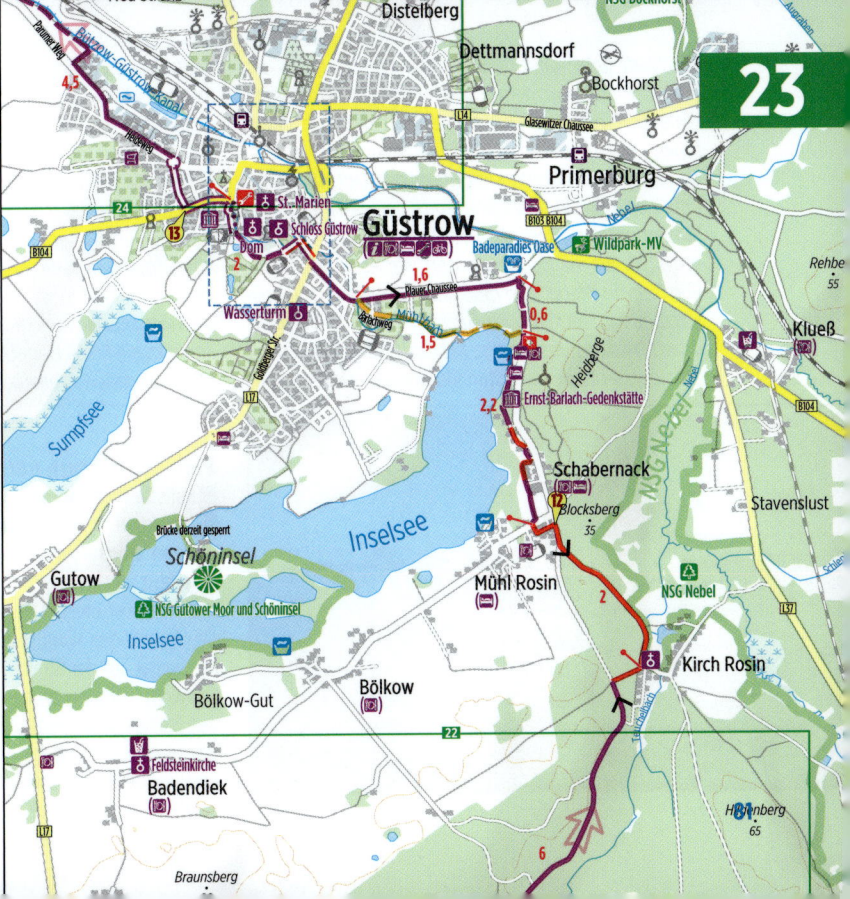

Malmström-Museum, Zu den Wiesen 17, ✆ 680786 Seit 1917 ist die berühmte Artisten-Familie Kolter-Malmström in Güstrow ansässig. Das Museum thematisiert die fast 300-jährige Artisten- und Zirkusgeschichte. @ tro324

Norddeutsches Krippenmuseum, Heiligengeisthof 5, ✆ 466744 Im Gebäude der Heilig-Geist-Kirche ist eine einmalige Sammlung von Weihnachtskrippen aus über 60 Ländern aller Kontinente zu sehen. @ ctr528

Städtische Galerie Wollhalle, Franz-Parr-Pl. 9, ✆ 769469, ✆ 681023, ⏰ im Ausstellungszeitraum 11–17 Uhr. In dem historischen Gebäude, das als Pferdestall errichtet wurde und später als Handelsplatz für Wolle diente, wird zeitgenössische Kunst präsentiert. @ pdf621

Stadtmuseum, Franz-Parr-Pl. 10, ✆ 769120 In dem Museum wird Besuchern die Geschichte der Stadt Güstrow nähergebracht. @ ppy833

Dom, Dompl., ✆ 682433 Der Bau des Doms wurde im 13. Jh. begonnen. Sehenswert ist die Plastik „Der Schwebende" des Künstlers Ernst Barlach. @ usc767

Pfarrkirche St. Marien, Markt 31, ✆ 682077. Als bedeutendstes Kunstwerk der Kirche aus dem 16. Jh. gilt der Flügelaltar des Brüsseler Bildschnitzers Jan Borman aus dem Jahr 1522.

Gertrudenkapelle, Gertrudenpl. 1, ✆ 683001 In der ehem. Wallfahrtskapelle aus dem 14. Jh. ist eine Ausstellung des Bildhauers Ernst Barlach zu sehen.

Schloss Güstrow, Franz-Parr-Pl. 1. Das Schloss zählt zu den bedeutendsten Renaissance-Bauwerken im norddeutschen Raum. Umgeben ist das Gebäude aus dem 16. Jh. von einem Schlossgarten mit Laubengang. Im Schlossmuseum (s. o.) können die Innenräume betrachtet werden.

Ernst-Barlach-Theater, Franz-Parr-Pl. 8, ✆ 684146, @ jhb657

Historischer Stadtkern. Der historische Stadtkern befindet sich rund um den zentralen Markt mit Rathaus (Fassade 1798), Theater (1828), Bürgerhäusern (15. Jh.) und Gertrudenkapelle (15. Jh.).

Wildpark-MV, Verbindungschaussee 1, ✆ 24680 „Raubtier-WG" mit Bären, Wölfen und Luchsen, Erlebnis-Büdnerei, Wildfreigehege, Natur-Aquarium, Kletterpfad, Streichelzoo, Spielerlebnisse, Wolfswanderungen in der Dämmerung. @ tyw446

Badeparadies Oase, Plauer Chaussee 7, ✆ 85580, @ rnv432

Die Stadt geht auf eine slawische Wallanlage in der Nebelniederung aus dem 8. Jahrhundert mit dem Namen „Gustrow" zurück. Dieser Name leitet sich vom slawischen „Guztrowe" ab, das so viel wie „Eidechsenort" bedeutet. Im 13. Jahrhundert wurde die Stadt planmäßig um einen zentralen Marktplatz mit einem gitterförmigen Straßennetz angelegt. Das Stadtrecht besitzt Güstrow seit 1228. Bis ins 16. Jahrhundert war es Residenz der Fürsten von Werle. Von 1556 bis 1695 regierten hier die Herzöge von Mecklenburg-Güstrow. Unter ihrer Regentschaft entstand das heutige Schloss (1558-1599). Es gilt als einer der bedeutendsten Renaissancebauten Norddeutschlands, der die Architektursprache des deutschen, niederländischen und französischen Schlossbaus vereint. Bekanntester Künstler ist der Bildhauer, Grafiker und Dichter Ernst Barlach (1870-1938), der fast 30 Jahre in Güstrow lebte. Von ihm stammt das 1927 geschaffene Ehrenmal „Der Schwebende". Die Originalplastik wurde 1937 als „entartet" entfernt und 1944 für die Rüstungsindustrie eingeschmolzen. Heute befindet sich im Dom ein Neuguss nach Vorbild des Exemplars in der Antoniterkirche in Köln von 1952. An den Künstler erinnern die Ernst-Barlach-Gedenkstätte, die in seinem 1931 bezogenen Atelierhaus eingerichtet wurde, sowie die Getrudenkapelle.

Von Güstrow nach Bützow — 16,5 km

TIPP Falls Sie Ihre Radreise nach Rostock verkürzen möchten, können Sie stündlich von Güstrow aus mit der Bahn dorthin gelangen. Die Fahrtdauer beträgt ungefähr 25 Min.

Vor dem Güstrower Schloss von der **Plauer Straße** links in den **Neuwieder Weg**, rechtsseitiger Radweg ↝ geradeaus weiter auf der Straße **An der Schanze**, unbefestigter Radweg ↝ Verlängerung **Am Pfaffenbruch** ↝ am Ende des Teiches geradeaus auf dem Radfahrstreifen durch die **Hansenstraße** ↝ rechts in die **Ernst-Thälmann-Straße** und vor bis zur Ampel, hier biegen Sie links ab in die **Schweriner Straße** ↝ 13 nach knapp 500 m zweigen Sie rechts ab in die **Elisabethstraße** ↝ am Kreisverkehr am **Ulrichplatz** biegen Sie halblinks ab (3. Ausfahrt) in den **Heideweg** ↝ der abknickenden Vorfahrt in den **Parumer Weg** folgen ↝ am Betonwerk rechts ↝ weiter auf dem linksseitigen, gepflasterten Radweg ↝ schnurgerade auf den **Bützow-Güstrow-Kanal** zu, vor diesem links auf den Radweg; hier gibt es eine Fischtreppe mit Info-Tafel ↝ auf Höhe des Wehrs den Radweg verlassen und rechts in die Asphaltstraße ↝ vor der Zugbrücke links in den Weg mit den Betonspurplatten und am Kanal entlang ↝ am Abzweig nach Zepelin geradeaus auf der Asphaltstraße weiter ↝ an den Häusern vorbei ↝ am Abzweig links halten und in den Wald hinein ↝ es geht auf der Brücke über die Nebel ↝ an der Querstraße rechts in die **Wolkener Chaussee**, links von Ihnen liegt die Miniaturstadt ↝ an der folgenden T-Kreuzung links in die **Schwaaner Straße** ↝ 14 über den Bahnübergang hinüber und geradeaus auf dem Fahrradstreifen längs der **Bahnhofstraße** ↝ zweimal die Warnow überqueren ↝ nach der letzten Brücke gleich rechts, geradeaus kommen Sie direkt ins Zentrum von Bützow.

Bützow

Vorwahl: 038461

🛈 **Bürger- und Tourismusbüro**, Am Markt 1, ✆ 50120, @ ydn646

🏛 **Museum im Krummen Haus**, Schlosspl. 2, ✆ 66915, ✆ 4051 (Bibliothek) ♿ Das Krumme Haus aus dem 15. Jh. gehörte zur

Güstrow, Schloss

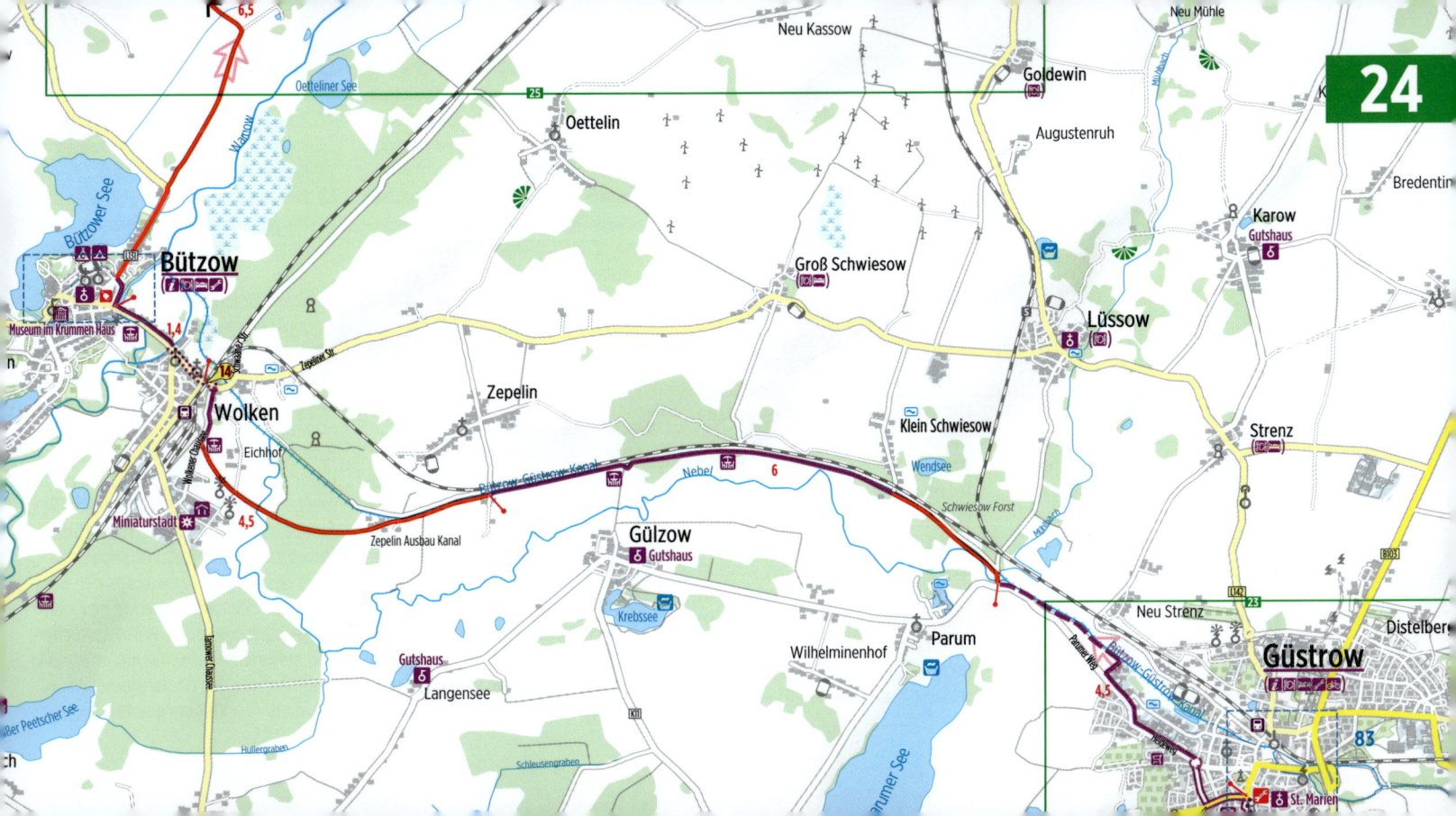

Bützow

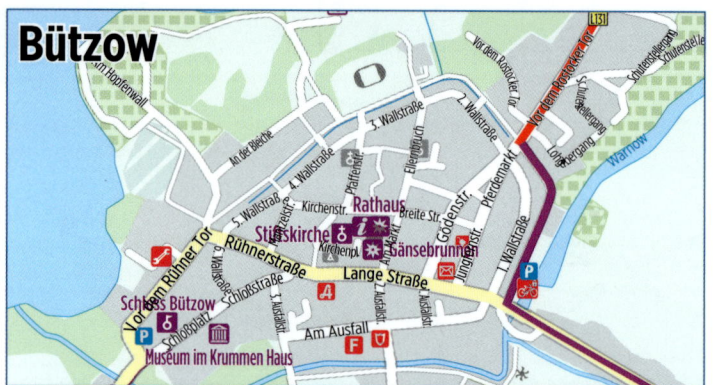

bischöflichen Burganlage. Hier wurde 1772 die erste öffentliche Bibliothek Mecklenburgs eröffnet. Außerdem beherbergt das Haus eine Dokumentationsstätte zum politischen Missbrauch des Strafvollzugs sowie eine Dauerausstellung zur Geschichte der Universität, die es in Bützow zwischen 1760 und 1789 gab. @ vvm238

* **Stiftskirche**, Kirchenstr., ✆ 2888. In der Kirche aus dem 13. bzw. 14. Jh. sind vor allem der spätgotische Flügelaltar (1503), die Renaissancekanzel (1617) und die barocke Sonnenuhr (1785) sehenswert. Vom Dachreiter (74 m) eröffnet sich ein schöner Blick über die Landschaft rund um die Stadt. Die Stiftskirche ist Teil der Europäischen Route der Backsteingotik.

* **Schloss Bützow – Ehemalige Bischöfliche Burg**, Schlosspl. Die Bischofsburg wurde im 13. Jh. unter Bischof Hermann I. von Schladen erbaut und um 1450 erweitert. Bis 1549 war die Burg Bischofssitz. Mitte des 16. Jhs. ließ Herzog Ulrich die Burg in ein Schloss im Renaissancestil umbauen. Ab 1713 war sie Witwensitz der Herzogin Sophie-Charlotte, Gründerin der deutsch-reformierten Gemeinde. Heute befindet sich die komplett renovierte Anlage in Privatbesitz und kann nicht besichtigt werden. @ uft123

* **Freizeit- und Familienpark Miniaturstadt**, Gewerbegebiet Tarnower Chaussee/Nebelring, ✆ 0173/2040832 Kräutergarten, Taststrecke, Märchenbrunnen, Biotop, Backofen, Spielplatz. Hier wird die Altstadt Bützows im Maßstab 1:10 nachgebildet. Seit Beginn des Projekts 1995 wurden bereits 143 Modelle fertiggestellt. Ziel ist es, insgesamt 240 Häuser im Zustand von 1850-1900 originalgetreu nachzubauen. @ sdf683

* **Gänsebrunnen**, Am Markt vor dem Rathaus. Der Gänsebrunnen wurde 1981 von W. Preik errichtet und erinnert an den Gänsekrieg von Bützow. Der Aufstand der Bürger im Jahr 1794 gegen die Obrigkeit betraf das Halten von Gänsen im Stadtbereich. Nach einem Erlass, der die Haltung von frei laufenden Tieren verbot, wurden sie in einen Pfandstall eingesperrt. Die Bürger protestierten ganz im Sinne der Französischen Revolution erfolgreich gegen diesen Erlass.

* **Rathaus**, Am Markt 1. Das Rathaus wurde im Jahr 1848 im Stil der Tudorgotik errichtet. Bemerkenswert sind die Ziertürme mit den Bischofsmützchen, die an die Vergangenheit Bützows als Bischofssitz erinnern.

* **Park am Schloss**. Direkt gegenüber dem Schloss befindet sich der Park, der in den letzten Jahren erweitert und umgestaltet wurde.

Die Stadt Bützow wurde erstmals um 1229 urkundlich erwähnt. In dieser Urkunde wird von einer Kirchweihe durch Bischof Brunward berichtet. Der Bischof siedelte das gesamte Domkapitel nach Bützow um und errichtete eine bischöfliche Burg. Zum Schutz der Stadt wurden Wälle und Gräben angelegt und eine Stadtmauer mit mehreren Stadttoren errichtet. Bis zur Reformation blieb die Stadt an der Warnow Residenzstadt des Bistums Schwerins. Ende des Mittelalters war aus der einstigen Residenzstadt eine kleine Ackerbürgerstadt geworden. Wirtschaftlichen und kulturellen Aufschwung erfuhr die Stadt Anfang des 18. Jahrhunderts unter dem mecklenburgischen Herzog.

Dieser förderte das Gewerbe mit Hilfe französischer Einwanderer, vornehmlich Hugenotten, die sich gut auf den Tabak- oder Flachsanbau verstanden. Um 1760, also während der Wirren des Siebenjährigen Krieges, wurde Bützow Universitätsstadt. An der neugegründeten Universität „Friedericiana" lehrten berühmte Professoren an vier Fakultäten. Knapp drei Jahrzehnte später wurde die Universität mit der Rostocker Universität vereinigt.

Auch im 19. Jahrhundert konnte die Stadt ihre zentrale Stellung in der Umgebung durch den Anschluss an das Eisenbahnnetz Hamburg-Rostock um 1850 und den Bau des Güstrow-Bützow-Kanals behaupten.

Bützow, Rathaus

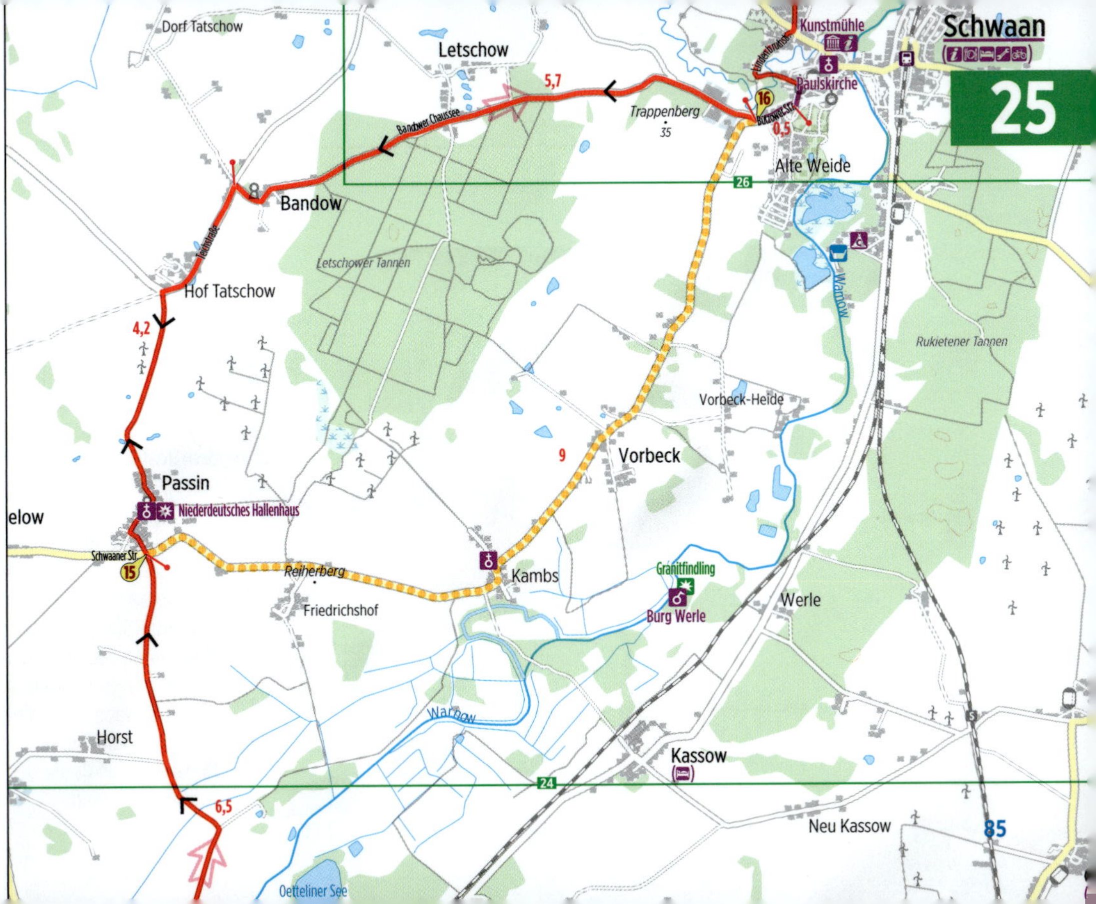

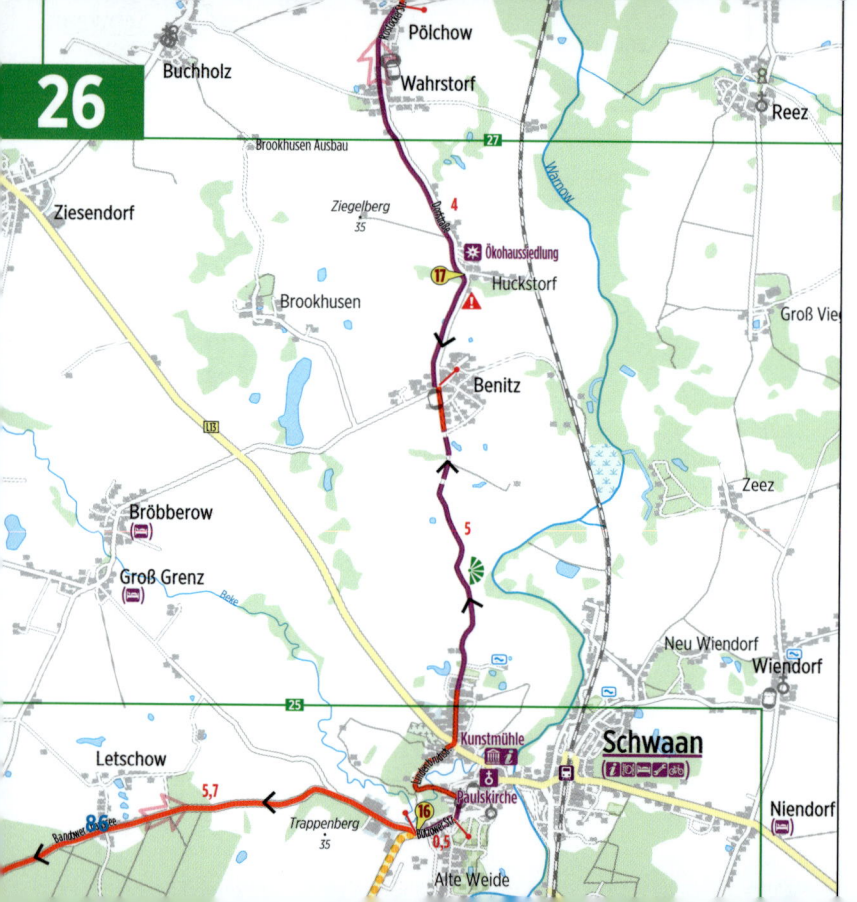

Heute ist die Stadt mit ihrer einladenden Atmosphäre ein beliebtes touristisches Ziel. Vor allen Dingen für Wasser- und Radwanderer, die am Bützower See einen geeigneten Platz zum Rasten und Übernachten sowie eine abschließbare Abstellmöglichkeit für Räder vorfinden.

Von Bützow nach Schwaan   17 km

Sie kommen zum ehemaligen Hafen und fahren vorbei am Radwanderrastplatz am Parkplatz links halten ↪ an der Telefonzelle auf den Weg ↪ rechts in die Straße **Vor dem Rostocker Tor** ↪ in der Linkskurve auf Höhe der ehemaligen Gaststätte geradeaus ↪ an der Gabelung links in die asphaltierte Straße ↪ immer geradeaus ↪ nach dem Abzweig zur Heubahn links halten ↪ geradeaus bis zur **Schwaaner Straße**.

VARIANTE Wenn Sie hier rechts abzweigen, kommen Sie auf einer kürzeren und weniger hügeligen Alternativroute nach Schwaan. Allerdings müssen Sie dann mit mehr Verkehr rechnen.

15 Geradeaus in die gepflasterte **Dorfstraße** von Passin.

Passin (Klein Belitz)

- **Feldsteinkapelle.** Die kleine Fachwerkkapelle stammt aus dem 17. Jh.
- **Niederdeutsches Hallenhaus.** Das am regionalen Radweg 12 „Niederdeutsche Hallenhäuser" gelegene Bauernhaus wurde im Jahr 1870 im Fachwerkstil erbaut.

An der T-Kreuzung rechts und auf diesem Weg bis **Hof Tatschow** ↪ an der Kreuzung im Ort rechts in die **Neue Straße** ↪ weiter auf der **Teichstraße** bis Bandow.

Bandow (Schwaan)

Der Vorfahrtsstraße nach rechts in die **Lindenstraße** Richtung Schwaan folgen ↪ geradeaus auf der **Bandower Chaussee** durch **Letschow** **16** an der T-Kreuzung in Schwaan links ↪ weiter auf dem Radweg ↪ links in die **John-Brinckmann-Straße**, geradeaus geht es ins Zentrum von Schwaan.

Schwaan
Vorwahl: 03844

- **Tourist-Information**, Mühlenstr. 12, ☎ 891792, @ sjp444
- **Kunstmühle Schwaan**, Mühlenstr. 12, ☎ 891792
  - Das Museum zeigt Gemälde Schwaaner

Maler wie Rudolf Bartels, Franz Bunke und Peter Paul Draewing. Untergebracht ist das Museum in der alten Wassermühle aus dem 18. Jh., die nach der Umleitung des Flüsschens Beke stillgelegt wurde. @ cmr551

🛡 **Paulskirche**, Pferdemarkt 2. Die Kirche aus dem 13. Jh. gilt als charakteristisch für den Übergang vom romanischen zum gotischen Stil. Sehenswert sind das sechseckige Taufbecken (1589), die 1945 auf einem Kirchdachboden entdeckte Mariendarstellung (1500) und der Altar.

✻ **Künstlerkolonie Schwaan**, ☉ Sonderausstellungen im Sommer. Die Gemeinschaft wurde gegen Ende des 19. Jhs. gegründet. Im Gegensatz zu anderen Künstlerkolonien, wie z. B. der in Worpswede, fanden hier die Maler in der Bevölkerung viel Zuspruch. Es wirkten hier Künstler wie Rudolf Bechstein, Rudolf Bartels und Franz Bunke. Letzterer war der treueste von allen – er kam jeden Sommer nach Schwaan, um seine Schüler zu unterrichten.

An den Ufern der beiden Flüsse Warnow und Beke zwischen Rostock und Güstrow liegt die heute etwa 5.000 Einwohner zählende Stadt Schwaan. Die Ursprünge einer Niederlassung reichen weit in die Vergangenheit zurück, bereits um 2600 v. Chr. war dieses Gebiet besiedelt. Ausschlaggebend dafür war wohl die handelstechnisch günstige Lage am Ufer der Warnow, die hier von der Via Regia gequert wurde. Ungefähr um 600 ließen sich Slawen nieder. Diese Zeit endete mit der Ermordung des Slawenfürsten Niklot auf der nahe gelegenen Burg Werle durch den Sachsenherzog Heinrich der Löwe in der Mitte des 12. Jahrhunderts. Bald darauf ließen sich die ersten deutschen Siedler nieder, den Namen für die Ortschaft übernahmen sie von ihren Vorgängern: Die erste urkundliche Erwähnung als „Syuuan" geht auf die erste Hälfte des 13. Jahrhunderts zurück, als Stadt „Svan" auf das Jahr 1276.

Aufgrund eines verheerenden Brandes um 1765, der nahezu die ganze Stadt zerstörte – lediglich die Paulskirche und eine Mühle blieben erhalten –, ist die heutige Stadt vor allem von klassizistischen Bürgerhäusern aus dem 18. und 19. Jahrhundert geprägt.

27

Von Schwaan nach Rostock-Zentrum 19,5 km

Sie folgen der **John-Brinckman-Straße**, einer verkehrsberuhigten Zone ↝ über die **Bekebrücke** und am Schießplatz vorbei ↝ an der Kreuzung geradeaus in die **Rostocker Straße**, rechts liegt die Kunstmühle ↝ nach der **Freiwilligen Feuerwehr** und der Kleingartenkolonie geradeaus in den asphaltierten Radweg ↝ an der Weggabelung geht der Weg in einen zweispurigen Betonplattenweg über ↝ leicht bergab in den Ort Benitz hinein.

Benitz

Auf dem straßenbegleitenden Radweg weiter nach **Huckstorf** 17 dem Linksbogen des Radweges folgen, jetzt an der **Dorfstraße** entlang ↝ an der **Ökohaussiedlung** vorbei ↝ es geht weiter über **Wahrstorf** nach **Pölchow**, wo der Radweg kurz unterbrochen ist, dann aber rechtsseitig bis zur Autobahnauffahrt A 20 führt, hier wechseln Sie auf den linksseitigen Radweg – ⚠ Vorsicht beim Überqueren der Straße! – und fahren nach Niendorf hinein.

Niendorf (Papendorf)

Auf der **Pölchower Straße** parallel zur Umgehungsstraße ↝ an der Pension und dem Bushalteplatz vorbei ↝ auf dem Radweg rechts in die **Buchholzer Straße** ↝ an der Umgehungsstraße links, rechtsseitiger Radweg ↝ 18 am nächsten Abzweig links nach Groß Stove.

Groß Stove (Papendorf)

Sie folgen der abknickenden Vorfahrt nach rechts Richtung Rostock ↝ auf dem **Biestower Damm** geht es in das Stadtgebiet der Hansestadt Rostock hinein ↝ geradeaus weiter auf der **Robert-Koch-Straße** 19 ↝ rechts in den **Südring** einbiegen und auf dem Radweg entlang bis zum **Goetheplatz**, rechts von Ihnen liegt der Hauptbahnhof von Rostock.

UMSTEIGEN: Wenn Sie vom Hauptbahnhof direkt zum Seehafen kommen möchten, können Sie auf die Buslinie 49 (Fahrradmitnahme möglich) umsteigen.

Am **Goetheplatz** links in die Straße **Am Vögenteich** am **Schröderplatz** geradeaus in die Straße **Beim Grünen Tor**, rechts geht es in das historische Stadtzentrum von Rostock.

INS ZENTRUM: Alternativ zur Hauptroute können Sie auch durch die **Lange Straße** fahren, rechts von Ihnen liegt dann die Altstadt von Rostock. Bitte beachten Sie, dass Sie in der Fußgängerzone Ihr Rad zwischen 10 und 19 Uhr schieben müssen.

Rostock
Vorwahl: 0381

- **Tourist-Information**, Universitätspl. 6, ✆ 3812222, @ ujf552
- **Blaue Flotte**, Kempowski-Ufer, ✆ 6863172, ✆ 0172/3288992. Die Personenschifffahrt Kathrin Schütt bietet Fahrten vom Rostocker Stadthafen bis nach Warnemünde an. @ bgr126

GÄSTEHAUS ROSTOCK

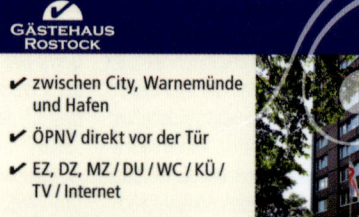

- ✓ zwischen City, Warnemünde und Hafen
- ✓ ÖPNV direkt vor der Tür
- ✓ EZ, DZ, MZ / DU / WC / KÜ / TV / Internet
- ✓ Bett & Bike Station
- ✓ Fahrradraum
- ✓ Übernachtung ab 27,50 € p.P.

Warnowallee 23 · 18107 Rostock · Tel. · 0381 776970 · Fax: 7769720
www.gaestehaus-rostock.de

Rostock, Stadthafen

🚢 **Ausflugsfahrten**. MS Baltica ✆ 5106790, Warnow Personenschifffahrt ✆ 70072020, Käpp'n Brass ✆ 54172, T. Schütt ✆ 0173/9179178

🏛 **Dokumentations- und Gedenkstätte in der ehemaligen Stasi-U-Haftanstalt**, Hermannstr. 34b, ✆ 01573 0285136, 🕓 öffentl. Führungen Do 15 Uhr, außer an Feiertagen, Einzelbesucher Mo-Fr auf Anfrage. In der ehemaligen Stasi-Untersuchungshaftanstalt waren 1960-1989 mehr als 4.900 Personen eingesperrt. Zu sehen sind u. a. Schautafeln, Haft- und Dunkelzellen. Ständige Ausstellung über die Staatssicherheit der DDR. @ ohu745

🏛 **Kulturhistorisches Museum**, Klosterhof 7, ✆ 3814530, 🕓 Di-So 10-18 Uhr. Zu sehen sind u. a. mittelalterliche Kunst, niederländische Malerei, Kunsthandwerk und historisches Spielzeug. @ bbc817

⛪ **Marienkirche**, Bei der Marienkirche 2, ✆ 453325 📱 Die Marienkirche wurde 1232-1490 als kreuzförmige Basilika errichtet. Die Ausstattung stammt aus verschiedenen Jahrhunderten, wie beispielsweise die Astronomische Uhr von 1472 mit dem Apostelumgang und das Taufbecken von 1290. @ odp578

⛪ **Nikolaikirche**, Bei der Nikolaikirche 1, ✆ 4934115. Unter dem Dach der gotischen Hallenkirche befinden sich heute Appartements. Die Kirche wird für Ausstellungen, Konzerte und Theateraufführungen genutzt. @ jxm314

⛪ **Petrikirche**, Alter Markt, ✆ 21101 📱 117 m hoch ist der Turm von St. Petri am Hochufer der Warnow, der über Jahrhunderte

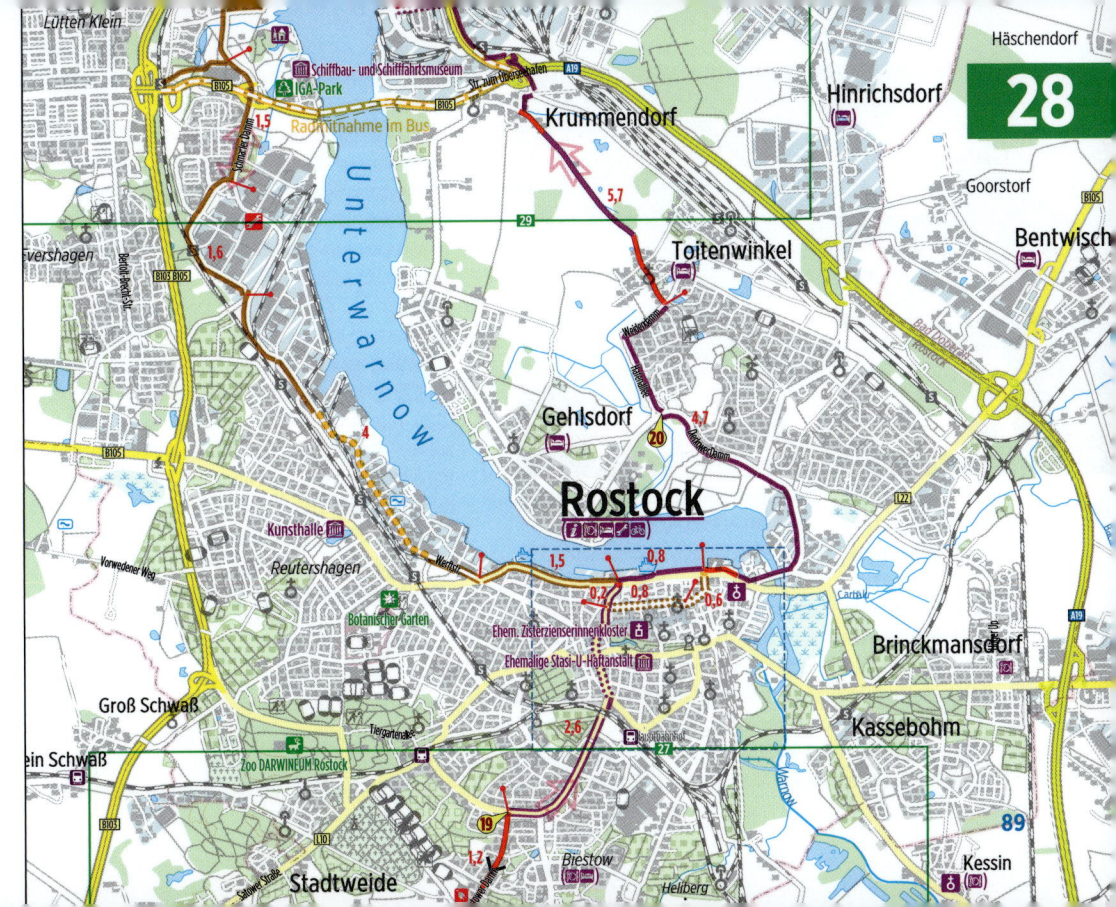

Rostock, Rathaus

- **Rathaus**, Neuer Markt 1. Das Rathaus ist das älteste profane Gebäude der Stadt.
- **Societät Rostock maritim**, August-Bebel-Str. 1, ✆ 8579711 @ In dem ehemaligen Ballhaus wird heute u. a. über Rostocks Schifffahrtstradition, die Geschichte der Seenotrettung etc. informiert. Außerdem werden Schiffsmodelle und Sonderausstellungen präsentiert und es finden Gesprächsrunden und Konzerte statt. @ sdu548
- **Stadtführungen**, ✆ 3812222. Diverse thematische Stadtführungen, Infos bitte bei der Tourist-Information erfragen.
- **Zoo Rostock mit Darwineum und Polarium**, Barnstorfer Ring 1, ✆ 20820 @ Im Zoo Rostock – dem größten Zoo an der deutschen Ostseeküste – begegnen Sie 4.500 Tieren in 320 Arten aus aller Welt. Im neu gestalteten DARWINEUM begeben Sie sich auf eine Reise durch die Evolution. Das Herz des lebendigen Museums schlägt in der Tropenhalle – dem Zuhause der Gorillas und Orang-Utans. @ lrv675
- **Botanischer Garten**, Hamburger Str. 28, ✆ 4986250 @ Parkanlage mit mehreren tausend Pflanzenarten, einer Gebirgsanlage mit botanischen Raritäten und einem Tropen-Gewächshaus. @ hlw771

Nahe der 1161 in einer Urkunde erwähnten slawischen Burg „Roztoc" siedelten die ersten wendischen Bewohner am rechten Ufer der Warnow. Das slawische Wort „Roztoc" bedeutet „Flussverbreiterung" und bezeichnet die Stelle am Fluss, wo der Ort begründet wurde. Um 1200 ließen sich hier die ersten deutschen Kaufleute nieder. Der Ort erhielt vor 1218 das lübsche Stadtrecht verliehen und wuchs rasant innerhalb eines halben Jahrhunderts. Drei Siedlungen entstanden, die zwischen 1262 und 1265 zur „universitas civitas", zur Gesamtstadt Rostock vereinigt und mit einer gemeinsamen Stadtmauer umgeben wurden. Noch heute sind die ehemaligen Siedlungsstrukturen im Grundriss der Stadt zu erkennen. So entstand um die Petri-Kirche die Altstadt mit dem Alten Markt, die Neustadt um die Jakobi-Kirche mit dem heute Universitätsplatz genannten Hopfenmarkt und die Mittelstadt mit dem Neuen Markt um die Marienkirche. In den folgenden Jahren entwickelte sich Rostock zu einem blühenden Handelsplatz und Seeschifffahrtshafen, der im 14. und 15. Jahrhundert den Rang einer der bedeutendsten Hansestädte einnahm. Mit den Städten Wismar und Lübeck schloss sich die Stadt zu einem Dreibund zum Schutz ihrer Handelswege vor Übergriffen durch Seeräuber und Wegelagerer zusammen.

In die wirtschaftliche Blütezeit der Stadt fiel auch die Gründung der ersten Universität im Norden Europas im Jahre 1419. Die Stadt unterstützte die „Alma mater rostochienses" durch den Unterhalt für zwei Kollegienhäuser und ein jährliches Budget von 800 Talern. Bis zum Dreißigjährigen Krieg war die Universität das geistige Zentrum des Ostseeraums.

Landmarke für die Seeleute und Fischer war. Ein Fahrstuhl führt heute zur Aussichtsplattform in 45 m Höhe. @ xry578
- **Universitätskirche**, Klosterhof. Die gotische Klosterkirche „Zum Heiligen Kreuz" ist die einzige Universitätskirche Deutschlands. Es finden auch Seminare und Konzerte statt.
- **Hausbaumhaus**, Wokrenter Str. 40, ✆ 4611640 @ In dem spätgotischen Giebelhaus aus dem 15. Jh. sind vor allem der imposante Saal im Erdgeschoss, der Salon im Obergeschoss und das Kellergewölbe sehenswert. @ mjk717
- **Historische Altstadt**. Die Altstadt befindet sich zwischen Stadthafen und Rosengarten, Altem Markt und Kröpeliner Tor.

Die mächtigen Kirchen, prachtvollen Bürgerhäuser und die teilweise noch erhaltene Stadtmauer zeugen von der einstigen Stellung der Stadt Rostock im Ostseeraum. Ein großer Teil der Architektur jener Zeit wurde durch einen großen Stadtbrand und im Zweiten Weltkrieg bei der Bombardierung der Arado- und Heinkel-Flugzeugwerke zerstört. Doch anhand alter Stiche aus dem 16. Jahrhundert ließen sich einige historische Giebelhäuser und Backsteinkirchen rekonstruieren. Ein Ergebnis dieser Anstrengungen ist am Neuen Markt zu bewundern.

AUSFLUG Von Rostock können Sie einen Ausflug ins nahe gelegene Seebad Warnemünde unternehmen. Wenn Sie die lange Fahrt durch Vorstädte und entlang befahrener Straßen vermeiden wollen, können Sie viertelstündlich per S-Bahn oder zwischen 10.30 Uhr und 16.15 Uhr in der Hauptsaison etwa halbstündlich mit dem Schiff nach Warnemünde fahren. Dort haben Sie Anschluss an den Ostseeküsten-Radweg.

Ausflug nach Warnemünde 29 km

Von der Straße **Am Strande** in Rostock zweigen Sie links ab Richtung Westen und radeln am Hafen entlang ~ rechts in die **Werftstraße** in Richtung Max-Planck-Institut ~ dem Verlauf der Vorfahrtsstraße folgen ~ die Straße geht über in die **Schlachthofstraße** ~ nach den Gleisen auf dem linksseitigen Radweg weiter ~ an

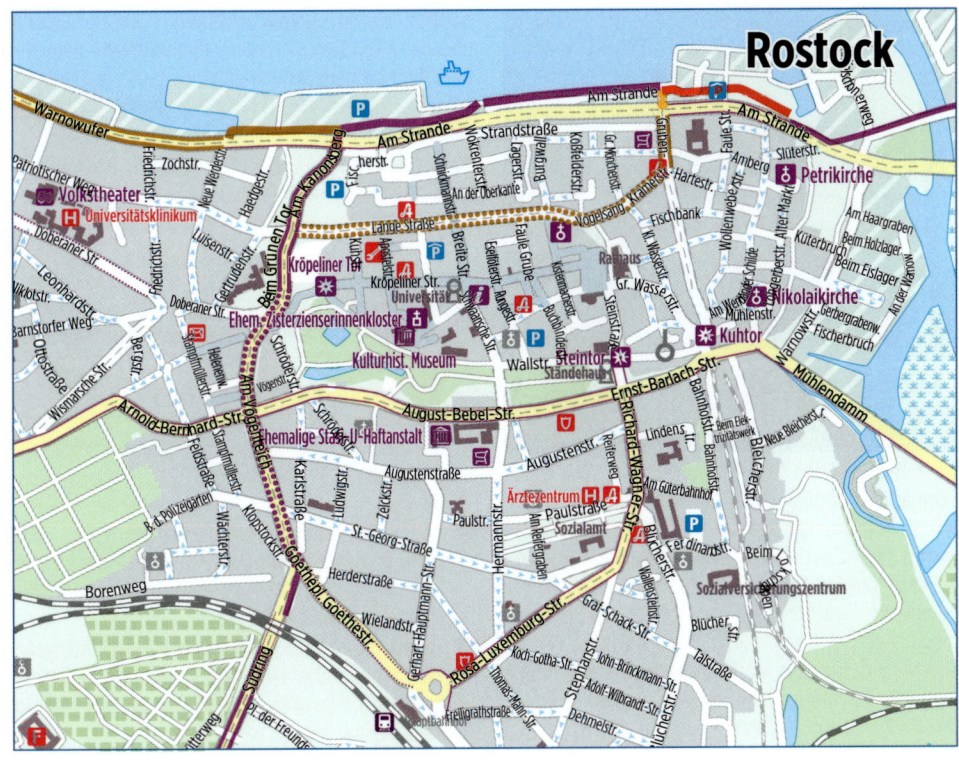

Teepott und Leuchtturm in Warnemünde

der S-Bahn-Station Evershagen vorbei ~ links in den **Schmarler Damm** ~ weiter auf dem Radweg über die Brücke in Richtung IGA-Park ~ am **Kleinen Warnowdamm** rechts auf den straßenbegleitenden Radweg ~ auf den rechtsseitigen Radweg wechseln und weiter geradeaus ~ auf der Straße über die Schienen und weiter parallel zur S-Bahn ~ links über die Schienen ~ der Straße geradeaus bis zur **Fähre Warnemünde** folgen ~ an der Fährenlegestelle vorbei, dann nach links auf den Radweg Richtung Warnemünde und den Bahnhof nördlich in einem Bogen umfahren ~ auf der Brücke über den Alten Strom ~ auf der **Kirchenstraße**, einer für Radfahrer freigegebenen Fußgängerzone, geradeaus.

Warnemünde (Rostock)
Vorwahl: 0381

- **Tourist-Information**, Am Strom 59, Ecke Kirchenstraße, ✆ 3812222, @ jsk184
- **Fähre**. Die Fähre verkehrt im 10- bis 20-Min.-Takt zwischen Warnemünde und dem Rostocker Stadtteil Hohe Düne. @ rss477
- **Schiffsfahrten**. Infos zu Schiffsfahrten zwischen Neuem Strom und Rostock-Stadthafen bzw. Hafenrundfahrten ab Alter Strom und durch das NSG Rostocker Heide erfragen Sie bitte an den Fähranlegern oder bei der Tourist-Information.
- **Heimatmuseum**, Alexandrinenstr. 31, ✆ 52667. Geschichte des Seebades, Lebens- und Kulturraum der Fischer und Seeleute, Geschichte der Seenotrettung und des Lotsenwesens. @ rig415
- **Ev.-Luth. Kirche**, Kirchpl. Der neugotische Backsteinbau wurde 1871 geweiht. Die Ausstattung im Inneren stammt zum Teil noch aus der Vorgängerkirche, z. B. der sehenswerte gotische Schnitzaltar aus dem Jahr 1475. @ ckk452
- **Leuchtturm**, Am Leuchtturm, ✆ 5192626, Ostersamstag-1. Oktoberwoche, tägl. 10-18.30 Uhr. Von der Aussichtsplattform genießt man einen prächtigen Blick auf die Ostsee und den Küstenlandstrich. @ tkf451
- **Alte Fischerhäuser**, Am Strom. In einer der ältesten Straßen von Warnemünde stehen entlang der einstigen Schifffahrtsstraße sehenswerte alte Fischerhäuser.
- **Teepott**, Seepromenade 1. Am Fuß des Leuchtturms steht der Teepott (1967-68). Das auch an eine Muschel erinnernde Gebäude mit dem geschwungenen Betondach wurde Ende der 1960er Jahre von Ulrich Müther als Restaurant konzipiert.
- **Warnemünde Cruise Center**, Am Passagierkai. Das Kreuzfahrtterminal am Liegeplatz P 7 wurde 2005 gebaut, das neue Empfangsgebäude auch aus Stahl und Glas am Liegeplatz P 8 2020 eröffnet. Jedes Jahr in der Zeit zwischen April und Oktober werden rund 200 Kreuzfahrtanläufe erwartet.

Im Jahr 1882 bat eine ältere, an Rheuma erkrankte Dame den Hof-Korbmeister Wilhelm Bartelmann aus Warnemünde, eine Sitzgelegenheit für den Strand zu entwerfen, die sie gegen Sonne und Wind schützen sollte. Anfangs wurde der „stehende Wäschekorb" noch belächelt, aber bereits zwei Jahre später war die Nachfrage nach den Strandkörben so groß, dass die Tochter des Korbmachers in Warnemünde die erste Strandkorbvermietung eröffnen konnte. Mit dem Einzug des Strandkorbes kamen die seit Beginn des 19. Jahrhunderts gebräuchlichen Badekarren endgültig aus der Mode.

> **TIPP** Für die Weiterfahrt nach Dänemark empfiehlt es sich, vom ca. 5 km entfernten Bahnhof Lütten Klein den Bus der Linie 45 oder der Linie 49 zu nehmen, um auf

schnellstem Weg durch den Warnowtunnel direkt zum Seehafen (Fähre) zu gelangen. Die regelmäßig verkehrenden Busse transportieren Fahrräder, die Fahrzeit bis zur Fähre beträgt 11 Min.

Von Rostock-Zentrum nach Rostock-Überseehafen 11,5 km

Auf der Straße **Am Kanonsberg** bergab zur Straße **Am Strande** ↝ geradeaus in den Radweg ↝ nach dem Rechtsschwenk geradeaus an den Kais vorbei bis zu den alten **Speichern am Mönchstor** ↝ geradeaus über den Parkplatz in den schmalen Rad- und Fußweg ↝ geradeaus in die Straße **Am Petridamm** ↝ nach der Brücke links in den **Dierkower Damm** ↝ **20** nach 2 km rechts in die **Hafenallee** ↝ rechts in den **Weidendamm** ↝ nach dem Fußgängerüberweg dem Richtungsweiser zum Überseehafen links in die **Krummendorfer Straße** folgen ↝ weiter auf der **Krummendorfer Straße**, nun Rad- und Fußweg, landwirtschaftlicher Verkehr frei ↝ in **Krummendorf** biegen Sie rechts in die Vorfahrtsstraße ein ↝ die breite Querstraße kreuzen und links auf den straßenbegleitenden Radweg ↝ über die Autobahn hinüber, dann in einem Bogen unter der Auffahrt hindurch und parallel zur breiten Straße weiter ↝ vor der T-Kreuzung wechseln Sie die Straßenseite ↝ auf dem rechtsseitigen Fahrradstreifen auf der **Ost-West-Straße** bis zur Straße **Zum Fährterminal**, dort biegen Sie rechts ab und erreichen nach etwa 800 m die Fähranlegestelle ↝ **21** von hier setzen Sie mit der Fähre nach Dänemark zum Fährhafen Gedser über.

Überseehafen (Rostock)

🚢 **Scandlines: Fähre Rostock (D) – Gedser (DK)**, Zum Fährterminal 1, Fährcenter Rostock, ☎ 0381/77887766. Fährzeiten 4-24 Uhr, Dauer ca. 1 Std und 45 Min. @ ofm813

Von Gedser nach Præstø

172,8 km

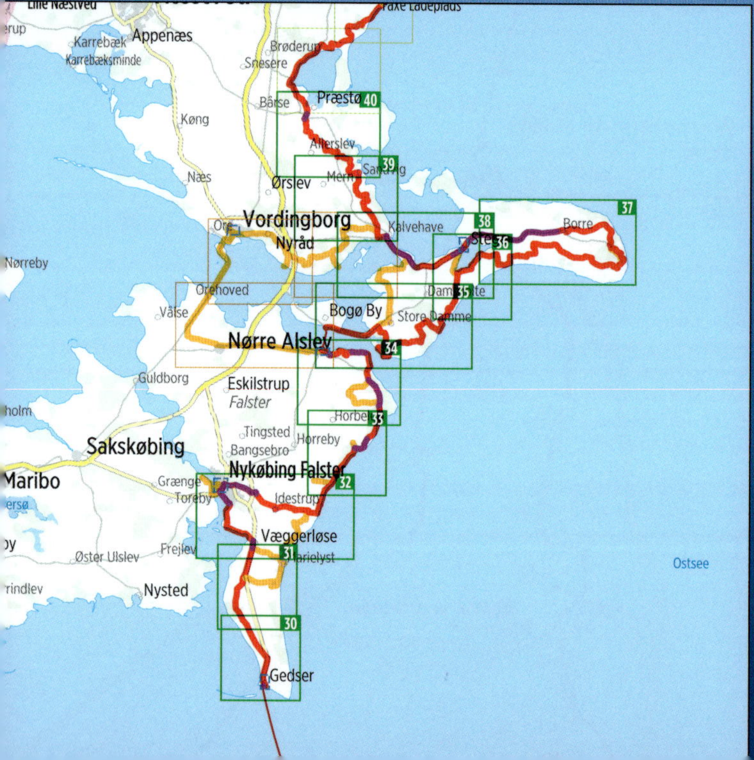

HM/km: ↗ 1,8 (307m) ↘ 1,8 (305m) Radweg: 22 % Unbefestigt: 8 % Verkehr: 7 %

Mit der Fähre legen Sie in Gedser an, einem kleinen, beschaulichen Fährhafen auf der dänischen Insel Falster. Nach einem Ausflug zu den beliebten Stränden in Marielyst geht es weiter nach Nykøbing, der Hauptstadt von Falster. Zurück zur Ostseeküste kommen Sie nun an schmaleren Stränden mit bizarr geformten Bäumen vorbei. Zu sehen gibt es Gutshäuser, Hügelgräber und idyllische Dörfer mit reetgedeckten Fischerhäusern. Mit der Fähre setzen Sie nach Bogø über und kommen dann auf die Insel Møn, die berühmt ist für ihre steilen Kreidefelsen. Über Stege, die Hauptstadt der Insel, geht es dann zum Ziel der dritten Etappe, in die kleine Stadt Præstø.

Von Gedser in Richtung Kopenhagen folgen Sie der Nationalroute 9. Sie fahren hauptsächlich auf gut ausgebauten Radwegen und ruhigen Nebenstraßen. Lediglich entlang der Ostseeküste geht es auf unbefestigten, gut befahrbaren Wegen und hinter Stege in Richtung Kalvehave vorübergehend auf der viel befahrenen Straße entlang.

Gedser 🇩🇰

- ℹ️ **Gedser Informationssted**, Gedser Landevej 79, ☏ 31181188
- 🚢 **Scandlines: Fähre Gedser (DK) – Rostock (D)**, ☏ 33151515. Fährzeiten zwischen ca. 2.30-23.45 Uhr, Dauer ca. 2 Std. @ aae874
- 🏛️ **Det Sorte Geomuseum (Das schwarze Geomuseum)**, Skolegade 2b, ☏ 27188343 ⓘ Geologisches Museum mit Mineralien, Fossilien und Bernstein mit eingeschlossenen Insekten. @ ity134
- 🏛️ **Svinehave Voldsted (Burghügel)**, Strandvejen. Von der ehemaligen Burganlage ist nur noch der Burghügel zu sehen. Eine Infotafel erklärt die Geschichte der um 1600 abgerissenen Burg, die im Mittelalter eine strategisch bedeutsame Rolle spielte.
- 🏛️ **Gedser Vandtårn (Wasserturm)**, Danmarksgade 6, ☏ 54179283, ☏ 20614109. Das lokalhistorische Denkmal gilt als südlichster Wasserturm Dänemarks. Von oben eröffnet sich eine schöne Sicht auf die Stadt und den Fährhafen.
- 🏛️ **Gedser Fyr (Leuchtturm)**, Ved Gedser Fyrvej. Über 200 Jahre ist der 1801 aus Ziegelsteinen erbaute Leuchtturm alt. Bei klarem Wetter ist er aus einer Entfernung von bis zu 48 km sichtbar.

Von Gedser nach Nykøbing 27 km

TIPP In Dänemark ist der Radfernweg Berlin – Kopenhagen nicht mit dem bereits bekannten Logo, sondern vom Fährhafen Gedser bis kurz vor Kopenhagen als Nationalroute 9 ausgeschildert.

1 Sie verlassen die Fähre und zweigen unmittelbar danach der Radwegbeschilderung folgend rechts ab 〰️ geradeaus auf die **Moltzaugade** 〰️ zweigen Sie links ab in die **Langgade** 〰️ rechts in den **Allévej** 〰️ links in die **Danmarksgade**

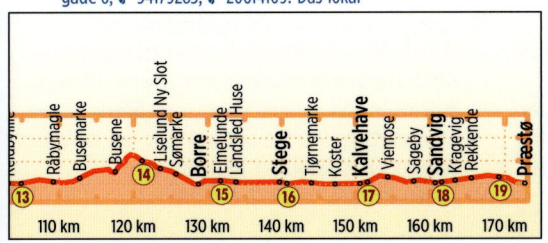

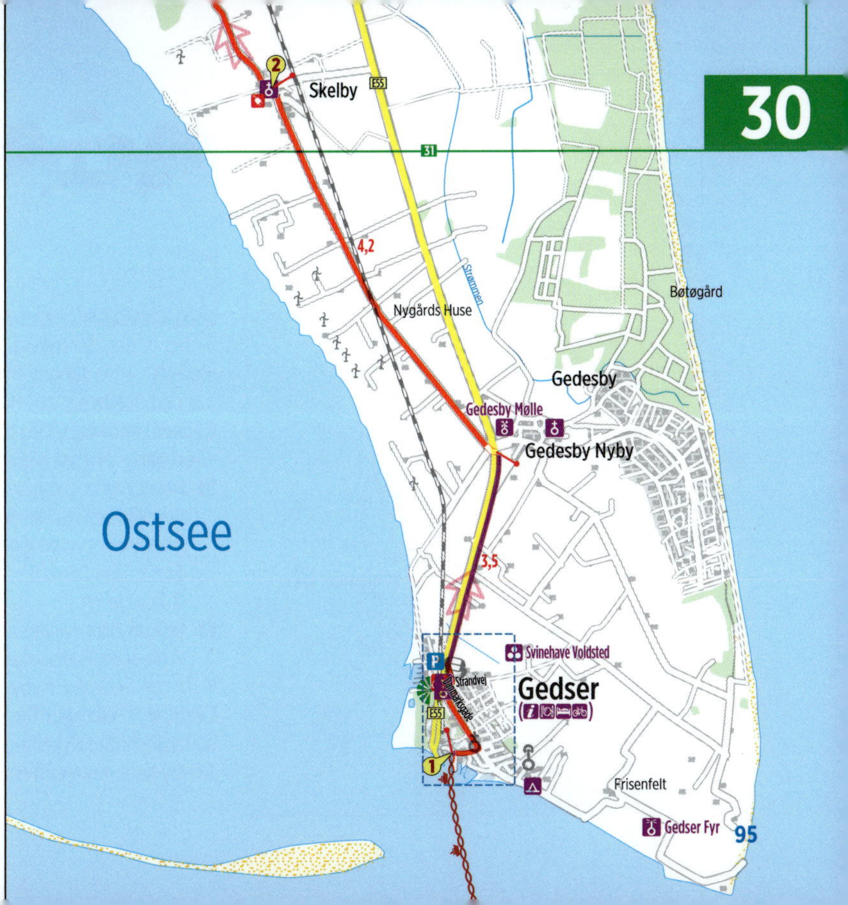

Gedser

Svinehave Voldsted

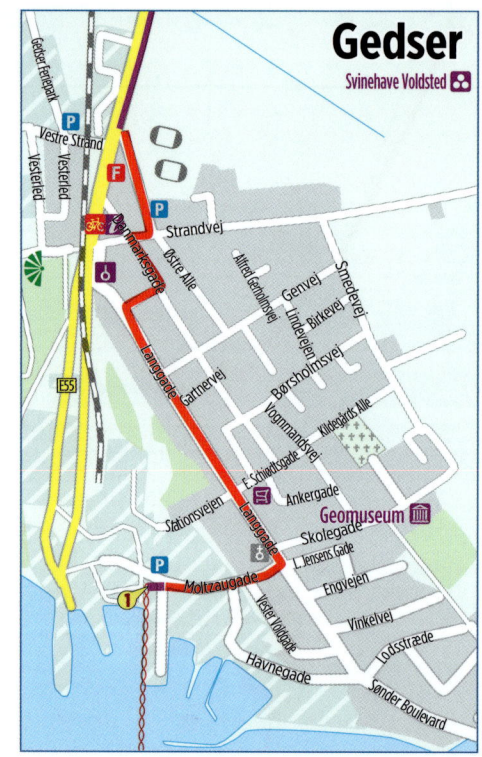

Marielyst Strand

rechts in den **Strandvej** gleich wieder links in den **Skråvej** Sie fahren am Sportplatz vorbei weiter auf dem Radweg, auf Höhe der Feuerwehr längs des **Gedser Landevej** (E55) bis Gedesby Nyby.

Gedesby Nyby (Gedser)

- **Gedesby Kirke**, Loengevej 1, ☎ 54179031. Die roten Backsteine der gotischen Kirche wurden weiß übertüncht, der Glockenturm mit Holzbrettern verkleidet. Im Inneren gibt es ein niederländisches Flügelaltarbild von 1573 und zwei Epitaphe aus dem 17. Jh. zu sehen.
- **Gedesby Mølle**, Kobbelsøvej 1, ☎ 21562414. In der restaurierten Mühle ist ein Warenverkauf untergebracht. @ xda356

Kurz vor Gedesby Nyby unterqueren Sie den **Gedser Landvej** nach dem Rad- und Fußgängertunnel rechts halten Richtung Nyköbing weiter auf dem **Gl. Landvej**, Skelby liegt 4 km entfernt.

Skelby

- **Skelby Kirke**, Gl. Landevej 61, ☎ 54179031. Das Gotteshaus wurde in der Mitte des 19. Jhs. aus gelben Mauersteinen errichtet. Eine Besonderheit ist das Kalksteinbecken aus dem ausgehenden 12. Jh.

2 Im Ort folgen Sie dem Schlenker an der Kirche vorbei weiter durch die Orte **Fiskebæk** und **Stavreby** nach Marrebæk.

Marrebæk (Væggerløse)

- **Gamle Pumpstation (Alte Pumpstation)**, Møllesøvej 2, ☎ 20429017. Die 1871 errichtete Pumpstation diente zur Entwässerung und Landgewinnung von Bøtø Nor und war bis in die 1960er Jahre in Betrieb. Danach wurde hier ein Museum eingerichtet, das über die Landgewinnung und die große Sturmflut von 1872 informiert. @ fyc368

Sie folgen der S-Kurve durch den Ort.

AUSFLUG Für einen lohnenswerten Ausflug zu den breiten Badestränden von Marielyst, den beliebtesten Stränden Dänemarks, zweigen Sie in Marrebæk in der Linkskurve vor dem Supermarkt rechts ab und folgen der ausgeschilderten Radroute 417. Auf dem Ostseeküsten-Radweg (Nationalroute 8) kommen Sie entweder in Væggerløse oder in Ulslev wieder zurück zur Hauptroute. Mit der zweiten Variante wird die Hauptroute zwar abgekürzt, dafür verpassen Sie aber das sehenswerte Städtchen Nykøbing.

Marielyst

- **Marielyst Turistbureau**, Marielyst Strandvej 54, ☎ 54136298, @ cpm167.
- **Marielyst Gokart & Paintball Center**, Godthåbs Allé 3B, ☎ 54174404, @ qha512.

Auf der Hauptroute geht es geradeaus weiter durch Marrebæk kurz bevor Sie zur Straße kommen, zweigen Sie links ab auf den Radweg und radeln auf diesem weiter bis nach Væggerløse 3 am Ortseingang von Væggerløse an der Abzweigung nach Marielyst geradeaus weiter, rechts von Ihnen liegt der Ort Væggerløse.

Væggerløse

- **Stouby Mølle**, Stovbyvej 19A, ☎ 40824116, ☎ 24890693, Die alte Bockwindmühle stammt aus dem Jahre 1790. Museum und Laden. @ wnr777
- **Stovby Glaspusteri (Glasbläserei)**, Stovbyvej 19B, ☎ 21637877, Offene, aktive Werkstatt sowie Ausstellung und Verkauf. @ ikb846

An der folgenden Bushaltestelle nach links in die Straße **Næsbanken** Richtung Haselø By über den Bahnübergang dem Verlauf des **Hasseløvej** durch

Nykøbing, Mittelalterzentrum

Blick auf Nykøbing

Hasselø By und **Hasselø Plantage** folgen ~ auf dem Damm entlang bis zur Querstraße, hier links in den **Prinsholmvej** ~ auf dem linksseitigen Radweg weiter ~ **4** unter der **Frederik d IX's Bro** hindurch ~ in einem Rechtsbogen bis zur T-Kreuzung ~ rechts in die **Fejøgade**.

AUSFLUG Bevor Sie weiterfahren oder dem Zentrum Nykøbings einen Besuch abstatten, bietet sich ein Abstecher zum sehenswerten Mittelalterzentrum in Sundby an. Dafür überqueren Sie auf der Brücke den Guldborg Sund und zweigen dann am Kreisverkehr rechts ab.

Sundby (Nykøbing Falster) DK

Middelaldercentret (Mittelalterzentrum), Ved Hamborgskoven 2-4, ✆ 54861934 ⊜ Das Mittelalterzentrum ist eine Versuchsstätte für historische Technologie. Hier ist ein ganzes mittelalterliches Dorf entstanden. Es werden beispielsweise Wurfmaschinen nachgebaut und es wird mit Einbäumen gesegelt. Im Mittelalterzentrum ist das ganze Jahr bei Aufführungen von Ritterturnieren, Tänzern, Musikern und Gauklern sowie Handwerksvorführungen wie Weben, Färben und Zinngießen etwas los. @ hhg783

INS ZENTRUM Um ins Zentrum Nykøbings mit dem schönen Marktplatz zu kommen, biegen Sie links in die **Fejøgade** ein und folgen der orange dargestellten Variante in der Karte bzw. im Stadtplan.

Nykøbing Falster DK

Nykøbing Falster Turistbureau, Færgestræde 1A, ✆ 54851303, @ sjx548

Museum Obscurum, Færgestræde 1A, ✆ 54851303 ⊜ Das Museum ist im ältesten Haus der Stadt, dem Czarens Hus (Haus des Zaren), untergebracht und zeigt seit 2017 gruselige und kuriose Funde des Sammlers Cornelius SC Rödders aus aller Welt. Was ist Realität, was Fantasie? Machen Sie sich Ihr eigenes Bild. Im Erdgeschoss befinden sich die Tourist-Info und ein alter Kaufmannsladen. @ tqf356

Brandmuseum (Feuerwehrmuseum), Vendersgade 6, ✆ 54852242, ✆ 52587581 ⊜ In dem Museum werden mehr als 100 Jahre Feuerwehrgeschichte thematisiert. @ ral577

Frisørmuseum (Friseurmuseum), Vendersgade 6, ✆ 21755964 ⊜ Gegenstände und Einrichtungen aus Friseursalons aus dem 19. und 20. Jh. werden in einer Ausstellung präsentiert.

Klosterkirken (Klosterkirche), Kirkepladsen 3, ✆ 43583400 ⊜ Heilkräuter- und Präsentationsgarten, F.-H.-Ramus-Orgel, Glockenspiel mit 26 Glocken. Die Kirche, 1419 aus großen, sogenannten Mönchssteinen erbaut, war zunächst dem Hl. Michael und dem Hl. Franziskus geweiht. Ab 1532 war sie Pfarrkirche. Die bedeutendsten Schätze der Kirche sind die Mecklenburgische Ahnentafel und ein Gemälde von Lucas Cranach. @ fwl426

Guldborgsund Zoo & Botanisk Have (Zoo und Botanischer Garten), Østre Alle 97, ✆ 54732700 ⊜ @ dpn854

Svømmecenter Falster, Kringelborg Allé 3, ✆ 54731545, @ qjv653

Nykøbing F., die alte Kleinstadt am Guldborgsund, ist mit ihren gut 25.000 Einwohnern Falsters „Hauptstadt". Die Geschichte der Stadt reicht bis ins 12. Jahrhundert zurück, als sie um eine imponierende Burganlage zu wachsen begann. Weitere Zeitzeugen vergangener Jahrhunderte sind einige noch gut erhaltene Häuser aus dem 16. bis 18. Jahrhundert. Die Stadt besitzt ein reiches Handels- und Kulturleben.

Von Nykøbing zur Fähre Stubbekøbing-Bogø 39 km

Auf der Hauptroute biegen Sie von der **Markedsgade** kommend links in den **Brovejen** ab ~ auf dem rechtsseitigen Radweg bis zum Bahnhof ~ rechts in den **Vesterskovvej** ~ links in die **Østre Alle** ~ Sie fahren am Zoo, der Jugendherberge und dem Campingplatz vorbei ~ über den Parkplatz der Freizeitanlage Kringelborg ~ weiter auf dem unbefestigten Weg ~ im Wald (**Øster Skov**) geht es dann auf einem asphaltierten Radweg weiter ~ nach der Schranke geradeaus auf dem Radweg weiter ~ links in den **Prinsholmvej** ~ Sie fahren bis nach **Sønder Vedby**, hier im Ort rechts Richtung Idestrup ~ nach gut 2 km links in den **Møllevej** ~ am Ende folgen Sie dem Straßenverlauf nach rechts und befinden sich nun im Zentrum von Idestrup.

Idestrup 🇩🇰

Idestrup Kirke, Mollevej 22a, ✆ 54148077. Die heutige aus Feld- und Backsteinen erbaute Kirche wurde 1876 dem heiligen Georg geweiht.

Nach der Kirche in Idestrup zweigen Sie links in den **Kirkevej** Richtung Sønder Ørslev ab ~ Sie folgen dem Straßenverlauf ~ links in den **Østersøvej**, auf dem Sie in den Badeort Ulslev gelangen.

Ulslev 🇩🇰

Sie biegen an der Kreuzung in Ulslev rechts Richtung Elkenøre ab **5** an der Gabelung links in den **Tørvemoosvej** ~ vor der Küste links in den **Strandvejen** ~ beim nächsten Abzweig kurz nach rechts, dann gleich darauf links in den unbefestigten **Ndr. Strandvej**, der als Privatweg

Nyköbing, Marktplatz

gekennzeichnet ist ↝ parallel zur Küste entlang ↝ geradeaus auf dem **Sdr. Alslev Strandvej** weiter ↝ Sie umfahren ein Haus in einem Links-Rechtsschwenk ↝ **6** im **Tromnæs Skov** radeln Sie am Gartenhaus des Generals, **Generalens Lysthus,** vorbei.

AUSFLUG Wenig später können Sie einen Abstecher zum sehenswerten Schloss Corselitze unternehmen, wenn Sie links in die Tromnæs Alleen einbiegen.

Corselitze (Nykøbing Falster) 🇩🇰

6 Corselitze Gods (Gutshof Corselitze), Tromnæs Alleen 2, ☎ 54447029. Das Schloss aus dem 18. Jh. ist von einem wunderschönen Naturpark (Corselitze Have) umgeben. Hier erwarten Sie ein Rosengarten und einige Holzskulpturen. Es gibt auch einen 4 m tiefen Eiskeller, der 1799 von schwedischen Arbeitern aus Granitsteinen erbaut wurde. Bei der Tourist-Information in Nykøbing erhalten Sie eine Wanderkarte für den Corselitzer Wald (Corselitze Skovene). @ mfj652

✱ **Generalens Lysthus,** Tromnæs Alleen. Das reetgedeckte Häuschen wurde 1786 vom Fabrikanten Johan Frederik Classen im klassizistischen Stil errichtet.

Der Name des Anwesens deutet auf wendischen Ursprung hin. Das Schloss wurde bereits zu Zeiten Valdemar Jordeborgs als Königshof erwähnt. 1354 ist es in den Besitz von Jens Falster übergegangen, dessen Familie es bis 1600 besaß. Der Fabrikant J. F. Classen kaufte das Anwesen und errichtete das Hauptgebäude 1775-1777. Nach seinem Tod wurde es in die Stiftung Classenske Fideicommis eingebracht.

Auf der Hauptroute fahren Sie an der Kreuzung weiter parallel zur Küste ↝ an der **Ferienkolonie** vorbei ↝ es geht auf dem unbefestigten Weg weiter ↝ Sie passieren zwei Gatter ↝ weiter auf der Asphaltstraße, die in einem Linksbogen bergauf weg von der Küste führt ↝ am Waldrand gelangen Sie bei einem Haus an eine Abzweigung, hier rechts auf den unbefestigten Weg.

TIPP Wenn Sie auf der Straße geradeaus weiter fahren, kommen Sie zu den **Hügel- und Hünengräbern von Halskov Vænge.**

Schlosspark Corselitze

Halskov

- **Halskov Vænge**, Halskovvej 1. In dem Wald befinden sich zahlreiche Hügel- und Hünengräber. Im Egevængehus, einem kleinen Museum, wird über die Geschichte dieses Landstrichs informiert. kfc722

- **Galerie Arleth**, Strandhuse 9, Bregninge, 54445194. Schmuckkunst aus edlen Metallen und Steinen, sowie wechselnde Ausstellungen von dänischen und internationalen Künstlern. yue572

Nicht weniger als sechs Hünengräber und 72 Hügelgräber liegen auf dem knapp 30 Hektar großen Areal dicht beieinander. Die Hünengräber sind um die 5.500 Jahre alt, während die Hügelgräber in der Bronzezeit vor etwa 2.500-3.000 Jahren errichtet wurden. Günstige Verhältnisse haben diese Gräber bewahrt und der Wald wird von grasenden Schafen licht gehalten. Es gibt Tische und Bänke für ein Picknick samt einer Überdachung, die vor Wind und Wetter schützt.

Am Holzgatter vorbei in das Waldstück ~ der Weg endet an einem reetgedeckten Haus ~ geradeaus weiter auf der asphaltierten Straße ~ **7** an der nächsten T-Kreuzung rechts in das Fischerdörfchen Hesnæs hinein.

Hesnæs

Hesnæs ist ein kleiner malerischer Fischerort an der Ostseeküste mit hübschem kleinen Hafen. Eine Besonderheit sind die alten reetgedeckten Fischerkaten. Einige von den Häusern haben sogar ihre Wände und Giebel mit Reet gedeckt - zum Schutz vor dem oft rauhen Ostwind. Der Radfernweg verläuft durch Hesnæs ~ nach ungefähr 1,2 km zweigen Sie in den unbefestigten Forstweg nach rechts ab.

AUSFLUG Ein Stück weiter geradeaus und dann links geht es ins 4,5 km entfernte Åstrup mit seiner sehenswerten Kirche.

Åstrup

- **Åstrup Kirke**, Kirkebakken 4, 54444006. Die Kirche ist aus Backsteinen gebaut und rosa gekalkt. Möglicherweise wurde sie ursprünglich der Hl. Anna geweiht. Im Ostgiebel des Kirchenschiffes sind zwei Männerköpfe im Relief zu sehen, im Inneren interessante Kalkmalereien aus dem 14. Jh.

Sie fahren leicht bergab durch den Corselitze Østerskov ~ vorbei an Hügelgräbern ~ nach dem weißen Holzgatter rechts in die asphaltierte Straße und weiter in das nächste Dorf.

Næsgård (Stubbekøbing)

8 Sie fahren in der folgenden Linkskurve nach rechts und auf dem Damm bis Grønsund weiter.

Grønsund (Stubbekøbing)

- **Mindesten (Gedenkstein für Maria Grubbe)**, Gl. Færgevej 1. Die Adelsdame Maria Grubbe, die mit dem Königssohn Ulrik Frederik Gyldenløve vermählt war, verliebte sich in den Fährmann Søren Ladefoged und brannte mit ihm durch. Zur Erinnerung an diese alte Liebesgeschichte wurde 1942 ein Gedenk-

Hügelgrab bei Halskov Vænge

stein aufgestellt, dessen Rückseite mit einer Inschrift von Frederik Nygaard verziert ist.

TIPP Die Landungsbrücke in Grønsund ist mit der schönen Sicht über den Sund auf die Insel Møn ein idealer Platz für eine Rast.

Der Straße folgend kommen Sie an der alten **Landungsbrücke (Grønsunds Færgebro)** vorbei ↬ nach links in den unbefestigten Deichweg ↬ Sie passieren ein Fanggitter ↬ nach dem alten Wehr gleich links vom Deich hinunter und auf dem unbefestigten Weg an den Häusern in Søborg vorbei.

Søborg DK

Am nächsten Abzweig fahren Sie rechts ↬ an der T-Kreuzung links in den **Søborgvej** ↬ beim Transformator rechts in den **Ore Strand Vej** ↬ Sie folgen der Straße nach links in die verkehrsberuhigte Zone ↬ es geht durch den **Ore Strand Park** ↬ an der nächsten Kreuzung geradeaus in den unbefestigten Weg, eine Sackgasse ↬ vorbei an den Findlingen, danach links in den geschotterten Weg **Tjørnehegnet** ↬ rechts in den asphaltierten **Kongsnæsvej** nach der Linkskurve und dem Spielplatz rechts in die Sackgasse **Kongsnæsengen** ↬ am Ende der Straße geht es auf einem recht schmalen, unbefestigten Rad- und Fußpfad weiter **9** in einem Rechtsbogen in den **Jernbanestien** ↬ auf dieser Straße am Sportplatz vorbei ↬ der Weg endet

103

Stubbekøbing

an einer Fabrikationshalle zur Rechten und der Kläranlage von Stubbekøbing zu Ihrer Linken ~ weiter auf Asphalt ~ Sie fahren direkt in das **Hafengebiet** von Stubbekøbing ~ rechts in den **Jernbanevej** ~ an der Kreuzung **Havnegade** rechts zum **Fähranleger** von Stubbekøbing, von dem Sie Ihre Reise mit der Fähre zur Insel Bogø fortsetzen, links geht es in den Ort hinein.

Stubbekøbing 🇩🇰

- **Info Café**, Vestergade 43, ☎ 54441304, @ srf341

- **M/F Ida**, Havneplads 5, ⊙ Mai-Okt., tägl. 9-18.15 Uhr, 5-11 mal täglich. Die historische Fähre von 1959 zwischen Bogø und Stubbekøbing ist die einzige Holzfähre, die noch in Betrieb ist. Fahrkarten an Bord oder im Hafen, Fahrradmitnahme möglich. @ sjr586

- **Danmarks Motorcykel Museum (Dänisches Motorradmuseum)**, Nykøbingvej 54, ☎ 51700222 ⊙ Mit seinen 174 Motorrädern und Mopeds gehört das Museum zu den größten dieser Art in Europa. Hier befindet sich auch eine Sammlung von Rundfunkempfängern, Lautsprechern, Grammofonen und Fonografen. @ jim662

- **Stubbekøbing Egnsmuseum (Regionalhistorisches Museum)**, Vestergade 43, ☎ 54441304 ⊙ Ortsgeschichte, Alltagsleben, Blaue Emaille, Waagen etc. aus „Urgroßvaterszeiten". @ odc534

- **Stubbekøbing Kirke**, Torvet 5, ☎ 54441230. Im Inneren der Kirche aus dem 13. Jh. sind wertvolle Kalkmalereien zu sehen, die unter anderem den dramatischen Kampf gegen die Pest darstellen.

Dieser Ort ist wohl der älteste auf der Insel Falster – die Ursprünge reichen bis ins 13. Jahrhundert zurück. Der Hafen, ehemals Heimat der Dänischen Kriegsflotte und als zentraler Fischerhafen von Bedeutung, ist heute noch Fährhafen. Seit der Eröffnung der nahe gelegenen Farø-Brücken (4. Juni 1985, 3,322 Kilometer lang) ist es in Stubbekøbing ruhiger und beschaulicher geworden.

VARIANTE Die Fähre in Stubbekøbing verkehrt nur zwischen Mai und September. Außerhalb der Fährsaison fahren Sie auf der Ausweichroute über Vordingborg bis zum Abzweig nach Viemose bei Kalvehave, wo Sie wieder auf den Radfernweg Berlin – Kopenhagen treffen. Die ersten Kilometer dieser Variante zwischen Stubbekøbing und Nørre Alslev fahren Sie auf der Regionalroute 49.

Stubbekøbing, Hafen

Ausweichroute über Vordingborg　　　　　49 km

Am Hafen von Stubbekøbing biegen Sie vom **Jernbanevej** links in die **Havnegade** ↝ gleich rechts in die **Vestergade** ↝ Verlängerung **Gl. Landevej** ↝ am Ende der Straße links in den **Strandvejen** ↝ rechts in den **Alslevvej**, bis zur Autobahnauffahrt fahren Sie leider auf der stärker befahrenen Straße ↝ dann weiter auf dem rechtsseitigen Radweg parallel zum **Stubbekøbingvej** bis zur T-Kreuzung in Nørre Alslev.

Nørre Alslev 🇩🇰

- **Nørre Alslev Kirke**, Nørre Alslev Langgade. In der Backsteinkirche ist Dänemarks älteste Freskomalerei aus dem Jahr 1350 zu sehen. Eine Inschrift weist darauf hin, dass die ältesten Teile der Kirche aus dem Jahr 1208 stammen. @ hwp655
- **Nørre Vedby Kirke**, Nørre Grimmelstrupvej. Die um 1200 erbaute Kirche wird aufgrund ihrer Größe als „Dom Nordfalsters" bezeichnet.

An der T-Kreuzung fahren Sie kurz rechts, dann aber gleich links in den **Nørre Grimmelstrupvej** ↝ Sie folgen dem Straßenverlauf durch **Nørre Grimmelstrup** ↝ in einem Rechtsschwenk aus dem Ort ↝ an der T-Kreuzung links ↝ direkt rechts in den **Storstrømsvej**, hier stoßen Sie auf die **Nationalroute 7**, der Sie bis Vordingborg folgen ↝ auf dem rechtsseitigen Radweg

Vordingborg, Gänseturm

weiter ↝ nach dem Kreisverkehr wechselt der Radweg auf die linke Straßenseite ↝ Sie überqueren den **Storstrømmen** ↝ auf dem **Brovejen** kommen Sie von der Insel **Masnedø** über den Masnedsund ↝ danach führt der Radweg links von der Brücke herunter Richtung Zentrum Vordingborg ↝ an der T-Kreuzung rechts in den **Orevej**, gegenüber liegt die **Rudolf-Steiner-Schule** ↝ nach der Brücke weiter auf der **Volmersgade** links in den **Færgegaardsvej** ↝ nach der Marienberg Schule und den Tennisplätzen schwenkt der Radweg von der Straße weg nach rechts ↝ weiter längs des Ufers ↝ rechts in den **Nordhavnsvej**.

Vordingborg 🇩🇰

- ℹ **Danmarks Borgcenter (Dänisches Burgenzentrum)**, Slotsruinen 1, ☎ 70701236, @ ipx284
- 🏛 **Danmarks Borgcenter (Dänisches Burgenzentrum)**, Slotsruinen 1, ☎ 70701236 💶 In dem Museum wird die Geschichte Südseelands von der Steinzeit bis zur Gegenwart thematisiert. Sonderausstellungen zu diversen Themen. @ ito643
- **Vor Frue Kirke (Liebfrauenkirche)**, Kirke Alleen. Während das Haupt- und das Seitenschiff der Backsteinkirche aus den Jahren 1432-1460 stammen, geht der Turm auf das beginnende 17. Jh. zurück. Im Inneren sind Holzarbeiten des Næstveder Künstlers Abel Schröder der Jüngere zu sehen.
- **Masnedø Fort (Festung)**, Fortvej 8, Insel Masnedø, ☎ 21406889 💶 Das Fort auf der Insel Masnedø wurde 1912-1915 erbaut, um die Passage am Storstrømmen zu überwachen. Seit 1952 diente die Anlage nur noch als Lager und ist mittlerweile öffentlich zugänglich. Kunstausstellungen in den Sommermonaten. @ nyh273
- **Slotsruin (Burgruine)**, Slotsruinen 1, ☎ 70701236 🕐 Die Burg lag im Zentrum der dänischen Außenpolitik zwischen seiner Gründung um 1160 und dem Tod Valdemar Atterdags im Jahr 1375. Sie hatte neun Türme und zwölf Halbtürme, verbunden durch eine 770 m lange Wehrmauer. Im 17. Jh.

wurden die Burgreste abgerissen und 1671-73 ein Palast gebaut, von dem nur ein Personalgebäude erhalten ist.
@ uex847

Gåsetårnet (Gänseturm), Slotsruinen 1, ✆ 70701236 Der Gänseturm auf dem Gelände der Burgruine ist das Wahrzeichen der Stadt. Von der Aussichtsplattform hat man einen prächtigen Blick über die Bucht und die Küstenlandschaft.

Historisk-botanisk Have (Historisch-botanischer Garten), Slotsruinen 1, ✆ 55362570 Historische Heilkräuter, Pflanzen und Blumen. @ vqn536

Die Geschichte dieser hübschen Kleinstadt reicht weit zurück in der dänischen Historie. Einst war Vordingborg Königssitz. König Valdemar Atterdag ließ die Burg in den Jahren 1362-65 zu einer gewaltigen Festungsanlage mit acht Festungstürmen um- und ausbauen. Der Gänseturm war mit 36 Metern der höchste Turm der einstigen Befestigungsanlage. Oben auf der zehn Meter hohen Turmspitze ließ König Valdemar Atterdag eine goldene Gans zum Spott gegen die Kriegserklärung der Hansestädte anbringen – daher der Name.

Auf dem Ruinengelände befindet sich der kleine Garten, der auch „Saras Garten" genannt wird. Namenspatronin ist Sara, eine Persönlichkeit im Vordingborg des 19. Jahrhunderts. Sie wohnte in der damaligen Riddergade und besaß auf dem Gelände der Burgruine einen großen

Ausweichroute Vordingborg 2

Vordingborg, Blick auf den Hafen

Garten. Unweit von diesem Garten wurde der historische Botanische Garten 1921 von G. N. Brandt angelegt. Zu sehen sind verschiedenste Heilkräuter und andere Blumen und Pflanzen aus vergangenen Jahrhunderten.

TIPP Von Vordingborg fahren Sie auf dem **Ostsee-Radweg Dänemark „Østersøruten"** bis zum Abzweig nach Viemose bei Kalvehave.

Es geht am Ruderklub vorbei ~ Sie überqueren den Parkplatz und halten sich links ~ am Fanggitter vorbei ~ auf dem zunächst unbefestigten, später asphaltierten Weg, dem **Bakkebøllestien**, geht es durch die Felder und Wälder bis in den Ort Nyrad.

Nyrad

Nach dem **Vintersbølleskovvej** biegen Sie links in den **Vintersbølleskolesti** ab ~ an der T-Kreuzung rechts in den **Bakkebøllevej** ~ Sie bleiben immer auf dieser Straße, durchfahren zunächst **Bakkebølle**, überqueren die Autobahn nach Kopenhagen und kommen dann durch Stensby.

Stensby 🇩🇰

Für eine ruhige Rast bietet sich ein Abstecher nach Petersværft an.

Petersværft 🇩🇰

✱ **Petersværft (Peterswerft)**, Petersværftvej. Schiffswerft aus dem Jahr 1777.

Petersværft ist nach dem Gutsbesitzer von Petersgaard, Peter Johansen, benannt. Er ließ hier im Jahre 1777 eine Schiffswerft erbauen. Seinerzeit wurde hier das größte Schiff Dänemarks gebaut: der Ostindiensegler „Cron Princesse Louise Augusta". Von 1807 bis 1814 wurde in der Werft die dänische Flotte, die im Krieg gegen die Engländer im Jahre 1807 verloren gegangen war, wieder aufgebaut. Im gleichen Zeitraum entstanden mehrere Häuser für die Angehörigen der Marine. Von diesen ist nur noch das Offiziersgebäude erhalten. Heute ist Petersværft ein idyllischer Ort mit einer phantastischen Aussicht über den Storstrømmen.

Sie erreichen den Ort **Langebæk-Møllehuse**, den Sie auf der **Langebæk Gade** verlassen ⤳ an der folgenden T-Kreuzung links in den **Gl. Vordingborgvej** ⤳ sofort rechts in die **Østergårdstræde** ⤳ rechts in den **Rødsbjergvej** ⤳ es geht hügelig dahin bis die Straße einen Rechtsschwenk macht ⤳ beim nächsten Abzweig gleich rechts in den **Lars Hans Vej** ⤳ noch ein Stück auf

Fähre Stubbekøbing-Bogø

der **Bygaden** ~ der abknickenden Vorfahrt nach links folgen, rechts liegt **Gammel Kalvehave** ~ Sie fahren weiter auf der Straße **Skolesvinget** ~ an der T-Kreuzung links in den **Kirkevejen** ~ an der nächsten Kreuzung, die Sie geradeaus überqueren, haben Sie wieder Anschluss an den Radfernweg Berlin – Kopenhagen (s. Karte 38). Auf der Hauptroute setzen Sie mit der Fähre von Stubbekøbing nach Bogø über.

Bogø

- **House of Møn**, Storegade 2, Stege, ✆ 52246388, @ kjn863
- **M/F Ida**, Havneplads 5, Stubbekøbing, Mai-Okt., tägl. 9-18.15 Uhr, 5-11 mal täglich. Die historische Fähre von 1959 zwischen Bogø und Stubbekøbing ist die einzige Holzfähre, die noch in Betrieb ist. Fahrkarten an Bord oder im Hafen, Fahrradmitnahme möglich. @ sjr586
- **Bogø Kirke**, Bogø Hovedgade 177, ✆ 29265005. Mittelalterliches Langhaus mit vier Gewölben aus dem Jahr 1500. Holzschnitzarbeiten im Altar aus dem Jahr 1661. Interessant ist auch der Taufstein, der aus einem alten Opferstein gefertigt und mit Sonnenzeichen versehen ist.
- **Hulehøj (Ganggrab)**, Østerskovvej, im Østerskov. Das große, gut erhaltene und leicht zugängliche Ganggrab stammt aus dem Neolithikum zwischen 3.500 und 2.800 v. Chr.
- **Bogø Mølle**, Bogø Hovedgade 34, ✆ 55894386. Erbaut 1852 und vollständig restauriert. In der Mühle ist eine Kunstgalerie mit Arbeiten der örtlichen Künstler eingerichtet. @ bkj384

Die Fährtour nach Bogø an sich ist schon ein Erlebnis. Dabei hat man eine schöne Sicht auf die Südküste der kleinen Insel und nach Osten auf die Insel Møn. Weiter westlich befindet sich die große Farø-Brücke. Ursprünglich bestand Bogø By aus zwei Städten, Nyby und Gammelby, die zu einer verschmolzen sind. Hier gibt es hübsche Fachwerkhäuser, eine alte spätgotische Kirche und dicht beim höchsten Punkt der Insel ragt eine restaurierte Holländer Windmühle empor.
Bogø und Møn sind durch einen Damm miteinander verbunden, welcher 1943 erbaut wurde. Im selben Jahr wurde die Brücke „Dronning Alexandrines Bro" eröffnet, die Møn und Seeland miteinander verbindet.

Von der Fähre Stubbekøbing-Bogø nach Hårbølle Havn   9,5 km

Sie fahren von der Fähre bis zur Hauptstraße hinauf und biegen rechts in den **Grønsundvej** ein ~ über den Deich geht es auf die Insel Møn **10** kurz vor Store Damme zweigen Sie rechts ab in den **Frederikshavevej**.

AUSFLUG Von Store Damme gibt es eine Abkürzung nach Koster (regionale Radroute Nr. 58). Allerdings verpassen Sie dann ein absolutes Highlight dieser Tour, den beeindruckenden Kreidefelsen Møns Klint.

Kürzere Variante nach Koster   12 km

Sie fahren noch 500 m geradeaus weiter, dann rechts auf der **Fanefjordgade** in den Ort.

Store Damme

In Store Damme am Gasthof links in die **Dammegade** ~ in **Tostenæs** rechts in den **Røddingevej** bis nach Røddinge.

Røddinge

- **Klekkendehøj (Ganggrab)**, Klekkendevej 13. Das Zwillingsganggrab Klekkendehøj stammt aus der Jungsteinzeit ca. 2500 v. Chr. und ist das einzige Doppelkammergrab auf der Insel Møn. Die alte Grabkammer sowie eine Rekonstruktion eines Beerdigten aus der Steinzeit können besichtigt werden. @ hne116

Auf der **Sprovegade** geht es weiter nach Sprove.

Fanefjord, Kirche

Sprove DK

- **Kong Asgers Høj (König Asgers Grab)**, Kong Asgers Vej 24 Das 10 m lange und 2 m breite Ganggrab stammt aus der Steinzeit und zählt zu den besterhaltenen und größten Gräbern Dänemarks aus dieser Zeit. @ vxg583
- **Sprovedyssen (Rundgrab)**, Orehældvej 13 24 Runder Dolmen, der sich ca. 100 m südlich von Kong Asgers Høj befindet. @ ivm726

Sie folgen der Beschilderung zum Ganggrab links in den **Orehældvej** (Karte 38) ↝ beim Ganggrab rechts ↝ die Straße leitet Sie bis nach Koster.

Koster DK

Biegen Sie links auf die Hauptstraße ein.
Auf der Hauptroute folgen Sie dem **Frederikshavevej** bis zur Fanefjord Kirche.

Fanefjord (Askeby) DK

- **Fanefjord Kirke**, Fanefjord Kirkevej 51, ✆ 29265005. Die Kalkmalereien im Kircheninneren stammen von dem sogenannten „Elmelunde Meister". Von ihm stammen ebenfalls die Malereien in den Kirchen Elmelunde Kirke und Keldby Kirke. Die Malereien in der Fanefjord Kirke gelten als sein Hauptwerk und machen die Kirche zur einer von Møns berühmtesten Sehenswürdigkeiten. Charakteristisch ist die Vermischung von Motiven aus der Bibel mit Szenen des Alltags. Die schöne Dekoration des Triumphbogens stammt aus ca. 1350. @ omu314
- **Grønjægers Høj (Landhügelgrab)**, Fanefjord Kirkevej 55 24 Grønjægers Høj oder „Grønsalen", der schönste und am besten bewahrte Langdolmen ist nur einen kurzen Abstecher von der Hauptroute entfernt. Das 100 m lange und 10 m breite Grab datiert aus der Zeit um 3500 v. Chr. und ist umgeben von 145 mannshohen Randsteinen.

Auf dem **Fanefjord Kirkevej** weiter in Richtung Hårbølle Havn ↝ nach dem Rechtsbogen links in den **Hårbøllevej** und in den Ort hinein.

Hårbølle Havn DK

- Hårbølle Badestrand. Mit Sandstrand und Liegewiese.

Von Hårbølle Havn nach Møns Klint   43,5 km

Durch den Ort bis zur T-Kreuzung, hier nach links und weiter der Straße nach **Hårbølle** folgen ↝ an der Straßengabelung rechts halten auf den **Vindebækvej** ↝ links auf den **Julbergvej** ↝ an der T-Kreuzung links und gleich wieder rechts ↝ an der Straßengabelung rechts in den **Fibigervej** ↝ im Wald links ↝ auf dem **Fanefjord Skovvej** zur T-Kreuzung radeln, hier rechts nach **Liseby** ↝ geradeaus weiter auf dem **Lisebyvej** 11 am folgenden Abzweig rechts in den **Grønvedvej** ↝ am Waldrand entlang bergab in Richtung Meer

... dem Straßenverlauf folgen ~ an der Gabelung links und auf dem **Rytsebækvej** nach Hjelm.

Hjelm

Im Ort immer rechts halten ~ auf der **Hjelmgade**, die in den **Hjelmvej** übergeht, gute 4 km geradeaus ~ 12 an der T-Kreuzung rechts, von hier bis nach Stege folgen Sie nun der Wegweisung der dänischen **Nationalroute 8**.

VARIANTE Wenn Sie hier links abzweigen und der Nationalroute 9 direkt nach Stege folgen, verkürzt sich Ihre Radreise zwar um etwa 50 km, allerdings verpassen Sie dann auch die einzigartigen Kreidefelsen der Insel Møn!

Die Hauptroute führt auf dem **Søndersognsvej** geradeaus durch Bissinge ~ an der alten Schule vorbei ~ an der folgenden Kreuzung links abzweigen und somit auf dem **Søndersognsvej** bleiben ~ im leichten Rechtsbogen durch **Tøvelde** ~ auf der selben Straße in den nächsten Ort.

Svensmarke

Sie durchqueren den Ort und folgen beim Ortsausgang dem Rechtsknick der Straße ~ nach dem leichten Linksbogen durch die Felder bis zur nächsten Siedlung ~ nach den ersten Häusern von **Tåstrup** folgen Sie dem Linksbogen der Straße und biegen gleich danach rechts ab in den **Lindegårdsvej** ~ Sie radeln quer durch die Felder ~ bei den nächsten Häusern an der Straße nach links in den **Vængesgårdsvej** ~ bei **Vængesgård** fahren Sie mit Blick auf die Ostsee an Kornfeldern entlang ~ Sie folgen dem Linksbogen der Straße und radeln leicht bergauf ~ an der Querstraße (**Kullegårdsvej**) nach rechts, links kommen Sie zum Freiluftmuseum Museumsgården.

Keldbylille

🏛 **Museumsgården (Bauernhofmuseum)**, Skullebjergvej 15, ☎ 20944048 🌐 Auf dem Museumshof des Freilichtmuseums sind eine Bauernstube und eine Küche zu sehen. Garten und Pferdestall dienen als Picknickplatz. Das Bauernhaus aus dem 18. Jh. wurde so bewahrt, wie es Hans Hansen in den 1930er Jahren verlassen hat. @ gvu888

❄ **Møn Is (Eismanufaktur)**, Hovgårdsvej 4, ☎ 23263819 🌐 Hier wird frisches Eis aus der

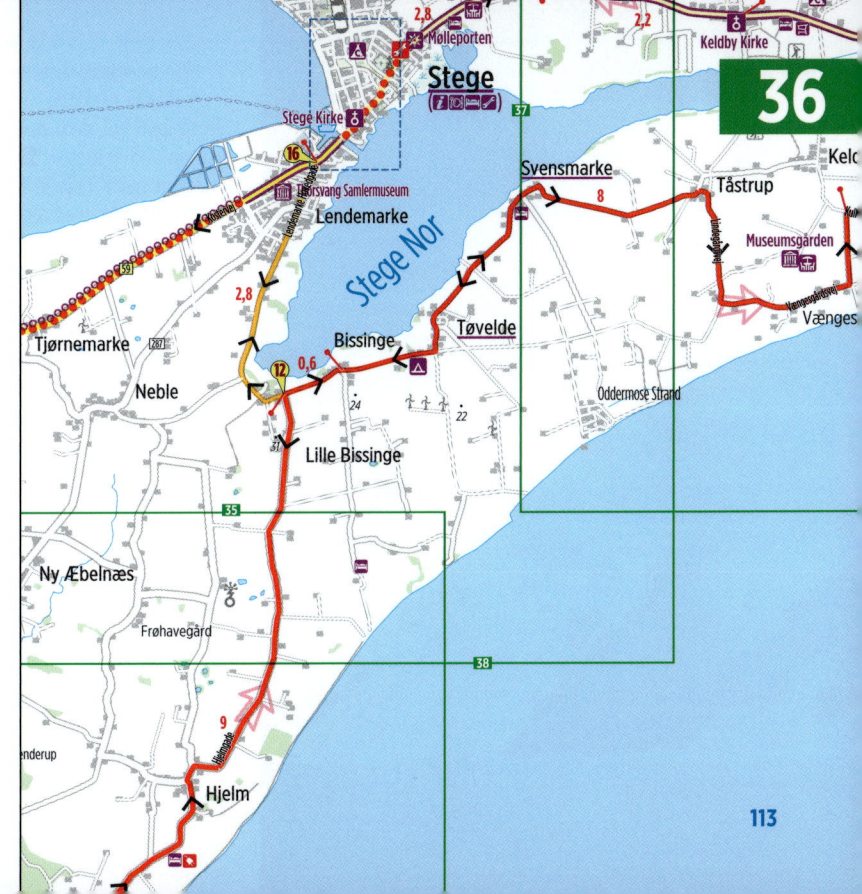

113

Kreidefelsen bei Møns Klint

Milch der eigenen Kühe hergestellt. Der Stall ist Besuchern frei zugänglich. @ rdd251

Sie bleiben auf dem **Kullegårdsvej** und durchqueren Wiesen und Felder 🔟 an der T-Kreuzung bei **Hovmarken** nach links in Richtung Råbylille ↝ an der nächsten Möglichkeit rechts ↝ links in den **Dalkildevej** ↝ an der T-Kreuzung mit der Vorfahrtsstraße nach rechts ↝ **Råbymagle** durchqueren ↝ der Rechtskurve der Straße folgen und weiter nach **Busemarke** ↝ im Ort biegen Sie an der Vorfahrtsstraße links ab ↝ an der nächsten Straße (**Hovvejen**) gleich wieder nach rechts ↝ an der Dreieckskreuzung rechts halten und auf dem **Busenevej** weiter ↝ es wird immer hügeliger, man merkt nun, dass das Gelände bis zur Steilküste stetig ansteigt ↝ auf der kurvenreichen Straße durch Busene.

Busene

Am Abzweig nach der scharfen Rechtskurve links ↝ es geht bergauf in den Wald hinein ↝ Sie fahren in den **Naturpark Møns Klint** hinein ↝ auf dem unbefestigten Weg weiter stetig bergauf ↝ am Rastplatz vorbei ↝ rechts von Ihnen liegt die wunderschöne Steilküste Møns Klint.

Møns Klint

- **Touristinformation GeoCenter Møns Klint**, Stengårdsvej 8, ✆ 55863600, @ iuv366
- **GeoCenter Møns Klint**, Stengårdsvej 8, ✆ 55863600 Eine Zeitreise von der Kreidezeit bis in die heutige Zeit. Ausstellungen zur Geologie Dänemarks und den Kreidefelsen Møn's Klint. @ hit762

Møn's Klint – eines der großartigsten Naturerlebnisse Dänemarks. Die weißen Kreideklippen erheben sich aus dem türkisblauen Meer über 100 Meter steil in den Himmel und säumen auf einer Gesamtlänge von acht Kilometern die Ostküste der Insel. Der eine oder andere fühlt sich bei dem Anblick sicher an die Rügen-Bilder des deutschen Malers Caspar David Friedrich erinnert. Egal, ob man am Strand steht und hinauf sieht oder von den Klippen herabschaut, man spürt ein Ziehen im Magen. Aber nicht nur die imposanten Kreidefelsen sondern auch der Wald und das freie Umland sind ein wahres Naturerlebnis. Hier gibt es zahlreiche wunderschöne Orchideen.

Die Kreide wurde in der letzten Eiszeit an die Oberfläche gedrückt und ist seitdem Wind, Wetter und Meer ausgesetzt. Immer wieder, vor allem im Winter, stürzen große Teile der Küste ins Meer. So beispielsweise im Winter 1987/88 als das langjährige Wahrzeichen „Sommerspiret" ins Meer stürzte.

Seitdem ist der „Dronningestolen" („Königinnenstuhl"), mit seinen 128 Metern nun der höchste Fels, das Wahrzeichen von Møn's Klint. Nicht nur im Winter kann es zu solchen Abgängen kommen. Im Sommer 1994 riss ein Erdrutsch mehrere Touristen mit in die Tiefe. Deshalb

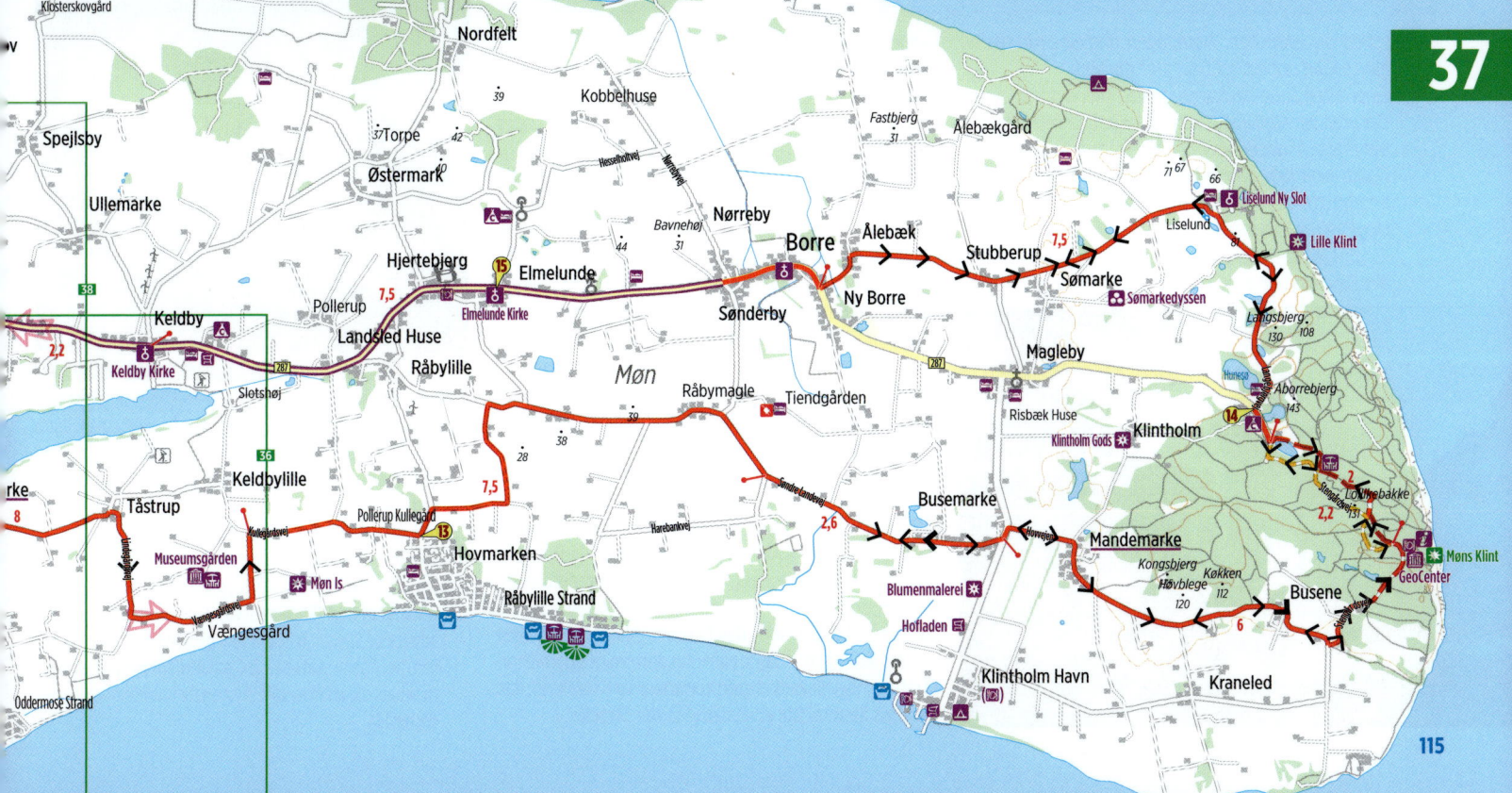

sollen die aktuellen Warnungen und Sperrungen an Møn's Klint unbedingt beachtet werden.

Einer alten Sage nach wohnte der Klippenkönig Jøden Opsal an der Steilküste. Es heißt, es gäbe zwei Höhlen an der Küste. In der einen wohnte er selbst, in der anderen Höhle wohnten sein Hund und sein weißes Pferd. Er beschützte demnach die Insel und ihre Bewohner vor Unglück und Angriffen.

Es gibt viele Berichte darüber, wie der Klippenkönig der Bevölkerung half. Mehrere handeln davon, wie die armen Leute zu Wohlstand kamen. Einmal boten Sie dem durstigen König einen Schluck Bier an, als dieser während eines wilden Rittes um die Insel Rast machte. Man sollte also nicht vergessen, etwas zu trinken dabei zu haben, falls man einen riesigen Mann mit langem Bart, Hut und wehendem Mantel auf einem weißen Pferd sieht.

Von Møns Klint nach Stege 22 km

VARIANTE Nach der Zufahrt zum GeoCenter führt die als Nationalroute 8 ausgeschilderte Strecke rechts neben der Straße auf einem schmalen Weg entlang. Später entfernt sich der Weg von der Straße und verläuft teilweise sehr schmal durch den Wald. Als besser befahrbare Variante können Sie einfach auf der breiteren Straße bleiben, weiter nördlich treffen die beiden Routen wieder aufeinander.

Der unbefestigte Weg entfernt sich allmählich von der Straße und führt in Kurven durch den Wald ~ nach etwa 1,2 km an der Schranke vorbei und am Parkplatz nach rechts ~ an der folgenden Gabelung links halten und am Ufer des Sees entlang ~ wenig später rechts in die Straße einbiegen, es geht nun auf einer Asphaltstraße weiter ~ **14** auf Höhe des Campingplatzes zur Linken rechts abbiegen ~ Sie lassen nun den steigungsreichen Teil der Insel hinter sich und kommen nach Liselund, das Schloss liegt rechts etwas abseits der Strecke.

Schloss Liselund

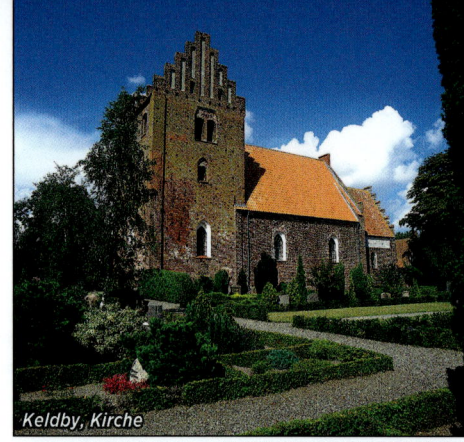

Keldby, Kirche

Liselund (Borre) DK

6 Liselund Slot und Park, Langebjergvej 6. Der Schlosspark, durch den Pfaue stolzieren, bietet exotische Pflanzen und Gebäude: „Chinesisches Lusthaus", „Schweizer Hütte" und das „Norwegerhaus". Das Schloss (1887) dient heute als Hotel und Restaurant. @ stl353

Immer geradeaus vorbei an Sømarke.

Sømarke DK

7 Sømarkedyssen (Steingrab von Sømarkedyssen) 24 Das achteckige Steingrab ist mit sehr großen Decksteinen versehen. Bei diesen sind etwa 200 schalenförmige Vertiefungen zu sehen, die als magische Zeichen für Fruchtbarkeit gelten. @ nps144

Es geht weiter durch die Orte **Stubberup** und **Ålebæk** nach der Linkskurve biegen Sie bei dem Silo an der Querstraße rechts ab.

Borre

- **Borre Kirke**, Klintevej 366. Die Ursprünge der Backsteinkirche liegen im 13. Jh., die schönen Details im Mauerwerk und die fein ausgestalteten Fenster weisen auf norddeutsche Einflüsse hin. Sie gilt als eine der ersten fahrradfreundlichen Kirchen. Hier können Sie Ihre Wasserflaschen auffüllen, die Reifen aufpumpen und eine Pause genießen.

An der nächsten größeren Kreuzung fahren Sie geradeaus und lassen den Ort hinter sich 15 an der **Elmelunde Kirche** vorbei.

Elmelunde

- **Elmelunde Kirke**, Leonora Christines Vej 1. In der ältesten Landkirche Møns wurden 1885 die ersten Fresken des Elmelunde Meisters, eines unbekannten Künstlers, entdeckt. @ dej616

Sie bleiben auf dem Radweg der Straße **287** und kommen via **Hjerteberg** und **Landsled Huse** nach Keldby.

Keldby

- **Keldby Kirke**, Præstegårdsstræde 6, 55813305. Wie auch in der Kirche von Elmelunde und Fanefjord stammen die Malereien von dem „Elmelunde-Meister". In früherer Zeit war das Kircheninnere mit zwei umlaufenden Bildfriesen geschmückt.

Sie radeln geradeaus durch Keldby und erreichen nach etwas mehr als 3 km Stege.

Stege

- **House of Møn**, Storegade 2, 52246388, @ kjn863
- **Faergen Møn (Fähre Stege-Kalvehave)**, Ved Havnen, 71789598. Fähre Stege-Kalvehave. Die Überfahrt mit der historischen Fähre, die von ehrenamtlichen Mitarbeitern vorrangig an Wochenendtagen betrieben wird, stellt eine reizvolle Alternative zum Radweg entlang der Straße dar. @ lah746
- **Møns Museum**, Storegaden 75, 70701236 Erinnerungen aller Art an die Vergangenheit Møns. @ fhv368
- **Thorsvang Samlermuseum (Sammlermuseum)**, Thorsvangs Allé 7, 40469146 Eintauchen in die Welt von Gestern anhand von komplett eingerichteten alten Werkstätten und Läden. Mit Tante Emma Laden. @ ccr282
- **Stege Kirke**, Kirkepladsen 2, 55814335. Die ursprüngliche zweischiffige Ziegelsteinkirche aus dem 13. Jh. wurde nach einem Brand im 15. Jh. als große dreischiffige Kirche neu erbaut. Im Inneren gibt es zahlreiche interessante Kalkmalereien, die typisch für die Region und für Dänemark sind.

Camping Mønbroen
Kostervej 86 • DK-4780 Stege
Tel.: +45 55 81 18 08
camping@moenbroen.dk
www.moenbroen.com

✳ **Historisches Zentrum**. Sehenswert sind der Marktplatz, die mittelalterliche Wallanlage und das Mühlentor (Mølleporten, Storegade 75), das von der Festung aus dem 13. Jh. erhalten ist.

Stege ist die Hauptstadt der Insel Møn. Ihren ganz besonderen Charme erhält die Stadt, die sich ans Steger Haff schmiegt, durch die historischen Häuser in den Nebengassen und die gut erhaltene Wallanlage aus dem Mittelalter. Im 15. Jahrhundert entstand die mächtige Verteidigungsanlage, die noch heute einen Eindruck davon vermittelt, welch starke Feindesabwehr zum Schutz der Stadt nötig war. Wahrzeichen der Stadt ist das Mühlentor aus dem 16. Jahrhundert. Als einziges von ursprünglich drei Stadttoren überdauerte es die vergangenen Jahrhunderte.

TIPP Im Stadtzentrum liegt die urige Brasserie Støberiet, die an eine Metzgerei angeschlossen ist. Von Känguru- über Krokodilfleisch bis hin zu Würstchen lässt sich hier Exotisches genießen. Wer keinen Sitzplatz mehr bekommt, kann alles zum Picknick mitnehmen.

Von Stege nach Præstø — 31,5 km

16 Nach der Brücke beim Hafen fahren Sie geradeaus auf den **Kostervej**, der Sie bis nach **Koster** leitet ∼ an der Abzweigung nach Kostervig, die im spitzen Winkel nach links führt, geradeaus vorbei ∼ es geht über die **Dronning Alexandrines Bro** nach Kalvehave.

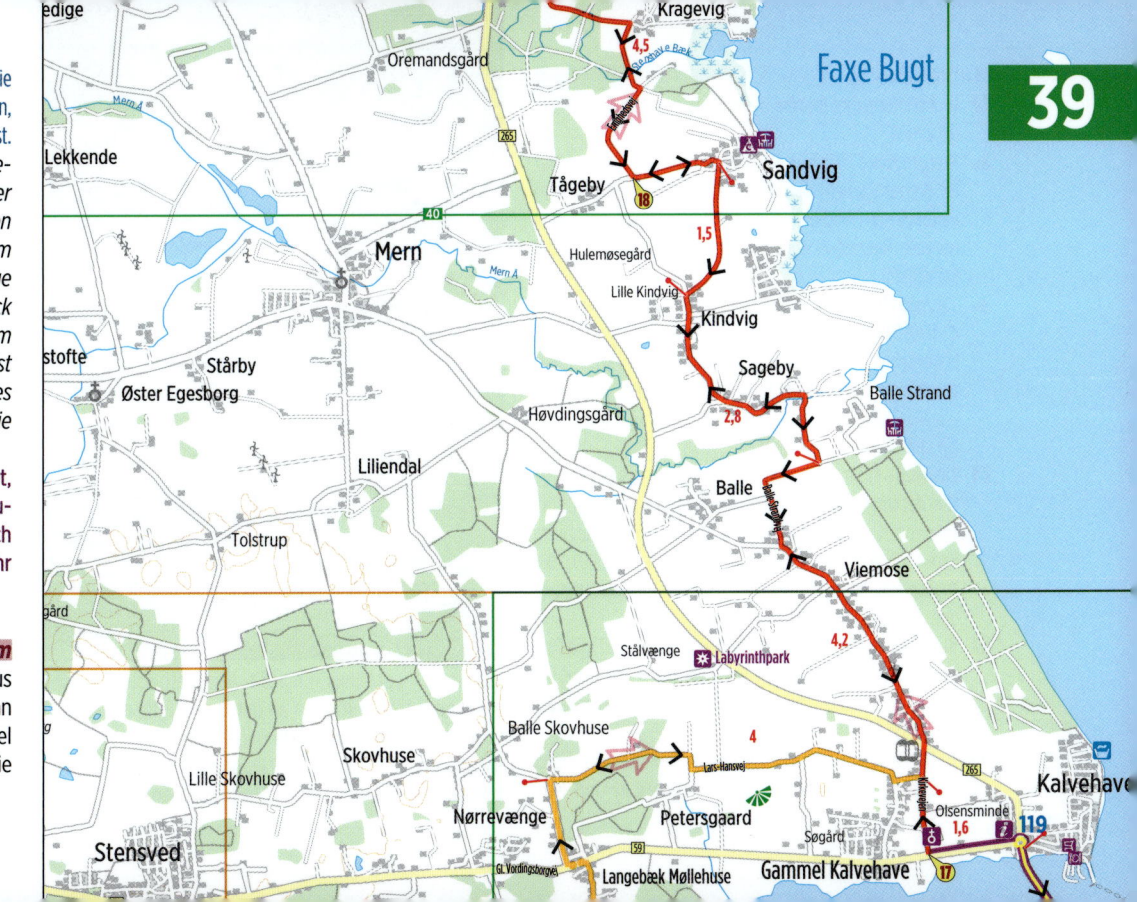

39

Kalvehave

- **Tourist Information Brobike**, Ny Vordingborgvej 49, ✆ 60829535, @ ext614
- **Faergen Møn**, ✆ 71789598. Fähre Stege-Kalvehave. Die Überfahrt mit der historischen Fähre, die von ehrenamtlichen Mitarbeitern vorrangig an Wochenendtagen betrieben wird, stellt eine reizvolle Alternative zum Radweg entlang der Straße dar. @ yod666
- **Faergen Møn (Fähre Stege-Kalvehave)**, Ved Havnen, Stege, ✆ 71789598. Fähre Stege-Kalvehave. Die Überfahrt mit der historischen Fähre, die von ehrenamtlichen Mitarbeitern vorrangig an Wochenendtagen betrieben wird, stellt eine reizvolle Alternative zum Radweg entlang der Straße dar. @ lah746
- **Kalvehave Kirke**, Kirkevejen 2, ✆ 55395037. Das Schiff und der Chor der ansehnlichen Kirche stammen aus den Jahren 1225-50. Sehenswert sind das sechsteilige Altarbild (1590), die Kanzel im Barockstil (1639) und das spätgotische Kruxifix (um 1500). Vom Kirchenhügel aus hat man eine weite Aussicht über den Ulvsund und die südlichen Inseln.
- **Kalvehave Labyrinthpark**, Hovvejen 12, ✆ 55344771 Eine Herausforderung für Kinder und Erwachsene mit sechs Labyrinthen sowie anspruchsvollen 3D-Puzzlespielen. @ ylq533

Nach der Brücke fahren Sie im Kreisverkehr nach links (3. Ausfahrt) **17** an der Kirche rechts in den **Kir-**

Præstø, Marktplatz

kevejen von links führt die Alternativroute wieder zur Hauptroute zurück an der Querstraße geradeaus und auf der **Viemose Gade** nach **Viemose** auf dem folgenden Streckenverlauf bis nach Præstø ist es teilweise sehr hügelig hinter Viemose biegen Sie rechts in den **Balle Strandvej** ein links in den **Sagebyvej** bis **Sageby** weiter auf dem **Kindvigvej** Sie fahren über **Kindvig** bis nach Sandvig.

Sandvig (Mern)

Am Abzweig im Ort geht es links Richtung **Mern** **18** auf der Anhöhe, links befindet sich ein Haus, rechts in den **Enighedsvej** an der T-Kreuzung vor **Kragevig** links an der nächsten T-Kreuzung erneut links Sie kommen zur Hauptstraße, dem **Neblevej**, hier nach rechts und ein kurzes Stück durch den Verkehr links in den **Rekkendevej**, vor Ihnen liegt der Ort **Rekkende** rechts in den **Lygtevej** nach der Rechtskurve links in den **Svanegårdsvej** an der T-Kreuzung links in den **Lillemarksvej** **19** rechts in den **Vægtervej** an der Vorfahrtsstraße rechts ab auf dem **Mønvej** fahren Sie nach Skibinge.

Skibinge (Præstø)

- **Skibinge Kirke**, Ronesbanke 19, ✆ 55991306. Diese typisch dänische Dorfkirche wurde um 1300 gebaut. Gut drei Jahrhunderte später kamen die Kirchenvorhalle und der Turm hinzu. Die schöne Lage auf einem Hügel etwas außerhalb des Ortes ermöglicht schöne Ausblicke.

Nach der Linkskurve am Ortsausgang rechts in den **Tubæk Møllevej**, der von der Straße wegführt Sie passieren zwei Fanggitter und überqueren eine Brücke folgen Sie dem Verlauf des Weges rechts in den

Radweg einbiegen ⤳ nach der Rad- und Fußgänger-
unterführung weiter auf dem **Ny Essbjergvej** ⤳ an der
T-Kreuzung links in die **Vesterbro Adelgade** ⤳ rechts
in den **Jernbanevej** ⤳ geradeaus geht es nach Præstø
hinein.

Præstø (DK)

- **Turistinformation Præstø Havn**, Havnepladsen 14, ☎ 40598072, @ yyc471
- **Præstø Kirke**, Adelgade 129, ☎ 55991306. Die Kirche auf dem Klosterbakken stammt aus dem Frühmittelalter und ist das älteste Gebäude der Kleinstadt.

SPECIALBUTIK | EIS-CAFÉ | BED & BREAKFAST

Besuchen Sie das Sweet and Coffee.
Hier können Sie so richtig Pause machen, bei Kaffe und
Kuchen oder bei einem leckeren Eis.
Dänische Hygge ebend!
Wir freuen uns auf Ihren Besuch!

• 2 Min. zur Busstation • 150 m zum Hafen • in unmittelbarer Nähe
befindet sich der Strand mit wunderschöner Aussicht über den Præstø
Fjord • Frühstücksmöglichkeiten in unserem Café
DU/WC/TV/Küche/Internet/Gratis Parkplatz

Adelgade 48 • 4720 Præstø • Tel.: 0045 / 21778093
info@sweetcoffee.dk • www.sweetcoffee.dk

40

Von Præstø nach Kopenhagen

131,3 km

HM/km: ↗ 0,9 (112m) ↘ 0,8 (105m) Radweg: 41 % Unbefestigt: 1 % Verkehr: 13 %

Zu Beginn der vierten und letzten Etappe können Sie noch einmal das beschauliche und idyllische Dänemark genießen. In vergangene Zeiten versetzen Sie ein Besuch der Kreidebrüche, in denen Sie nach Fossilien graben können, oder der Alten Kirche in Højerup. Zahlreiche Hügelgräber liegen in den Wäldern in Magleby Skov und Gjorslev Bøgeskov verstreut und in Gjorslev sehen Sie die größte und besterhaltene mittelalterliche Burg des Landes. Ab Køge wird der Einfluss Kopenhagens spürbar, es wird zunehmend urbaner und hektischer, und dennoch geht es weiter durch grüne Flecken und noch lange mit Blick auf die Ostsee. Dann ist das Ziel erreicht: Kopenhagen – viel Spaß in der dänischen Hauptstadt!

Auf der letzten Etappe fahren Sie auf ruhigen Nebenstraßen, in Stadtgebieten hauptsächlich auf Radwegen. Nach Kopenhagen hinein geht es auf Rad- und Fußwegen. Vor Faxe Ladeplads und nach Køge müssen Sie für ein paar Kilometer im stärkeren Verkehr radeln.

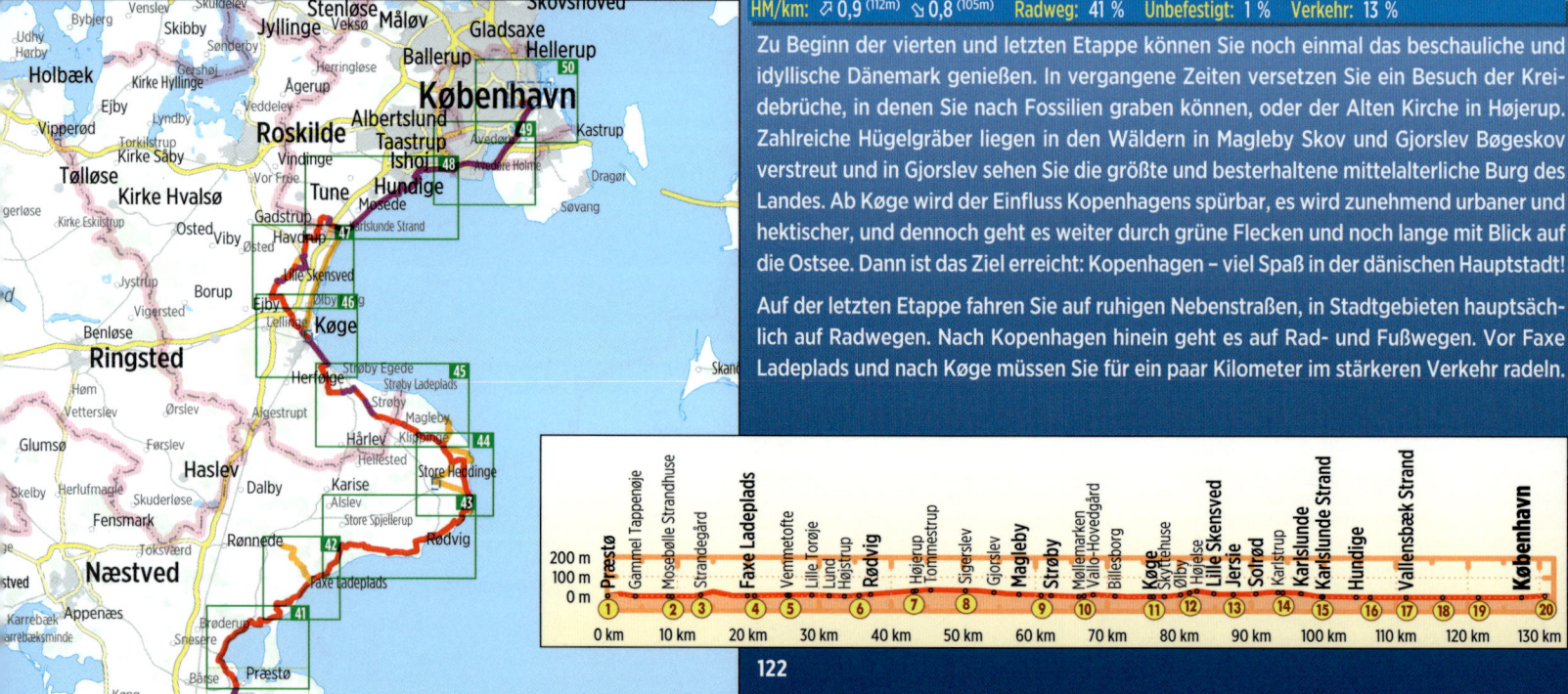

Von Præstø nach Faxe Ladeplads — 20 km

1 Vom **Jernbanevej** fahren Sie links in den **Nysøvej** es geht am Schloss vorbei.

Nysø (Præstø)

Thorvaldsen Samlingen (Sammlung Thorvaldsen), Nysøvej 5, Schloss Nysø, ✆ 22846266, ⌚ Anfang April-Mitte Okt., Do, So 11-16 Uhr. In einem Seitenflügel der Schlossanlage ist eine Sammlung des bekannten dänischen Bildhauers Bertel Thorvaldsen zu sehen. Vor allem zwischen 1838 und 1844 zog sich der Künstler immer wieder hierher zurück. Zu sehen sind vor allem Werke aus dieser Zeit. @ uog242

Nysø Slot, Nysøvej 1. Die Anlage aus rotem Backstein wurde in den 1670er Jahren errichtet und gilt nicht nur als eines der schönsten Schlösser Dänemarks, sondern auch als eines der ersten Barockschlösser des Landes. @ fdm487

Nyso Slotspark, Nysøvej 3, ⌚ ganzjährig

An der T-Kreuzung rechts in die Straße **Præstø Overdrev** Richtung Faxe ⌁ Sie folgen der Radspur auf der Straße parallel zum Ufer des **Præstø Fjords**.

Broskov (Tappernøje)

Broskovvejen. Der Broskovvejen gilt als einer der am besten erhaltenen prähistorischen Handelswege Dänemarks.

Es geht weiter durch die Orte **Sjolte Strandhuse** und **Mosebølle Strandhuse** **2** an der folgenden Kreuzung rechts ⌁ an der nächsten T-Kreuzung biegen Sie links ab ⌁ rechts in den **Lindersvoldvej** **3** beim nächsten Ab-

42

Schloss Nysø

zweig fahren Sie links in den **St. Elmuevej** rechts Richtung Faxe Ladeplads in **Store Elmue** nach rechts abbiegen immer geradeaus auf der Straße bis zum Ortsrand von Faxe Ladeplads.

Faxe Ladeplads

- **Hylleholt Kirke**, Hovedgaden 13c. Die Kirche im Stil der englischen Gotik wurde 1878 geweiht.
- **Mini Park**, Havnevej 11, ☏ 30362227. Im Maßstab 1:10 entsteht hier die Stadt, wie sie zwischen 1900 und 1920 ausgesehen hat. In der Werkstatt kann man zuschauen, wie die Miniaturhäuser gebaut werden. @ ifw155

AUSFLUG Für einen Abstecher nach Faxe, den im Landesinneren gelegenen Hauptort, biegen Sie etwa 250 m nach der Kirche links ab in den Faxevej und folgen der unkommentierten Alternativroute in der Karte.

Faxe

- **Geomuseum Faxe**, Østervej 2, ☏ 56502806. In dem Museum erfahren Besucher im Rahmen von zwei Ausstellungen mehr über die Geologie und Kulturgeschichte des Kalks. Durch die großen Panoramafenster eröffnet sich eine gute Aussicht auf den benachbarten Kalkbruch. Hier können Sie Hammer und Meißel für die Fossiliensuche im Kalkbruch ausleihen. @ dvg733
- **Faxe Kirke**, Kirketorvet 11, ☏ 56713552. Die Backsteinkirche mit ihren weißen Streifen aus Kalksandstein wurde in der Mitte des 15. Jhs. errichtet und gilt somit als eines der ältesten Gebäude der Stadt.
- **Faxe Kalkbrud (Kalkbruch)**, östlich des Hauptortes Faxe im Landesinneren. Hier entstand in Millionen von Jahren aus den früheren Meerestieren und -pflanzen der hellweiße Kalk, der dann über Jahrhunderte als Baumaterial genutzt wurde.

Vemmetofte, Kloster

Nordwestlich von Faxe Ladeplads liegt die Stadt Faxe, in der das berühmte dänische Bier gebraut und Limonade hergestellt wird. Interessant ist eine Besichtigung der Brauerei – leider nur für Gruppen möglich. In Faxe gibt es auch einen Kreidebruch, in dem Sie nach Millionen Jahre alten Fossilien wie Seeigeln und Donnerkeilen suchen können.

Von Faxe Ladeplads nach Rødvig 18 km

Sie fahren auf dem **Strandvejen** bis zum **Hafen** von Faxe Ladeplads ↝ **4** geradeaus weiter auf der Straße **Hovedgaden**, auf der Sie aus dem Ort hinaus durch den Wald bis nach Vemmetofte fahren.

Vemmetofte ⓓⓀ

- **Vemmetofte Kloster**, Vemmetoftevej 42, ℂ 56710008. Dieses Kloster war früher ein Stift für adlige Fräulein („Adelige Jomfrukloster"). Heute betreibt das Stift moderne Land- und Forstwirtschaft und den nahe gelegenen Campingplatz. @ ohr511
- **Vemmetofte Have (Stiftsgarten)**, Vemmetoftevej 42, ⊙ tägl. 8-18 Uhr. Hier können Sie in aller Ruhe Kraft für die Weiterfahrt und die quirlige dänische Hauptstadt schöpfen. Eine 300-jährige Lindenallee, ein strohgedecktes Teehaus und ein kleiner Tiergarten erwarten Sie.

1694 erwarb Königin Charlotte Amalie den Herrensitz von Vemmetofte, um hier ein Stift für adelige Fräulein zu gründen. Sie selbst konnte ihre Pläne nicht mehr umsetzen. Nach ihrem Tod ließ ihr Sohn Prinz Carl das Anwesen aufwändig restaurieren und um ein vierflügeliges Barockschloss mit Viehhaus, Ackerhof, Ställen, Fachwerkhäusern und einen Lustgarten erweitern. Seine Schwester Sophie Hedevig, mit der er das Gut zusammen bewohnte, trieb die Pläne der Mutter voran. Das Stift wurde 1735 gegründet und unter die Leitung einer Oberin und zweier Kuratoren gestellt. Heute steht das Kloster für diejenigen offen, die nach einem Ort der Ruhe und Abgeschiedenheit suchen.

Am Ortseingang rechts in die Straße **Nystrandskov** ↝ **5** wenig später links in den **Mørkhusvej** ↝ beim nächsten Abzweig rechts in den **Rødvigvej** ↝ Sie folgen dem Straßenverlauf durch die Orte **Lille Torøje**, **Lund** und **Højstrup** ↝ in Højstrup weiter auf der Straße **Højstrupvej** ↝ Sie fahren an den ersten Häusern und dem **Campingplatz** von Rødvig vorbei ↝ **6** am folgenden Abzweig rechts in den **Strandgabsvej**, linksseitiger Radweg für 400 m, dann auf der Straße weiter ↝ rechts in die **Strandstræde**, eine Tempo-30-Zone ↝ gleich links in den **Rødvig Strandvej** ↝ die verkehrsberuhigte Straße geht geradeaus in die **Rødvig Hovedgade** über ↝ die Bahngleise überqueren ↝ nach dem Bahnhof stoßen Sie im Zentrum von Rødvig auf den querenden **Østersøvej**.

Rødvig Stevns ⓓⓀ

- **Koldkrigsmuseum Stevnsfort (Stevnsfort – Museum über den Kalten Krieg)**, Korsnæbsvej 60, ℂ 56502806. Hier am östlichen Rand von Dänemark befand sich eine wichtige Verteidigungsanlage Dänemarks und der NATO. Während des Kalten

Rødvig, Stevnsfort

Krieges war das atombombensichere Fort 40 Jahre lang rund um die Uhr in Kriegsbereitschaft. Ein Rundgang durch die Anlage bringt Besuchern die damals angespannte weltpolitische Lage näher. @ ety454

- **Skibsmotormuseum (Schiffsmotoren-Museum)**, Havnevej 7, ✆ 40327503. Die Museumsausstellung zeigt mehr als 300 Motoren im Wandel der Zeit von 1903-1972. @ uab714
- **Feuersteinofen**, am Hafen. In dem stämmigen weißen Gebäude wurde früher Schießpulver hergestellt. Heute ist der Turm das Wahrzeichen des Ortes.
- **Kalkbrud (Kalkbruch)**, Boesdalvej 14. Der Ende der 1970er Jahre stillgelegte Kalkbruch hat sich mittlerweile zu einem beliebten Naherholungsgebiet entwickelt, wo es viele seltene Kleintiere und Pflanzen gibt.

Der Hafenort ist geprägt vom stimmungsvollen Fischerei- und Yachthafen. Hier bekommt man fangfrischen Fisch, und von hier lassen sich Bootstouren entlang der spektakulären Steilküste von Stevns Klint unternehmen. Der kleine weiße Leuchtturm am Hafen ist gar kein Leuchtturm, sondern ein Feuersteinofen, mit dem früher Schießpulver hergestellt wurde.

Von Rødvig nach Gjorslev — 16,5 km

Sie biegen links in den **Østersøvej** ab, geradeaus weiter auf dem **Rødvigvej**, rechts in den **Korsnæbsvej** Richtung Højerup.

Højerup, Alte Kirche

AUSFLUG Zwischen Rødvig und Højerup bietet sich die Möglichkeit, den ehemaligen Kalkbruch Boesdal zu besichtigen.

An der folgenden Gabelung rechts halten, der Linkskurve folgen, an der T-Kreuzung rechts. Sie erreichen **Højerup** 7 im Ort biegen Sie rechts in den **Højerup Byvej** bis zum Dorfweiher, geradeaus geht es zum Museum und der Alten Kirche am Steilufer.

Højerup 🇩🇰

- **Touristinformation Gasthaus Højeruplund**, Højerup Bygade 39, Traktørstedet Højeruplund, ✆ 56502901, @ hcw771
- **Højerup Gamle Kirke (Alte Kirche)**, Højerup Bygade 30. Ein in Seenot geratener Schiffer gelobte, hier an dieser Stelle eine Kapelle zu errichten, sollte er erlöst werden. In der Mitte des 14. Jhs. wurde schließlich auf der 30 m hohen Steilküste eine Kirche geweiht, von der 1928 der Chor ins Meer stürzte.
- **Højerup Ny Kirke (Neue Kirche)**, Højerup Bygade 37. Die neue Kirche wurde aus Steinen von den Kreidefelsen Stevns Klint gebaut. In der Apsis sind als Referenz an die besondere Struktur der Kreidefelsen Schichten aus Feuerstein verbaut.
- **Kreidefelsen Stevns Klint**
- **UNESCO Welterbe Stevns Klint**, Højerup Bygade 39, ✆ 20546404, @ yec442

Zur Zeit ihrer Erbauung in der Mitte des 14. Jahrhunderts lag die Alte Kirche noch weit im Landesinneren und vor den Fluten der Ostsee geschützt. Wind und Wetter nagten in den vergangenen Jahrhunderten an der Küste und trugen das Land bis zur Kirche ab. Um 1600 hatte sich

Store Heddinge

einem 5 Kilometer langen Fußweg die schönsten Stellen des Küstenstreifens erkunden. Die Felsen erstrecken sich über eine Länge von über 15 Kilometer und sind bis zu 41 Meter hoch. Über Millionen von Jahren sind hier die verschiedenen geologischen Schichten abgelagert worden und treten jetzt an den Bruchstellen wieder zu Tage. Diese weisen zum Meer hin sehr interessante Formationen auf und sind für geologisch Interessierte und Forschergeister das Richtige, um nach Versteinerungen zu suchen.

Beim Dorfweiher biegen Sie links in den **Hærvejen** ab und fahren bis zum Abzweig nach **Tommestrup**.

AUSFLUG Von Tommestrup können Sie einen Ausflug in die alte Handelsstadt Store Heddinge unternehmen. Dort gibt es Einkaufs- und Einkehrmöglichkeiten.

Ausflug nach Store Heddinge   7 km

In Tommestrup wenden Sie sich links in den **Gl. Klintevej** links Richtung Store Heddinge abbiegen weiter auf dem **Tommestrupvej** nach der Rechtskurve am Ende der Allee links in die **Østergade** abbiegen in die nächste Straße rechts, Sie kommen am **Marktplatz** von Store Heddinge heraus.

Store Heddinge

Turistinformation Stevnsbladet, Nytorv 6, 56503511, @ dau852

das Meer bereits bis in den Kirchhof gegraben, was zum makaberen Anblick führte, dass teilweise Körperteile der hier Begrabenen aus der Felswand hervorschauten. Im März 1928 schließlich stürzten der Chor und ein Teil des Friedhofs in die Tiefe, der verbliebene Teil der Kirche wurde gesichert.

Die Kreidefelsen von Stevns wurden 2014 von der UNESCO zum Weltnaturerbe erklärt und sind wirklich einen Besuch wert. Von Højerup aus können Sie auf

- **Sankt Katharina**, Kirketorvet 9. Die achteckige Kirche aus dem Gestein von Stevns Klint stammt aus dem 13. Jh.
- **Vandtårnet (Wasserturm)**, Ved Munkevænget 7. Mit seinem Torbogen erinnert der aus den Kreidefelsen von Stevns Klint um 1911 erbaute Wasserturm an ein Stadttor.

Es geht geradeaus auf der **Algade** weiter, rechter Hand liegt die **St.-Katharina-Kirche** geradeaus in die **Nørregade** an der Ampelkreuzung rechts in den **Sigerslevvej** am Friedhof vorbei durch **Sigerslev** nach dem Dorfweiher trifft die Ausflugsroute wieder auf die Hauptroute.

Sie fahren auf der Hauptroute von **Tommestrup** immer geradeaus an einem **Kalksteinbruch** vorbei an der T-Kreuzung links in den **Espekærvej**.

AUSFLUG Rechts geht es nach Mandehoved zu den beeindruckenden Kreidefelsen und zum Naturzentrum.

Mandehoved

- **Stevns Natur Center (Naturzentrum Stevns)**, Mandehoved 10, 56575706. Thematische Führungen entlang der über 14 km langen Steilküste, Fossiliensuche unter fachlicher Anleitung, Ausstellung zu fossilen Funden aus der Kreidezeit, Aussichtsturm und Naturlagerplatz. @ yga882
- **Flagbanken**. Von diesem Aussichtspunkt blicken Sie bei klarem Wetter bis nach Kopenhagen im Norden, im Süden bis zu den markanten Kreidefelsen der Insel Møn. Zudem gibt es hier zahlreiche schöne Rastplätze.

8 An der T-Kreuzung rechts in den **Sigerslevvej,** links von Ihnen liegt der Ort **Sigerslev** es geht weiter nach **Holtug**.

Holtug (Store Heddinge) DK

- **Holtug Kirke**, Holtug Strandvej 2, 56500325, Im Sommerhalbjahr tägl. 8-17 Uhr. Von der aus Kreidequadern erbauten romanischen Kirche von 1150 sind nur die Langmauern erhalten, alle anderen Komponenten stammen aus späterer Zeit.
- **Holtug Kridtbrud (Kreidebruch)**, Holtug Linievej. Bis 1972 wurde der Kreidebruch betrieben. Nachdem die Wald- und Naturverwaltung dann 1991 das Grundstück gekauft hatte, entwickelte sich daraus ein schönes Naherholungsgebiet.

Fahren Sie geradeaus auf der **Holtug Bygade** durch den Ort an der Kirche links.

Schloss Gjorslev

AUSFLUG Interessant ist ein Ausflug zum Gjorslev Bøgeskov, einem reizvollen Buchenwald. Außerdem lädt direkt am Strand ein Restaurant zum Verweilen ein. Der Ausflug ist insgesamt 7 km lang.

Præsteskov (Store Heddinge) DK

- **Gjorslev Bogeskov.** Der großflächige Buchenwald reicht bis an die steil abfallende Ostseeküste heran. In ihm befinden sich 55 Hügelgräber, der am Waldrand gelegene Møllesøen ist beliebter Rast- und Brutplatz für zahlreiche Vogelarten.

Auf der Hauptroute fahren Sie geradeaus weiter und kommen direkt auf das Schloss Gjorslev zu.

Gjorslev (Store Heddinge) DK

- **Schloss Gjorslev**, Gjorslevvej 20, ✆ 56500101. Schloss Gjorslev ist die älteste mittelalterliche Schlossanlage Dänemarks. Sie befindet sich in Privatbesitz, nur der Park ist teilweise zugänglich. @ dbc666

Von Gjorslev nach Køge 22,5 km

Sie folgen dem Straßenverlauf links um das Schlossanwesen herum ↪ Sie radeln durch **Magleby** und danach geradeaus weiter ↪ **9** an der Vorfahrtsstraße nach rechts ↪ es geht durch Strøby hindurch.

Strøby DK

Ab dem Ortsausgang fahren Sie wieder auf einem Zweirichtungsradweg entlang ↪ nach etwa 2 km zweigen Sie bei dem einzelnen Hof links ab und fahren durch den Rad- und Fußgängertunnel unter der Straße hindurch ↪ bis Valløby weiter auf dem Radweg, der Sie nach einem weiteren Rad- und Fußgängertunnel rechts hinauf zur Hauptverkehrsstraße Richtung Køge führt, hier fahren Sie links zur Kirche in Valløby.

Valløby (Køge) DK

- **Vallø Kirke**, Vallø Bygade 1A. Die Kirche wurde im romanischen Zeitalter erbaut und zählt zu den ältesten der Kommune. Die Sakristei und ein breiter Chor wurden als letzte Teile der Kirche um 1590 hinzugefügt.
- **Vallø Slot**, Slotsgade 3, ✆ 56260500. Die Geschichte der pompösen Anlage reicht bis in das 13. Jh. zurück, allerdings sind von diesem Bau nur noch Reste erhalten. Seine heutige Form erhielt das Renaissanceschloss gegen Ende des 16. Jhs., als Mette Rosenkrantz den West- und den Südflügel sowie die charakteristischen Türme hinzufügen ließ. Im Jahr 1737 wurde hier ein Stift für unverheiratete adelige Frauen eingerichtet, das bis 1976 bestand. Die weitläufige Parkanlage und der Schlosshof sind frei zugänglich. @ dry783

10 An der T-Kreuzung bei der Kirche rechts in die Straße **Vallørækken** ↪ auf Höhe des Sees und noch vor dem Schloss biegen Sie rechts ab, zum prunkvollen Schloss geht es noch ein kurzes Stück geradeaus ↪ folgen Sie dem reizvollen Sträßchen erst durch den Wald, dann quer durch die Felder ↪ an der Vorfahrtsstraße rechts zur Küste, dort links auf den straßenbegleitenden Radweg in Richtung Køge ↪ an der Gabelung bei der Tankstelle am Ortseingang rechts halten auf den **Strandvejen** ↪ dem linksabzweigenden **Strandvejen** über die Schienen folgen ↪ an der Kreuzung rechts in die **Søndre Alle** ↪ geradeaus weiter auf der **Brogade** in die verkehrsberuhigte Innenstadt und weiter bis zum mittelalterlichen Marktplatz von Køge.

Køge DK

- **Visit Køge**, Vestergade 1, ✆ 69156170, @ xul573
- **Køge Maritime Modelbyggerlaug (Maritime Modellbauergilde)**, Strandpromenaden 1, Den Gule Hal, ✆ 56577380, ✆ 21468467 In der Ausstellung gibt es Modelle von den großen Schiffen zu sehen, die an historischen Seeschlachten teilgenommen haben. @ ujm257
- **Køge Museum**, Nørregade 4, ✆ 70701236 Das städtische Museum ist in einem historischen Gebäude von 1619 untergebracht. @ enn366

Køge

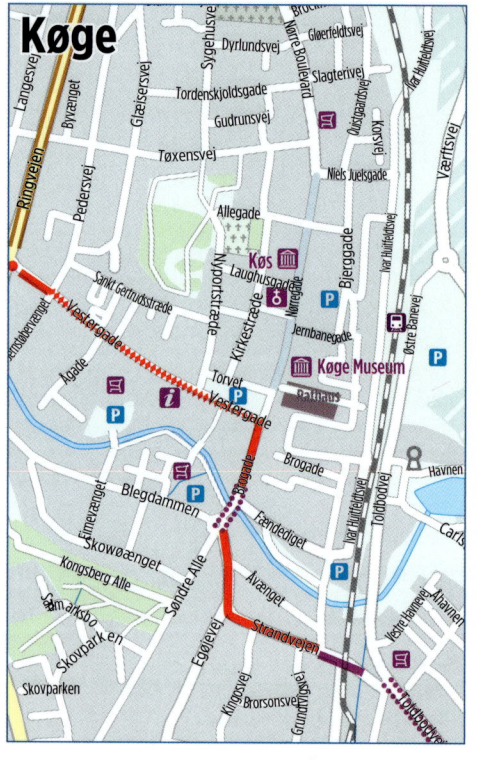

Køs – museum for kunst i det offentlige rum (Museum für Kunst im öffentlichen Raum), Nørregade 29, ✆ 56676020. In dem Museum werden die Skizzen, Modelle und Zeichnungen von Kunstwerken im öffentlichen Raum gezeigt. Als Besonderheit gelten die Skizzen von Bjørn Nørgaard für die Gobelins der Königin auf Schloss Christiansborg. @ hkm215

Køge Kirke – Sct. Nicolai, Kirkestræde 26, ✆ 56650246, Di-Fr 10-16 Uhr, So, Mo 12-16 Uhr. Die dem Schutzheiligen der Seefahrer geweihte Kirche aus dem Jahr 1324 ist so alt wie die Stadt selbst. Im Inneren wurde sie barock ausgeschmückt, von außen zeigt sie sich eher in schlichterer, norddeutscher Gotik. In der Kirche gibt es auch eine Kirchenausstellung. Der Turm ist von Anfang Juli bis Mitte Aug. geöffnet. @ fce371

Køgegård, Gammel Køgegård, Garten: Mi, Sa, So 14-18 Uhr. Die heutige Backsteinanlage stammt aus dem ausgehenden 18. Jh., der Verbindungsflügel in Fachwerkbauweise geht auf den Vorgängerbau aus dem Jahr 1603 zurück. Die Anlage befindet sich in Privatbesitz, der Park mit seltenen Rhododendrensorten kann besichtigt werden.

Histor. Zentrum. Sehenswert sind der mittelalterliche Marktplatz und die Straßen rund um St. Nicolai. Das älteste Fachwerkhaus Dänemarks (1527) befindet sich in der Kirkestræde 20. Das Rathaus von 1552 mit der Adresse Torvet 1 gilt als das älteste Dänemarks.

Kjøge Miniby (Miniaturstadt), Strandvejen 101, ✆ 56636218, Mai-Sept., tägl. 10-16 Uhr. In den Schauwerkstätten kann man zusehen, wie ein Abbild der Stadt im Maßstab 1:10 errichtet wird. @ ybf353

Køge Svømmehal, Ølby Center 104, ✆ 56672770, @ omb563

Køge erhielt 1288 die Stadtrechte und entwickelte sich zu einer florierenden Handelsstadt. Der historische Ortskern gehört zu den besterhaltenen Dänemarks. Sehr behutsam wurde das Zentrum der Mittelalterstadt rund um den prächtigen Marktplatz restauriert. Heute ist Køge sowohl erfolgreiche Hafen- als auch Handelsstadt. Die Kopenhagener S-Bahn hat hier der Fähre nach Bornholm wegen eine entlegene Endhaltestelle.

Von Køge nach Karlslunde Strand — 23 km

TIPP Bereits von Køge können Sie bequem mit der S-Bahn (S-tog) nach Kopenhagen fahren.

Am **Marktplatz** biegen Sie links ab und radeln auf der **Vestergade** weiter ~11 an der Kreuzung am **Ringvejen** geradeaus auf den Radweg längs des **Ølbyvej**.

Køge, Marktplatz

VARIANTE Wenn Sie lieber näher an der Küste radeln und Ihnen viel Verkehrslärm nichts ausmacht, dann können Sie auf dem Radweg entlang der Straße 151 bis Hundige Strand fahren.

Am Ende der Siedlung endet der Radweg und Sie fahren auf der Straße weiter ~ Sie überqueren die Autobahn und kommen nach **Ølby**, hier nach rechts ~ an der folgenden T-Kreuzung kurz links in den **Lyngvej**, dann gleich wieder rechts in den **Ølbyvej** 12 an der Kreuzung vor der Mühle links in den **Ølsemaglevej** nach Højelse.

Højelse (Lille Skensved) DK

- **Højelse Kirke**, Højelsevej 10A. Die dem Heiligen Michael geweihte Kirche ist wohl nicht nur aufgrund ihrer exponierten Lage auf einem Hügel von weitem gut sichtbar, sondern auch wegen der gelben Gebäudefarbe.
- **Ølsemagle Mølle**, Ølsemagle Møllevej 1, ✆ 56169153, ✆ 50537351. Die 1887 errichtete Windmühle war bis in das Jahr 1960 in Betrieb und dient heute als Museum.

An der **Kirche** rechts ~ auf dem Radweg nach Lille Skensved, in das Sie auf dem **Højelsevej** hineinkommen.

Lille Skensved DK

An der T-Kreuzung links in den **Ølbyvej** ~ an der folgenden Kreuzung rechts in die **Hovedgaden**, bis zum Bahnübergang geht es weiter auf dem Radweg ~ am nächsten Abzweig links, dann rechts und weiter der Beschilderung nach Jersie folgen.

46

Jersie (Solrød Strand) DK

13 Sie fahren an der Kreuzung auf Höhe der Kirche rechts in die Straße **Møllebakken** ⤻ am Ende der Sackgasse an den **Fanggittern** vorbei ⤻ weiter auf dem Radweg ⤻ nach der **Sporthalle** schwenkt der Radweg nach links ⤻ an der Querstraße rechts ⤻ Sie überqueren die Straße am Fußgängerüberweg ⤻ ein Stück nach rechts, dann nach der Unterführung links in den Radweg Richtung Solrød ⤻ auf dem Radweg längs des **Roskildevejs** bis kurz vor dem Abzweig in den Ort ⤻ an der Straßenunterführung rechts in den Ort hinein.

Solrød (Solrød Strand) DK

Der Radweg verläuft parallel zum Ortsrand ⤻ an der **Schranke** nach links, es geht bergab ⤻ links in die Querstraße **Den Lille Garden** ⤻ Sie gelangen an die Ortsdurchgangsstraße und fahren hier nach rechts ⤻ in der Rechtskurve links ⤻ an der Kirche rechts in den **Nordmarksvej** bis nach Karlstrup.

Karlstrup DK

- **Karlstrup Kirke**. Die Kirche wurde um 1100 im romanischen Stil erbaut. Das Altarbild und die Kanzel stammen aus dem 17. Jh.
- **Karlstrup Kalkgrav (Kalkgrube)**, Silovej 8. Die ca. 30 ha große Kalkgrube ist vor mehreren Millionen Jahren während der Kreidezeit entstanden. Das Wasser des bis zu 14 m tiefen Sees ist glasklar und azurblau. Baden auf eigene Gefahr. Rastplätze, Unterstand und Naturcamp.

An der Gabelung nahe dem Ortsausgang links halten und auf dem **Sognevejen** weiter **14** im Rechtsbogen an der mittelalterlichen **Kirche Kirkehøj** vorbei und auf dem direkten Weg bis nach Karlslunde ⤻ an der T-Kreuzung rechts in die **Hovedgaden** ⤻ es geht an der alten Kirche vorbei.

Karlslunde DK

- **Karlslunde Kirke**, Hovedgaden. Vermutlich im 12. Jh. wurde das Kirchenschiff im romanischen Stil erbaut.

An der T-Kreuzung mit der Vorfahrtsstraße nach rechts ⤻ nach den letzten Häusern links in den **Karlslunde Mosevej** ⤻ erst unter der Autobahn, dann unter den Bahngleisen hindurch und geradeaus Richtung Strand ⤻ **15** am Kreisverkehr bei der Strandkirche biegen Sie links ab in den **Strandvejen**.

Karlslunde Strand (Karlslunde) DK

- **Karlslunde Strandkirke**, Karlslunde Mosevej 3, ☎ 46150178. Moderne Kirche.

Von Karlslunde Strand nach Kopenhagen 31 km

Für die nächsten Kilometer bleiben Sie auf dem straßenbegleitenden Radweg am **Strandvejen** und durchqueren die Grever Ortsteile **Mosede Strand**, **Greve Strand** und **Hundige Strand**.

Mosede Strand (Greve) DK

- **Mosede Fort (Festung)**, Mosede Strandvej 87a, ☎ 43404036, ☎ 20311914 ✉ Greve spielte während des Ersten Weltkrieges eine besondere Bedeutung in der Verteidigung der dänischen Neutralität. Mit Hilfe der Festung, die zwischen 1913 und 1916 errichtet wurde, sollte eine feindliche Landung in der Bucht vor Køge verhindert werden. 1915 errichtete die dänische Armee die sog. „Tunestillingen", eine Verteidigungslinie von hier bis zum Roskilde Fjord. Heute ist in der Anlage ein Museum untergebracht, in dem die Geschichte Dänemarks im Ersten Weltkrieg thematisiert wird. @ wnp333

Greve DK

- **Greve Museum**, Bækgårdsvej 9, ☎ 43404036 ✉ Das kulturhistorische Museum informiert über die alte Hedebokultur. @ adm713

Greve Strand (Greve) DK

- **Greve Svømmehal**, Jørgen Bachs Plads 1, ☎ 43979527, @ ijm544

16 In Hundige zweigen Sie nach der großen Ampelkreuzung vom **Hundige Strandvejen** rechts ab in die Sackgasse **Digevej**.

Hundige Strand (Greve) DK

- **Hundige Havn og Turistkontor**, Hejren 24, ☎ 43908618, @ iay453
- **Portalen – Teater- & Musikhus (Kulturzentrum)**, Portalen 1, ☎ 43978300

> **TIPP:** Mit der S-Bahn erreichen Sie nach 20 Min. das Zentrum von Kopenhagen.

Am Ende der Straße weiter geradeaus und dem Radweg folgen ⟿ am Hafen entlang ⟿ die Straße kreuzen und nach rechts ⟿ in der Rechtskurve nach links in den **Lyngstien** ⟿ am Wendekreis führt der Radweg nach links weiter ⟿ auf dem **Hjelmestien** am Strand entlang ⟿ vor dem **Arken Museum für Moderne Kunst** biegt der Radweg in einem Linksbogen vom Strand ab ⟿ Sie fahren auf dem **Vallensbæk Havnevej** bis zum Abzweig **Nældestien**, geradeaus geht es nach Ishøj hinein.

Ishøj

- **Arken Museum for Moderne Kunst (Museum für Moderne Kunst)**, Skovvej 100, ✆ 43540222 ⊕ In dem Museum wird dänische, nordische und internationale Kunst seit 1945 gezeigt. Neben Kunstwerken der Malerei, Grafik und Skulptur gibt es auch Ausstellungen zu Musik, Tanz, Film und Bühnenkunst. Das Gebäude an sich ist ebenso interessant. Der Architekt Søren Robert Lund verlieh ihm die Form eines Schiffes bzw. einer Arche (Arken). @ lla554

- **Thorsbro vandværk (Wasserwerk)**, Allévej 27, ✆ 43577257 ⊕ Das interessante Gebäude war von 1908 bis 1985 in Betrieb, um Kopenhagen mit Wasser zu versorgen. Heute ist es als Museum eingerichtet. @ qwa188

- **Ishøj Kirke**, Ishøj Bygade. Diese Kirche, eine typisch mittelalterliche Dorfkirche, birgt eine besondere Attraktion: die 1970 freigelegten glasierten mittelalterlichen Bodenfliesen. Se-

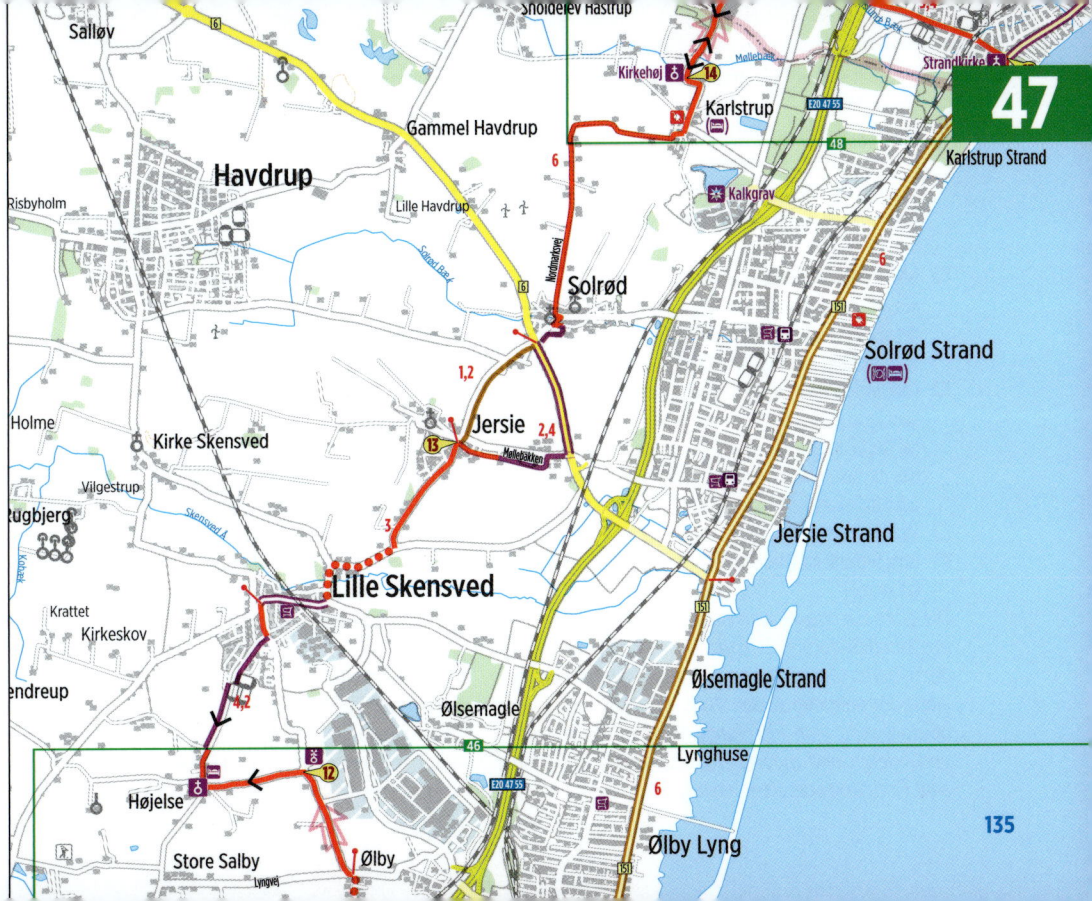

47

135

henswert ist auch die geschnitzte Kanzel und die antike Glocke (1620).

❋ **Bredekærgård (Bauernhof)**, Tranegilde Bygade 4, ✆ 23375546, 🕐 tägl. 10-17 Uhr. Der Bauernhof wird heute noch so bewirtschaftet wie zwischen 1930 und 1950. Alle hier gehaltenen Tiere gehören zu den vom Aussterben bedrohten Haustierrassen. @ ewe828

❋ **Ishøj Dyrepark (Tierpark)**, Brentevej 28, ✆ 43577777. Ursprünglich wurde das Gelände vom Kopenhagener Zoo dazu verwendet, die Tiere zur Erholung auszusetzen. Mittlerweile sind die Tiere aber hier sesshaft. @ nmp156

❋ **Park**. In der Parkanlage gibt es neben dem Springbrunnen und dem Rosengarten auch eine Eisbärenskulptur zu sehen. Diese hat der Bildhauer Sven Bovin gestaltet. Jedes Jahr finden sich hier die Abiturienten nach ihren Prüfungen im Juni zum Tanz um den Eisbären ein.

❋ **Strandpark Ishøj**, Baldersbækvej 6, ✆ 43577777, @ cnj787

🏊 **Ishøj Svømmehal (Hallenbad)**, Ishøj Store Torv 14, ✆ 43577172, @ kom551

Die erste nachgewiesene Besiedlung in Ishøj geht auf das Jahr 1688 zurück. Zahlreiche christliche Grabhügel in der näheren Umgebung verweisen jedoch auf eine noch ältere Vergangenheit der Stadt. Die Menschen lebten überwiegend vom Fischfang. Als die Süßwasserseen verlandeten und moorig wurden, fuhren die Fischer zum Fischfang aufs Meer hinaus.

Der Strandpark Ishøj ist eines der größten Eindämmungsprojekte Nordeuropas. Durch die Maßnahmen ist ein großes Erholungsgebiet mit Badestränden, Wander- und Radwegen entstanden.

Ishøj ist in den letzten 30 Jahren stark gewachsen – die Einwohnerzahl stieg von 3.000 auf über 23.000. Der Zuwachs hängt mit der Nähe zur Hauptstadt – Kopenhagen ist lediglich 15 Kilometer entfernt – und mit der Entwicklung der Stadt zu einem interessanten Touristenort zusammen.

17 Sie wenden sich nach rechts und fahren an der Schranke vorbei in den **Nældestien** ～ an der Kreuzung mit der Vorfahrtsstraße biegen Sie rechts ab und radeln auf dem Radweg entlang des **Vallensbæk Havensvej**.

Brøndby Strand 🇩🇰

Vorbei an den Parkplätzen und auf dem Radweg hinter den Dünen parallel zum Strand weiter ～ nach den Seen dem Radweg nach links folgen ～ **18** rechts unter der breiten Straße hindurch.

> **TIPP** Hier verlassen Sie die dänische Nationalroute 9 und folgen ab sofort der Nationalroute 6 nach Kopenhagen hinein.

Nach der Unterführung rechts halten und parallel zum Kanal weiter ～ in einem Linksbogen unter der Autobahn hindurch, dann an der T-Kreuzung rechts ～ bevor es beim Rastplatz in den Ort hinein geht,

nach rechts und auf dem Radweg parallel zum Ort weiter ～ an der T-Kreuzung vor der Bucht rechts und erneut unter der Autobahn hindurch, gleich danach wenden Sie sich nach links ～ parallel zur Autobahn geht es über die **Kalvebod Broen** weiter ～ **19** gleich nach der Brücke zweigen Sie im spitzen Winkel nach rechts ab und rollen zur Küste hinab ～ unten am Uferweg nach rechts, unter der Autobahn hindurch und am Ufer entlang weiter ～ unter den Bahngleisen und der Straße hindurch ～ bei der Schleuse an der querenden Straße **Ved Slusen** kurz nach rechts, dann gleich darauf links über die Brücke ～ der Weg führt wieder ans Ufer zurück ～ am Ende des Weges geradeaus auf den **Nokken Strandvej** ～ nach dem Schlenker geradeaus weiter auf der Straße, wenig später beginnt ein straßenbegleitender Radweg ～ unter der **Langebro** hindurch, gleich danach rechts zur Straße hinauf und über die Brücke.

> **VARIANTE** Sie können auch noch ein kurzes Stück geradeaus weiter fahren und dann links die neue Geh- und Radwegbrücke nutzen. Danach fahren Sie auf der Vester Volgade bis zum Rathaus, wo Sie dann links zum Bahnhof kommen.

20 An der Kreuzung bei der **Ny Carlsberg Glyptotek** nach links in die **Tietjensgade** ～ es geht am Tivoli entlang, dann gleich danach rechts zum Hauptbahnhof.

København 🇩🇰

- **Københavns Turistinformation**, Vesterbrogade 4, ✆ 70222442, @ ten344
- **Meet the Danes**, Nyhavn 65, ✆ 23284347, @ lkk365
- **Arbejdermuseet (Arbeitermuseum)**, Rømersgade 22, ✆ 33932575 Die Kultur und Geschichte der dänischen Arbeiterklasse seit 1850. @ crj217
- **Charlottenborg Udstillingsbygning (Ausstellungshalle)**, Nyhavn 2, ✆ 33744639 In dem Museum wird internationale und dänische Moderne Kunst gezeigt. @ ncc575
- **Davids Samling (Sammlung David)**, Kronprinsessegade 30-32, ✆ 33744949 Das Kunstmuseum ist in dem Haus untergebracht, wo einst der berühmte Anwalt und Kunstsammler Christian Ludwig David lebte. Hier werden drei Sammlungen gezeigt: Islamische Kunst (7.-19. Jh.), Europäische Kunst des 18. und 19. Jhs. sowie moderne Dänische Kunst. @ rsq216
- **Designmuseet (Designmuseum)**, Bredgade 68, ✆ 33185656 Gezeigt werden dänisches und ausländisches Kunstgewerbe sowie Design vom Mittelalter bis zur Gegenwart. @ dxh135
- **Det Danske Filminstitut (Dänisches Filmmuseum)**, Gothersgade 55, ✆ 33743400, @ gkw512
- **Frihedsmuseet (Freiheitsmuseum)**, Esplanaden 13, ✆ 41206080 In dem Museum wird der dänische Widerstand zwischen 1940 und 1945 thematisiert. Bei einem Brand wurde das alte Museumsgebäude zerstört, der Neubau vom dänischen Archi-

tekturbüro Lundgaard & Tranberg Arkitekter wurde im Jahr 2020 eröffnet. Das Museum befindet sich zum großen Teil unterirdisch. @ cbx338

🏛 **Hirschsprungske Samling (Sammlung Hirschsprung)**, Stockholmsgade 20, ✆ 35420336 ⓘ Malereien, Skulpturen, Zeichnungen und Möbel vom 19. und Anfang des 20. Jhs. @ kpw315

🏛 **Kongelige Stalde og Kareter (Königlicher Hofstall)**, Christiansborg Ridebane 12, ✆ 33402676 🚗 Kutschensammlung

🏛 **Krigsmuseet**, Tøjhusgade 3, ✆ 41206080 ⓘ Im 400 Jahre alten Zeughaus-Gebäude werden u. a. Waffen und Rüstungen ausgestellt. @ ajp332

🏛 **Kunstforeningen (Kunstverein)**, Gammel Strand 48, ✆ 33360260 ⓘ Das Kunstmuseum zeigt ständig wechselnde Ausstellungen moderner und zeitgenössischer Kunst. @ tgy847

🏛 **Københavns Museum (Stadtmuseum)**, Stormgade 18, ✆ 21764366 🚗 Anhand von Gemälden, Modellen und Ausstellungsstücken wird Besuchern die Geschichte Kopenhagens nähergebracht. @ sol426

🏛 **Nationalmuseet (Nationalmuseum)**, Ny Vestergade 10, Prinsens Palæ, ✆ 33134411 ⓘ Königl. Münz- und Medaillensammlung, Antik- und ethnografische Sammlung und dänische Sammlungen von der Steinzeit bis zur Neuzeit. @ hty342

🏛 **Nikolaj Kunsthal (Kunsthalle Nikolaj)**, Nikolaj Plads 10, ✆ 24227127 ⓘ In dem beeindruckenden Kirchengebäude wird vorwiegend dänische und internationale Gegenwartskunst gezeigt. @ kea373

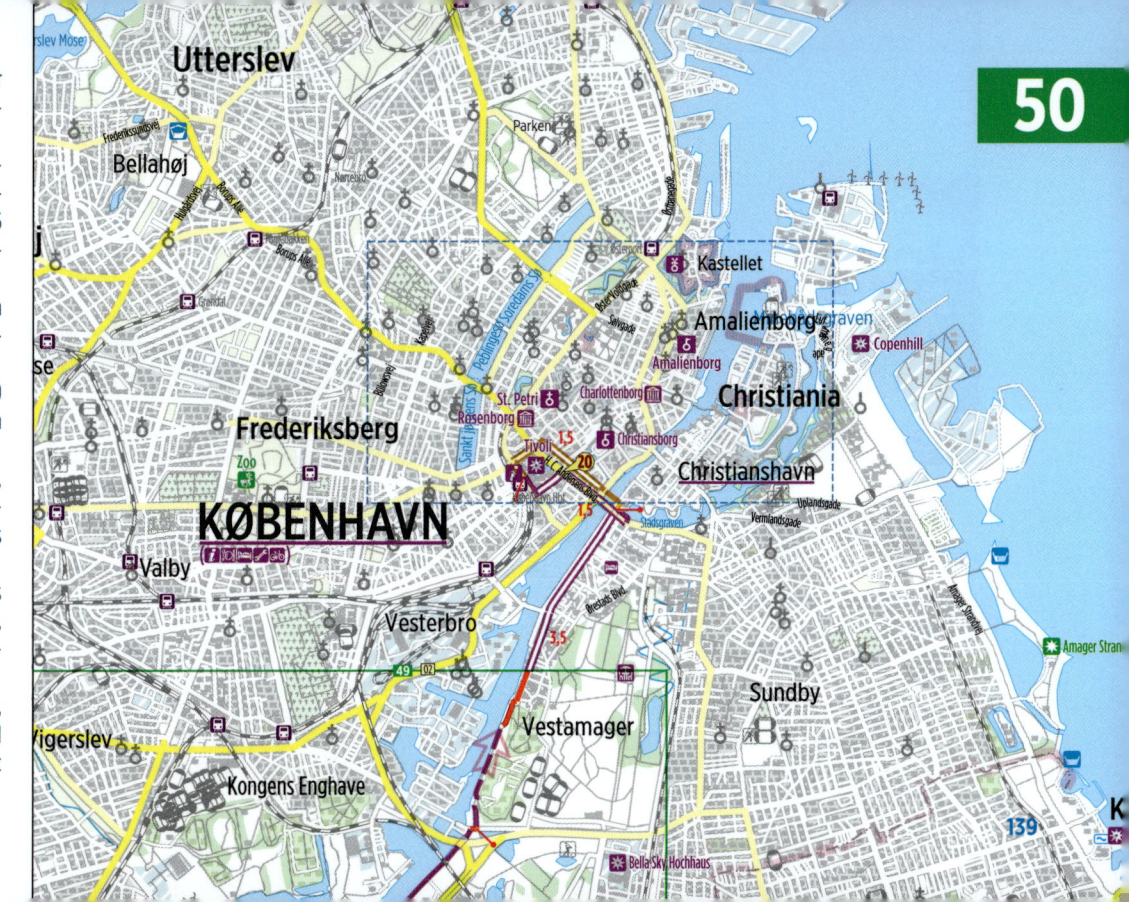

Kopenhagen, Nyhavn

🏛 **Ny Carlsberg Glyptotek (Neue Carlsberg Glyptothek)**, Dantes Plads 7, ✆ 33418141 🕒 Die Glyptothek besitzt griechische, etruskische, römische und ägyptische Sammlungen, Malereien und Skulpturen französischer Impressionisten und dänischer Romantiker des 19. und 20. Jhs. @ yap378

🏛 **Rosenborg Slot**, Øster Voldgade 4A, ✆ 33153286 🌐 In dem Schloss gibt es Schätze und Kronjuwelen der Dänischen Königsfamilie (15. Jh.-19. Jh.) und Mobiliar (1606-33) zu sehen. @ pxw255

🏛 **Statens Museum for Kunst (Dänische Nationalgalerie)**, Sølvgade 48-50, ✆ 33748494 🕒 Themen: Kunst vom 14. Jh. bis heute, Malereien, Zeichnungen, Skulpturen, Installationen u. a. von dänischen und von international bekannten Künstlern, wie Matisse, Kirkeby, Rembrandt. Außerdem: spezielles Kindermuseum mit kindgerechten Aktionen. @ jff366

🏛 **Teatermuseet (Theatermuseum)**, Christiansborg Ridebane 18, ✆ 33115176, 🕒 Di-So 12-16 Uhr. In dem Museum, das im alten Hoftheater (1767) untergebracht ist, wird die Geschichte des dänischen Theaters vom 18. Jh. bis heute dargestellt. @ uom511

🏛 **Thorvaldsen Museum**, Bertel Thorvaldsen Plads 2, ✆ 21687568 🕒 Skulpturen und gesammelte Werke des Kopenhagener Bildhauers Bertel Thorvaldsen (1770-1844). @ ayg707

⛪ **St. Petri**, Sankt Peders Stræde 2. Die älteste Kirche der Stadt aus dem Jahr 1304 diente im 16. Jh. als Kanonengießerei. @ pdh455

⛪ **Trinitatis**, Købmagergade 52A, ✆ 33376540. Im Gebäude ist die königl. Bibliothek untergebracht. Der Turm, 35 m hoch und damit beliebter Aussichtsturm, wurde früher für astronomische Beobachtungen genutzt. @ kcx731

⛪ **Vor Frelsers Kirke (Erlöserkirche)**, Sankt Annæ Gade 29, ✆ 32546883 🌐 Der Aussichtsturm dieser Kirche ist 90 m hoch – die letzten Stufen muss man auf einer schwindelerregenden Wendeltreppe zurücklegen. @ jia478

⛪ **Amalienborg Slot**, Christian VIII's Palæ, ✆ 33153286, 🕒 mind. Di-So 10-15 Uhr, Besichtigung einiger Privaträume aus der Zeit von 1863-1972, Wachablösung auf dem Schlossplatz: tägl. 12 Uhr. Das Schloss ist der Wohnsitz der dänischen

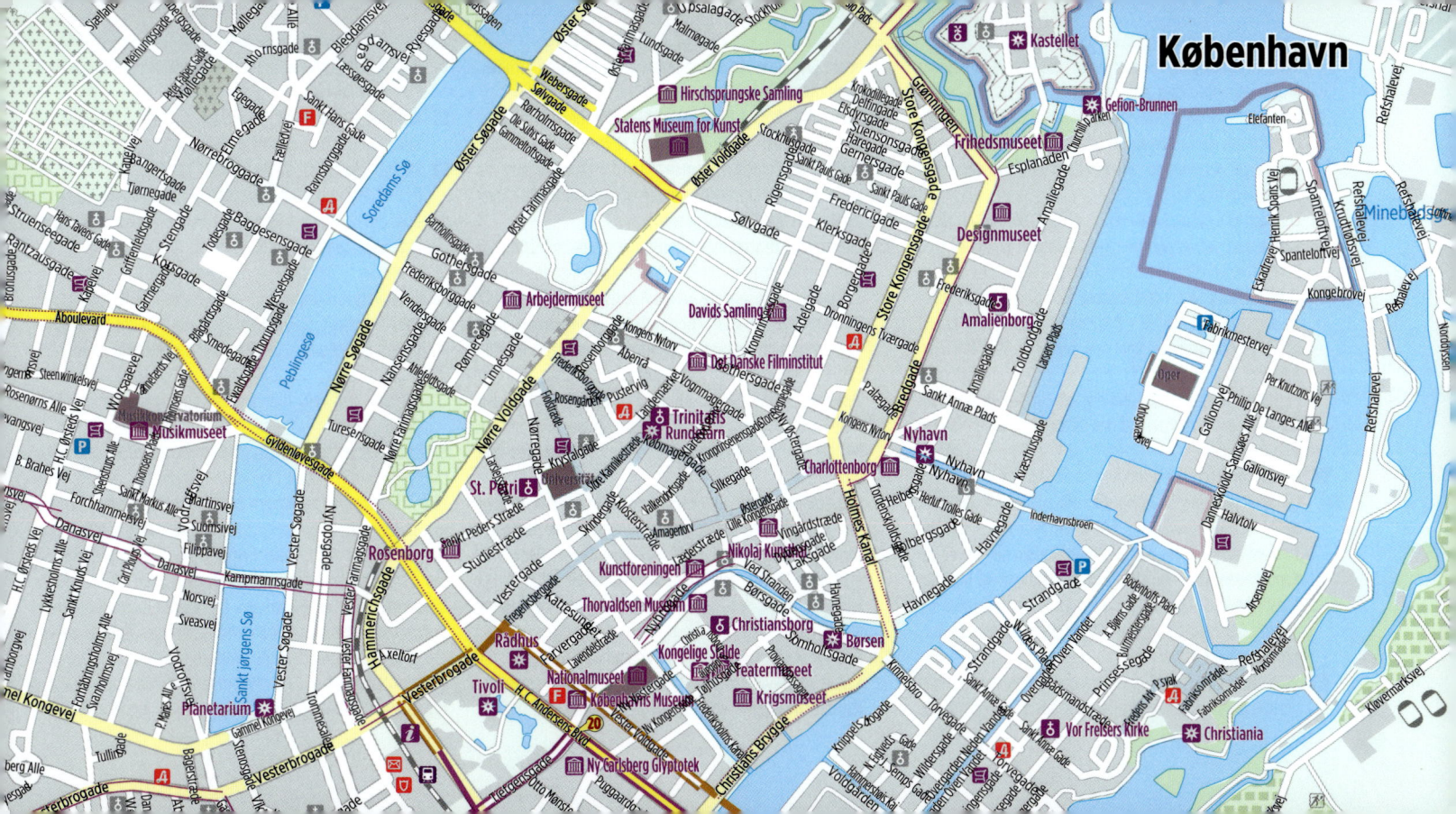

Königlichen Familie. Die vier Palais, die jeweils aus einem großen Mittelbau und angewinkelten Seitenflügeln bestehen, wurden in der Mitte des 18. Jhs. errichtet und gruppieren sich um den achteckigen Schlossplatz. Die prachtvolle Anlage gilt als eines der wichtigsten Werke des dänischen Barock. @ ftc323

- **Christian VII's Palais**, Amalienborg, ✆ 33153286. Der königliche Gästepalast, der vor allem der Repräsentation diente, kann im Rahmen einer Führung besichtigt werden. @ ldq263

- **Christiansborg Slot**, Christiansborg Slotsplads, auf der Insel Slotsholmen, ✆ 33926492, ⊙ Ruinen unter dem Schloss und königl. Empfangsräume: April-Juni, Sept., Okt., tägl. 10-17 Uhr, Juli, Aug., tägl. 10-18 Uhr, Okt.-März, Di-So 10-17 Uhr, tägl. offene Führungen in dänisch und englisch. In dem größten der Kopenhagener Schlösser hat das dänische Parlament seinen Sitz. @ uhy215

- **Rundetårn (Der runde Turm)**, Købmagergade 52A, ✆ 33730573, ⊙ April-Sept., tägl. 10-20 Uhr, Okt.-März, tägl. 10-18 Uhr, Di, Mi 10-21 Uhr. König Christian IV. ließ in der Mitte des 17. Jhs. den Turm erbauen, der bis 1861 als Observatorium der Universität Kopenhagen diente. Auch heute noch beherbergt der Turm das älteste funktionsfähige Observatorium Europas. Mittlerweile gilt das Gebäude als Touristenattraktion und beliebter Aussichtspunkt. @ qsd617

- **BLOX**, Bryghuspladsen. Das Rotterdamer Architekturbüro OMA entwarf das beeindruckende Gebäude aus aufeinandergestapelten Glaskuben. Es beherbergt u. a. das dänische Architekturzentrum. @ vjx281

- **Børsen (Alte Börse)**, Børsgade, ✆ 33746000. Der Renaissancebau aus den Jahren 1619-1640 gilt bei einigen als das schönste Gebäude der Stadt. Vor allem der 54 m hohe Turm in Form von verschlungenen Drachenschwänzen ist markant. Heute ist hier die Handelskammer untergebracht.

- **Christiania**, Christianshavn. Christiania gehört mit Sicherheit zu den interessantesten Stadtteilen Kopenhagens und ist auf eine ganz besondere Art ein Aushängeschild der Stadt. 1971 wurde der „Freistaat Christiania" als soziales Experiment gegründet und bekam 1986 einen begrenzten legalen Status. Kein „normaler" Stadtteil eben, sondern ein interessantes Zeugnis der Off-Kultur: Es gibt keine Autos, sehr viele Tiere und der Drogenhandel wird offener gehandhabt. Die berühmten Christiania Lastendreiräder werden hier produziert.

- **Christianshavn**. Der Stadtteil wird aufgrund der schönen Häuser und einiger Kanäle auch als „Klein-Amsterdam" bezeichnet

- **Copenhill**, Vindmøllevej 6, ✆ 71967197. Auf dem Dach einer markanten Müllverbrennungsanlage wurde ein futuristischer Freizeithügel angelegt – mit Skipiste, Wanderweg, Kletterwand etc. @ nif632

- **Den lille Havfrue (Die kleine Meerjungfrau)**, Langelinie. Die Statue am Hafen ist das Wahrzeichen Kopenhagens. Der Künstler Edvard Erichsen schuf 1913 diese relativ kleine Skulptur nach dem gleichnamigen Märchen des dänischen Dichters Hans Christian Andersen.

- **Kastellet (Festung)**, Gl. Hovedvagt, Kastellet 1. Die Reste der Festung aus dem 17. Jh. sind in einer Grünanlage zu besichtigen.

- **Rådhus (Rathaus)**, Rådhuspladsen 1, ⊙ Mo-Fr 9-16 Uhr, Sa 9.30-13 Uhr. Turmbesteigung möglich. Das Rathaus wurde gegen Ende des 19. Jhs. nach Plänen des Architekten Martin Nyrop im nationalromantischen Stil errichtet. Am Haupteingang des Gebäudes befindet sich eine sehenswerte astronomische Uhr.

- **Tivoli**, Vesterbrogade 3, am Hauptbahnhof, ✆ 33151001, ⊙ Ende März-Ende Sept., So-Do 11-23 Uhr, Fr, Sa 11-24 Uhr. Der weltberühmte Vergnügungs- und Erholungspark im Zentrum der Stadt wurde bereits im Jahr 1843 eröffnet und gilt somit als einer der ältesten weltweit. Hier werden auch Konzerte gegeben. @ tdg332

Erstmalig erwähnt wurde Kopenhagen im 11. Jahrhundert als Havn (Hafen). Der kleine Fischerort entwickelte sich zunehmend zu einem bedeutenden Handelsplatz. Im Schutze der befestigten Burg, die der Bischof von Absalon Ende des 12. Jahrhunderts errichten ließ, wuchs der Ort zu einer florierenden Handelsstadt, die 1254 das Stadtrecht verliehen bekam. Die vielen Kaufleute (dän. Købmand), die hier mit ihren Waren handelten, gaben der Stadt schließlich ihren Namen – Købmandshavn. Unter König Erik VII. von Pommern wurde Kopenhagen im Jahre 1416 Hauptstadt Dänemarks. Im 16./17. Jahrhundert erlebte die Stadt eine weitere Blütezeit. König Christian IV. vergrößerte sie drastisch. Prachtbauten wie der Runde Turm, einige Schlösser und die einzigartige Warenbörse wurden während seiner Amtszeit erbaut und Kopenhagen entwickelte sich zu einem bedeutenden kulturellen und wirtschaftlichen Zentrum Skandinaviens.

Mit dem Eintritt in den Dreißigjährigen Krieg und dem Scheitern der dänischen Armee, verlor Dänemark große Gebiete unter anderem an Schweden. Es herrschte Hunger und Armut. Das Dänische Königreich büßte in den folgenden Jahrhunderten weitere Teile seines Territoriums ein, sodass Kopenhagen, einst auch geographisches Zentrum des Königreiches, nun bald nahe der dänischen Grenze lag.

Einen wirtschaftlichen und politischen Aufschwung erlebte das Land und die Stadt Kopenhagen im Jahr 1830 mit der Einführung der demokratischen Ständeversammlung. Damit begann auch eine Blütezeit für Kunst, Kultur und Literatur. Mit Beginn der Industrialisierung setzte endgültig der wirtschaftliche Aufschwung ein und der Staat wurde Ende des 19. Jahrhunderts zu einem Sozialstaat umgewandelt.

Kopenhagen ist eine kulturell interessante europäische Großstadt und die wichtigste Handels- und Industriestadt Dänemarks. Sie hat ihre Bedeutung als Drehscheibe Skandinaviens mit der Eröffnung der Øresundbrücke weiter gefestigt.

Touristenmagnete dieser lebendigen Metropole sind neben der historischen Altstadt und dem Tivoli – dem Herz der Stadt – der Nyhavn, wo sich ein Restaurant an das andere reiht. Kunstinteressierte werden vom Stadtteil Frederikstaden angezogen, der als die stilreinste Rokokoanlage Europas angesehen wird. Nicht weit von hier finden Sie den Wohnsitz der Königsfamilie, Schloss Amalienborg, wo Scharen von Touristen pünktlich um 12 Uhr die Wachablösung beobachten.

Und von beinahe jedem Touristen fotografiert wird das wohl bekannteste Wahrzeichen Kopenhagens: Die kleine Meerjungfrau.

> Sie haben nun das Ende Ihrer Radreise erreicht. Wir hoffen, Sie hatten einen erlebnisreichen und interessanten Radurlaub und freuen uns, dass Sie ein *bikeline*-Radtourenbuch als Begleiter gewählt haben.
>
> Das gesamte *bikeline*-Team wünscht Ihnen eine gute Heimreise!

Kopenhagen, Kleine Meerjungfrau

Übernachtungs- und Serviceverzeichnis

Kategorien

- **i** Tourist-Information
- **H** Hotel
- **Hg** Hotel garni
- **Gh** Gasthof, Gasthaus
- **P** Pension, Gästehaus
- **Pz** Privatzimmer
- **Ho** Hostel
- **Mo** Motel
- **NF** Naturfreundehaus
- **AH** Apartmenthotel
- **BB** Bed and Breakfast
- **B** Bungalow
- **Fw** Ferienwohnung (Auswahl)
- **Bh** Bauernhof
- **Hh** Heuhotel
- **S** Sonstiges
- Jugendherberge, -gästehaus
- Campingplatz
- Zeltplatz (Naturlagerplatz)

Die Auflistung stellt keine Empfehlung einzelner Betriebe dar und erhebt keinen Anspruch auf Vollständigkeit. Um das Verzeichnis stets aktuell zu halten, sind wir für Mitteilungen bezüglich Änderungen jeder Art dankbar. Der einfache Eintrag erfolgt für die Betriebe natürlich kostenfrei, aus Platzgründen können wir diesen allerdings nicht garantieren. Vor allem in Tourismusgebieten mit großem Übernachtungsangebot muss die Liste aus Platzgründen automatisiert leicht gekürzt werden.

Kennzeichnung

- I Preiskategorie unter € 25,–
- II Preiskategorie € 25,– bis € 35,–
- III Preiskategorie € 35,– bis € 50,–
- IV Preiskategorie € 50,– bis € 70,–
- V Preiskategorie € 70,– bis € 100,–
- VI Preiskategorie über € 100,–
- o.F. kein Frühstück angeboten
- HP mit Halbpension
- nur Zimmer mit Etagenbad
- Bett+Bike Betrieb
- 2.5 Entfernung vom Weg in Kilometer Luftlinie

Preise

Die Preise gelten als Richtwert pro Person in einem Doppelzimmer mit Dusche oder Bad inkl. Frühstück.
Die angegebenen Preiskategorien entsprechen dem Stand des Erhebungs- bzw. Überarbeitungszeitraumes und können sich von den tatsächlichen Preisen unterscheiden. Besonders während Messezeiten, aufgrund von unterschiedlichen Zimmertypen und nicht zuletzt saisonal bedingt sind preisliche Schwankungen möglich.

Radwerkstätten u. -vermietung

- Fahrradwerkstatt
- Servicestation od. -automat
- Fahrradvermietung
- E-Bike Verleih
- E-Bike Ladestation
- abschließbare Abstellanlagen

Entfernung

Die blaue Zahl (2.5) beim Betrieb gibt die Entfernung zur Route in Kilometern an. Bitte beachten Sie, dass sich diese Zahl auf die Luftlinie bezieht, ohne Berücksichtigung der Höhenmeter und der tatsächlichen zurückzulegenden Strecke.

Updates & Korrekturen

Aktuelle Korrekturen zum Übernachtungsverzeichnis erhalten Sie über das LiveUpdate auf *www.esterbauer.com*.

Bitte beachten Sie, dass aufgrund der Corona-Pandemie in den letzten Jahren zahlreiche Betriebe einerseits geschlossen wurden, andererseits sich die Preise maßgeblich verändert haben. Diese Veränderungen im Bereich der Übernachtungsbetriebe werden uns noch einige Jahre begleiten. Das bikeline-Team ist ständig bemüht, die Daten anzupassen und zu korrigieren. Wir bitten jedoch um Verständnis, wenn sich manchmal Fehler einschleichen sollten. Unser LiveUpdate hilft Ihnen dann weiter.

Alle mit dem Bett+Bike-Logo gekennzeichneten Betriebe erfüllen die vom ADFC vorgeschriebenen Mindestkriterien als „Fahrradfreundliche Gastbetriebe" und bieten darüber hinaus so manche Annehmlichkeit für Radfahrer. Detaillierte Informationen finden Sie unter *www.bettundbike.de*.

Berlin/Mitte
Vorwahl: 030
- Tourist Info Brandenburger Tor, Pariser Pl., südliches Torhaus, ✆ 25002333 ⓘ
- Kastanienhof, Kastanienallee 65, ✆ 44305-0, IV-VI ⓩ
- Arte Luise, Luisenstr. 19, ✆ 28448-0, III-VI 0.5
- Seminarhaus S1516 Berlin, Schönholzer Str. 16, ✆ 0151/25308747, III-IV ⓩ
- Heart of Gold Hostel Berlin, Johannisstr. 11, ✆ 29003300, III ⓘ
- baxpax downtown Hostel Hotel, Ziegelstr. 28, ✆ 27874880, II-III ⓘ
- ApartHotel Residenz Am Deutschen Theater, Reinhardtstr. 27a - 31, ✆ 2800810, V-VI 0.5
- FahrRadFrank, Torstr. 220, ✆ 28599750 ⓘ
- PRÊT À VÉLO, Fehrbelliner Str. 83, ✆ 24637912 ⓩ
- Radwelt Mitte, Leipziger Str. 56, ✆ 80494670 ⓘ
- nanobike Cube-Store, Karl-Marx-Allee 46, ✆ 23326421, ✆ 233264375 (Werkstatt) ⓘ

Berlin/Tiergarten
Vorwahl: 030
- DJH Jugendherberge Berlin-International, Kluckstr. 3, ✆ 747687910 ⓘ
- Crowne Plaza Berlin City Centre, Nürnberger Str. 65, ✆ 210070, IV-V ⓘ
- Flottwell Berlin Hotel & Residenz am Park, Flottwellstr. 18, ✆ 26397980, III-IV ⓩ
- Fahrrad-Doktor, Pohlstr. 52, ✆ 23002171 0.5

Berlin/Wedding
Vorwahl: 030
- Francis Fahrradservice, Seestr. 104, ✆ 0160/96638797 ⓘ

Berlin/Moabit
Vorwahl: 030
- Tourist-Information, Europapl., im Hauptbahnhof, ✆ 25002333 0.5
- Les Nations, Zinzendorfstr. 6, ✆ 55233484, IV-V ⓘ
- Mercure Hotel Moa Berlin, Stephanstr. 41, ✆ 3940430, IV-V ⓘ
- Jugendgästehaus Hauptbahnhof, Lehrter Str. 68, ✆ 6903333, II-III ⓘ
- Fahrradshop Gerhardt, Wilsnacker Str. 11, ✆ 39902817 1.5
- Velophil, Alt-Moabit 72, Moabit, ✆ 39902116 ⓘ

Berlin/Charlottenburg
Vorwahl: 030
- Econtel Hotel Berlin, Sömmeringstr. 24-26, ✆ 346810, III-VI 0.5
- Conrad 2 Fahrräder, Schlüterstr. 16, ✆ 31808480 0.5
- Radstätte, Wilmersdorfer Str. 155, ✆ 74763747 0.5
- formelbike, Sybelstr. 54, ✆ 0174/4030129 1.5

Berlin/Spandau
Vorwahl: 030
- Tourist-Information Berlin-Spandau im Gotischen Haus, Breite Str. 32, ✆ 3339388 0.5
- Benn, Ritterstr. 1a + 15, ✆ 3539270, III-IV 0.5

Berlin/Hakenfelde
Vorwahl: 030
- Boutique Hotel Fährhaus, Aalemannufer 31, ✆ 89788466, IV ⓘ
- VCH-Hotel Christophorus, Schönwalder Allee 26/3, ✆ 336060, IV ⓘ
- GrünSchlaf, Gliensteig 4, ✆ 3754888, ✆ 0170/2022664, III 1.5
- Berliner Camping Club, Niederneuendorfer Allee 63, ✆ 3354584 ⓘ
- Stefans Fahrradshop, Reußstr. 2, ✆ 3352348 0.5

- Brauhaus Spandau, Neuendorfer Str. 1, ✆ 3539070, IV ⓘ
- Centrovital, Neuendorfer Str. 25, ✆ 818750, V-VI 0.5
- Herbst, Moritzstr. 20, ✆ 3537000, IV ⓘ
- Holiday Inn Hotel Berlin City-West, Rohrdamm 80, ✆ 383890, IV ⓘ
- Hotel & City Camping Nord, Gartenfelder Str. 1, ✆ 33503633, II-III ⓘ
- Ibis Berlin Spandau, Klosterstr. 4, ✆ 335020, IV ⓘ
- Kallmeyer, Seegefelder Str. 75, ✆ 3332272, III-IV ⓘ
- Landhaus Perle, Falkenseer Damm 17, ✆ 33939065, ✆ 33939064, IV 0.5
- Lindenufer, Breite Str. 36, ✆ 3537700, IV-V 0.5
- Select Hotel Berlin Spiegelturm, Freiheit 5, ✆ 330980, IV ⓘ
- Senscity Hotel Berlin Spandau, Heidereuterstr. 37/38, ✆ 330720, IV-V ⓘ

Nieder Neuendorf (Hennigsdorf)
Vorwahl: 03302
- Stadtinformation, Rathauspl. 1, Hennigsdorf, ✆ 877320 ⓘ

Hennigsdorf
Vorwahl: 03302
- Stadtinformation, Rathauspl. 1, ✆ 877320 ⓘ
- T3 Budget Berlin-Hennigsdorf, Veltener Str. 20, ✆ 4941550, III ⓘ
- Wyndham Garden Hennigsdorf Berlin, Fontanestr. 110, ✆ 78750, IV-V ⓘ
- Zweirad Ebert, Berliner Str. 48, ✆ 224100 0.5

Hohenschöpping (Velten)
Vorwahl: 03304
- Landhotel Hohenschöpping, Hohenschöpping 2, ✆ 32151, III 0.5

Ein Herz für Radfahrer?

Inserate in *bikeline*-Radtourenbüchern kosten wenig und bringen viel.

Stellen Sie hier die Vorzüge Ihres Betriebes vor.

Tel: 0043/2983/28982-211
E-Mail: werbung@esterbauer.com

Hohen Neuendorf
Vorwahl: 03303
- 🏨 Zum Grünen Turm, Oranienburger Str. 58, ✆ 29690, ✆ 501669, III 1.5
- 🅿 Strammer Max, Schönfließer Str. 16a, ✆ 405050, III 2
- 🚲 Fahrradhaus Schmutzler, Wilhelm-Külz-Str. 32b, ✆ 500761 2
- ⚡ E-Ladesäule Rathaus Hohen Neuendorf, Oranienburger Str. 2 1.5

Birkenwerder
Vorwahl: 03303
- ℹ Tourist-Information, Clara-Zetkin-Str. 13, ✆ 290147 0
- 🏨 Andersen Hotel Birkenwerder, Clara-Zetkin-Str. 11, ✆ 29460, IV⊙ 0
- 🏨 Hotel Birkenwerder, Clara-Zetkin-Str. 9, ✆ 508122 0
- 🅿 Birkenhof, Clara-Zetkin-Str. 12, ✆ 402847, II 0

Borgsdorf (Hohen Neuendorf)
Vorwahl: 03303
- 🚲 Zweirad-Butzke, Berliner Str. 1a, ✆ 502414 0
- ⚡ E-Ladesäule S-Bahn Borgsdorf, Berliner Str. 1 0

Oranienburg
Vorwahl: 03301
- ℹ Tourismus und Kultur Oranienburg gGmbH, Tourist-Information, Schlosspl. 2, ✆ 5220040, IV 0
- 🏨 Stadthotel Oranienburg, André-Pican-Str. 23, ✆ 6900, IV⊙ 0.5

Andersen Hotel Birkenwerder
Clara-Zetkin-Str. 11
16547 Birkenwerder
Tel.: 03303/2946-0
Fax: 03303/2946-155
www.andersen-hotel.de
birkenwerder@andersen-hotel.de

23 Gästezimmer bieten Ihnen einen hohen Standard an Komfort und Gemütlichkeit. Angebote für Rad-Touristen: Kostenlose Unterstellmöglichkeit für Fahrräder in der Hotelgarage. Auf Wunsch: Lunchpakete als "Marsch-Verpflegung".
EZ: von € 65,00 - € 81,00 p.Tg.
DZ: von € 75,00 - € 90,00 p.Tg.
Alle Preise exkl. Frühstück

Stadthotel Oranienburg
bett+bike adfc
Wir sind ein modernes 4 Sterne "Bett & Bike" Hotel und freuen uns auf Ihren Besuch.

16515 Oranienburg
André-Pican-Straße 23
Tel.: +49 (0) 33 01 / 690 - 0
Fax: +49 (0) 33 01 / 690 - 999
info@stadthotel-oranienburg.de
www.stadthotel-oranienburg.de

ORANJEHUS
Pension & Restaurant

- Alle Zimmer sind mit DU/WC und TV ausgestattet
- abwechslungsreiches Frühstücksbuffet
- freies WLAN
- Gemeinschaftsküche, Grillplatz
- ruhige, idyllische Lage
- Fahrradgarage

Clara-Zetkin-Str. 31 · 16515 Oranienburg
Tel.: +49 3301 83 50 972
pension@oranjehus.de
www.oranjehus.de

- 🏨 Oranjehus, Clara-Zetkin-Str. 31, ✆ 8350972, ✆ 0152/22651824, IV⊙ 3
- 🏨 An Der Havel, Albert-Buchmann-Str. 1, ✆ 6920, IV 1
- 🅿 Pension Anny, Berliner Str. 254, ✆ 5732200, o.F. 1.5
- 🅿 Sonnenburg, Robert-Koch-Str. 67, ✆ 59340 0.5
- 🏨 Sachsenhausen, Bernauer Str. 162, ✆ 203396, II 0
- 🚲 Fahrrad-Center-Hebestreit, Bötzower Pl. 7, ✆ 582885 1.5
- 🚲 Fahrradhaus Klaas, Bernauer Str. 10, ✆ 703830 1.5

Malz (Oranienburg)
Vorwahl: 03301
- 🏠 Ferienhaus am Alten Malzer Kanal, Am Malzer Kanal 2, ✆ 802912, ✆ 0173/9287302, II⊙ 0.5

Kreuzbruch (Liebenwalde)
Vorwahl: 033054
- 🏠 Gräben, Kreuzbrucher Str. 12, ✆ 62319, ✆ 0162/1362286, II⊙ 0.5
- 🏠 Kobert, Kreuzbrucher Str. 14b, ✆ 90829, ✆ 0160/6858323, II 1
- 🏠 Kottwitz, Kreuzbrucher Str. 1, ✆ 20516, ✆ 0172/4128894, I-II 3

Liebenwalde
Vorwahl: 033054
- 🏠 Wielandhof, Zehdenicker Str. 19, ✆ 0170/5635764 0.5
- 🏠 Zum alten Tresor, Bahnhofstr. 1, ✆ 61751, I 0.5

Hammer (Liebenwalde)
Vorwahl: 033054
- Hesselbarth, Poststr. 4, ☎ 60437, II 3.5

Neuholland (Liebenwalde)
Vorwahl: 033054
- Kastanienhof, Hamburger Chaussee 23a, ☎ 62749 3.5
- Ponyhof Steinbach, Nassenheidener Chaussee 27, ☎ 61029, IV-V 3.5

Zehdenick
Vorwahl: 03307
- Tourist-Information Zehdenick, Am Markt 11, Rathaus, ☎ 2877 0
- Havelschloss, Schleusenstr. 15b, ☎ 4290839, III-V 0
- Herberge „Am Dock", Schmelzstr. 9, ☎ 4218192, III 0.5
- Neues Vaterland, Berliner Str. 23, ☎ 2219, III 0
- Villa Veda – Ayurveda & Yoga, An der Hastbrücke 1, ☎ 3010724, ☎ 0176/32809595, III-IV 0
- Zehdenicker Wasserturm, Parkstr. 56a, ☎ 3092476 I
- Fahrrad Zehdenick, Dammhaststr. 50, ☎ 310032 0.5

Klein-Mutz (Zehdenick)
Vorwahl: 03307
- Lindenhof, Alter Anger 41, ☎ 0174/9417572, II 0
- Stresemann, Alter Anger 40, ☎ 312096, ☎ 0172/4879119, I-II 0
- Wünsche, Alter Anger 39a, ☎ 312098, II 0

Gransee
Vorwahl: 03306
- Tourist-Information im Heimatmuseum, Rudolf-Breitscheid-Str. 44, ☎ 21606, 0.5
- Landlust, Strelitzer Str. 13, ☎ 0171/3865023, IV 0.5
- Tommy's Fahrradschuppen, Mühlenstr. 5, ☎ 202358, ☎ 0174/1768457 0

Wendefeld (Gransee)
Vorwahl: 03306
- Gutsschänke, Wendefeld 1, ☎ 28178, ☎ 0177/2023661 z

Mildenberg (Zehdenick)
Vorwahl: 03307
- Tourist-Information Zehdenick, Am Markt 11,

Radlerhütten Zimmer von 30-98 Euro FeWo`s Willkommen!

Alter Hafen Gasthaus & Pension Direkt am Fern-Radweg, am Rand des Ziegeleiparks!
Ziegelei 11 · 16792 Zehdenick OT Mildenberg
+49(0)3307 – 301 570
www.gasthaus-alter-hafen.de

Rathaus, Zehdenick, ☎ 2877 0
- Gasthaus Alter Hafen, Ziegelei 11, ☎ 301870, III 0
- Wolfs Revier, Mildenberger Dorfstr. 62, ☎ 420899, ☎ 0174/6943248, II 0
- Marina Alter Hafen, Ziegelei 11, Ziegeleipark Mildenberg, ☎ 420504 0
- Ziegeleipark Mildenberg, Ziegelei 10, ☎ 310410, 0.5

Burgwall (Zehdenick)
Vorwahl: 033080
- Tourist-Information Zehdenick, Am Markt 11, Rathaus, Zehdenick, ☎ 03307/2877 0
- Zur Fähre, Havelstr. 49/50, ☎ 60244, III 0

Tornow (Fürstenberg/Havel)
Vorwahl: 033080
- Mühle Tornow, Neue Str. 1, ☎ 404850, IV 1.5

Seilershof (Gransee)
Vorwahl: 033085
- Campingplatz Seilershof, Hauptstr. 28a, ☎ 70311 0

Zernikow (Großwoltersdorf)
Vorwahl: 033082
- Groß, Feldstr. 3, ☎ 50432, ☎ 0160/2385006, IV 0.5
- Gut Zernikow, Zernikower Dorfstr. 43, ☎ 0174/4629240 0

Burow (Großwoltersdorf)
Vorwahl: 033082
- Zum Birkenhof, Waldstr. 1, ☎ 404848, III 2.5

Menz (Stechlin)
Vorwahl: 033082
- Naturcampingplatz am Roofensee, Nordufer, ☎ 50379 I

Rheinsberg
Vorwahl: 033931
- Tourist-Information, Mühlenstr. 15a, Remise am Schloss, ☎ 34940 0
- Keramikhotel, Friedrichszentrum 1, ☎ 349525, III-IV 0
- Precise Resort, Hafendorfstr. 1, ☎ 800800, IV-V 0.5
- Seehof, Seestr. 18, ☎ 4030, IV-V 0
- Seehotel Rheinsberg, Donnersmarckweg 1, ☎ 039931/3440, IV-VI 0
- Zum Jungen Fritz, Schlossstr. 8, ☎ 2168, IV 0
- Endler, Mühlenstr. 14, ☎ 2079, III-IV 0
- Am Rheinsberger Schlosspark, Fontanepl. 2, ☎ 39271, III 0
- Berger Tours Kanutouristik, Am Hellsee 2, ☎ 2042, ☎ 0171/8395112, II z
- Elfmeter, Menzer Str. 20, ☎ 80570, II 0
- Hofgarten, Menzer Str. 6, ☎ 2753, III 0
- Zu den Vier Jahreszeiten, Rhinstr. 4, ☎ 2424, III 0.5
- Zum Rheinsberger Leuchtturm, Schwanower Str. 33, ☎ 43890, III 1.5
- Appartementhaus am Grienericksee, Schillerstr. 8, ☎ 344890, III-V 0

Zechlinerhütte (Rheinsberg)
Vorwahl: 033921
- Haus Bikowsee, An der Junkerheide 1, ☎ 50711, III
- Hüttensee, August-Bebel-Pl. 1, ☎ 70344, III
- Flädrich, Rheinsberger Str. 21, ☎ 70233, II
- Berner Land, An der Junkerheide 4, ☎ 70283
- Eckernkoppel, Am Tietzowsee, ☎ 50941
- Naturcamp Bikowsee, An der Junkerheide 3, ☎ 70243
- Schlabornhalbinsel, Schlabornhalbinsel D-108, ☎ 70295

Prebelow (Rheinsberg)
Vorwahl: 033921
- Jugendherberge Prebelow, Prebelow 2, ☎ 70222, II
- KiEZ Prebelow, Prebelow 6-8, ☎ 5080, III

Kleinzerlang (Rheinsberg)
Vorwahl: 033921
- Precise Resort Marina Wolfsbruch, Wolfsbruch 3, ☎ 87, IV-VI

Canow (Wustrow (Mecklenburgische Seenplatte))
Vorwahl: 039828
- Gasthaus Peters, Canower Allee 21, ☎ 20053, ☎ 0174/9657663, III
- Zur Schleuse, Canower Allee 20, ☎ 20392, ☎ 0172/3209233, IV
- Ferienpark Canow, Strandweg 2, Direkt am Labussee, ☎ 20679, IV-V
- Camp am Labussee, Mirower Landstr. 4, ☎ 20272
- Campingplatz Canower See, Am Canower See 165, ☎ 039232/20220, I

Boltenhof (Fürstenberg/Havel)
Vorwahl: 033087
- Gut Boltenhof, Lindenallee 14, ☎ 52520, IV

Bredereiche (Fürstenberg/Havel)
Vorwahl: 033087
- Touristinformation Fürstenberg/Havel, Markt 5, Fürstenberg/Havel, ☎ 033093/32254
- Bootshaus Bandelow, Dorfstr. 8, ☎ 52310, III

Himmelpfort (Fürstenberg/Havel)
Vorwahl: 033089
- Touristinformation Fürstenberg/Havel, Markt 5, Fürstenberg/Havel, ☎ 033093/32254

GUT BOLTENHOF:
Lindenallee 14, 16798 Boltenhof / Fürstenberg
T. +49 (0)33087 52520, info@gutboltenhof.de
www.gutboltenhof.de

bett+bike adfc

- Denkmalgeschützte Gutsanlage
- Romantische Parkanlage
- Café und Restaurant
- Regionalitäten im Hofladen
- Kleiner Tiergarten
- Tägliche Fütterungstouren

- Weihnachtshaus Himmelpfort, Klosterstr. 23, Haus des Gastes, ☎ 41888
- Frosch & Fisch, Klosterstr. 12, ☎ 439035, III
- Haus des Gastes Himmelpfort, Klosterstr. 23, ☎ 41888, III
- Mühle Himmelpfort, Stolpseestr. 2, ☎ 438993, IV
- Schneider, Hausseestr. 2a, ☎ 0151/40010111
- Landhaus Himmelpfort am See, Eichberg 10, ☎ 4400, V
- Heideröslein, Poststr. 16, ☎ 439895
- Waldhäuser Himmelpfort, Stolpseestr. 20, ☎ 0151/750037, ☎ 0151/25237050, II-III
- Campingpark Himmelpfort, Am Stolpsee 1, ☎ 41238

Ravensbrück (Fürstenberg/Havel)
Vorwahl: 033093
- Jugendherberge Ravensbrück, Str. der Nationen 3, ☎ 60590, II-III

Fürstenberg/Havel
Vorwahl: 033093
- Touristinformation Fürstenberg/Havel, Markt 5, ☎ 32254
- Fürstenberger Freizeithotel, Bornmühlen Str. 44, ☎ 37997, III
- Villa Ingeborg, Steinförder Str. 20, ☎ 607990, IV-V
- Zur Alten Bornmühle, Zehdenicker Str. 21, ☎ 39012, II-III
- Haus an der Havel, Schliemannstr. 6, ☎ 39069, III

- Café INNFernow, Brandenburger Str. 21, ☎ 419960, III
- Kulturgasthof „Alte Reederei", Brandenburger Str. 38, ☎ 0172/3227421, IV
- Tippelt, Hasselgrund 8, ☎ 32007, ☎ 0174/4050060, III
- Am Röblinsee, Röblinsee Nord 1, ☎ 38278
- Wilde-Heimat, Zehdenicker Str. 34d, ☎ 0173/4320917
- Zeltplatz, Wasserwanderrastplatz auf der Rückseite der Tourist-Information an der Schulhavel, campieren für eine Nacht
- Zweirad-Intress, Brandenburger Str. 49, ☎ 189642, ☎ 01523/4062993

Altglobsow (Großwoltersdorf)
Vorwahl: 033082
- Ferienhof Altglobsow, Seestr. 11b, ☎ 50250, I-II

Neuglobsow (Stechlin)
Vorwahl: 033082
- Tourist-Information, Stechlinseestr. 21, im Glasmuseum, ☎ 70202
- Stechlinsee, Hanns-Krause-Str. 12, ☎ 51411

Dagow (Stechlin)
Vorwahl: 033082
- Ferienhaus Pfitzner, Fürstenberger Weg 8, ☎ 70287, II

Steinförde (Fürstenberg/Havel)
Vorwahl: 033093
- Touristinformation Fürstenberg/Havel, Markt 5, Fürstenberg/Havel, ☎ 32254

- **FW** Gasthaus Haveleck, Steinerne Furth 10, ✆ 32193, ✆ 0160/98329183

Großmenow (Fürstenberg/Havel)
Vorwahl: 033093
- **FW** Forsthaus Menow, Großmenow 23, ✆ 35136, ✆ 0174/3475492, III-IV

Strasen (Wesenberg (Mecklenburg))
Vorwahl: 039828
- Zum Löwen, Schleuseng. 11, ✆ 20285, IV
- **P** Ferienpark am Ellbogensee, Am Ellbogensee 1, ✆ 266020, ✆ 0160/97212031
- Naturcamping am Ellbogensee, Camp am Ellbogensee 1, ✆ 033093/32173
- Naturcamping am Großen Pälitzsee, ✆ 03981/24790, I 2.5

Priepert
Vorwahl: 039828
- Am Ziernsee, ✆ 03981/24790, I
- Havelperle, An der Havel 33, ✆ 26504, ✆ 0162/9164342

Neu Drosedow (Wustrow (Mecklenburgische Seenplatte))
Vorwahl: 038220
- **FW** Kanufarm am Heegesee, Neu-Drosedow 5a, ✆ 039828/26902, III

Johannesruh (Wesenberg (Mecklenburg))
Vorwahl: 039828
- Johannesruh, Johannesruh 1, ✆ 20226, ✆ 20405, IV

Drosedow (Wustrow (Mecklenburgische Seenplatte))
Vorwahl: 039828
- Camping am Gobenowsee, Am Gobenowsee 1, ✆ 20355
- FKK-Camping am Rätzsee, Am Rätzsee, ✆ 266191

Wustrow (Mecklenburgische Seenplatte)
Vorwahl: 039828
- Ferienhausanlage „Plätlinseecamp", Fischerweg 10, ✆ 039922/20241, o.F., I-II
- Kanuhof Wustrow, Dorfstr. 57a, ✆ 20083, o.F.

Wesenberg (Mecklenburg)
Vorwahl: 039832
- Mecklenburgische Kleinseenplatte Touristik, Burg 1, ✆ 20621
- **P** Ihr Familienpark am Kleinen Labussee, Am Labus 1b, ✆ 25525, II
- **BB** Pension Wesenberg, Bahnhofstr. 15, ✆ 20043, III
- **B** Wehden, Wustrower Ch. 2, ✆ 0162/2051100, o.F.
- **Bh** Villa Pusteblume, Burgweg 1, ✆ 21305, o.F.
- Campingpark am Weißen See, ✆ 03981/24790
- **S** Kanu-Mühle, Havelmühle 1, ✆ 20350, I-III
- Fahrradservice Wesenberg, Vor dem Mühlentor 1, ✆ 0173/1980815

Klein Quassow (Wesenberg (Mecklenburg))
Vorwahl: 039832

- **H** Ferienanlage Labussee, Klein Quassow 1, ✆ 20488, ✆ 01577/4678131, III-IV

Groß Quassow (Userin)
Vorwahl: 03981
- **P** Storchennest, Groß Quassow 36, ✆ 039832/238551, III
- Camping- und Ferienpark Havelberge, An den Havelbergen 1, ✆ 24790. Auch Kanuzentrum und Wald-Hochseilgarten.

Neustrelitz
Vorwahl: 03981
- Hafeninformation, Am Stadthafen 11, ✆ 4534540, ✆ 0152/01614033
- Tourist- und Nationalparkinformation, Strelitzer Str. 1, ✆ 4534105., ✆ 039824/2520.

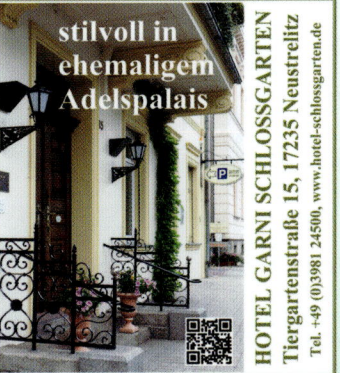

HOTEL GARNI SCHLOSSGARTEN
stilvoll in ehemaligem Adelspalais
Tiergartenstraße 15, 17235 Neustrelitz
Tel. +49 (0)3981 24500, www.hotel-schlossgarten.de

- **H** öko-hotel - basiskulturfabrik, Sandberg 3a, ✆ 203145, IV
- Schlossgarten, Tiergartenstr. 15, ✆ 2450-0, IV
- **FW** slube Stadthafen Neustrelitz, Am Stadthafen 4, ✆ 030/76403732, @ xwn138, II-III 0.5
- Haegert, Zierker Str. 44, ✆ 203156, ✆ 0173/7864537, III-IV
- Park Hotel Fasanerie, Karbe-Wagner-Str. 59, ✆ 48900, IV-VI 0.5
- **P** Bootshaus, Useriner Str. 1, ✆ 239860, III-IV
- **P** China-Haus, Markt 6, ✆ 206421, o.F., II-III
- **P** Luisenstube, Seestr. 8, ✆ 0176/41577920, III
- **P** Wildhof, Am Tiergarten 6, ✆ 2563222, III-IV 0.5
- **Pz** Rahn, Lessingstr. 65, ✆ 444133, II
- Am Grünen Baum, Grüner Baum 9, ✆ 4530714, ✆ 0173/8551464 3.5
- Pedal Point, Strelitzer Chaussee 278, ✆ 441638
- Stadthafen am Zierker See, Am Stadthafen 11, ✆ 262996

Prälank (Neustrelitz)
Vorwahl: 03981
- **H** Café Prälank, Prälank Kalkofen 4, ✆ 200910, IV 1.5

Useriner Mühle (Userin)
Vorwahl: 03981
- Useriner Mühle, Useriner Mühle 19a, ✆ 2568727, ✆ 0170/4459484

Zwenzow (Userin)
Vorwahl: 03981

Kakeldütt – Waren (Müritz)

Amy's Wohlfühlvilla, Zwenzow 50, 039832/267580, IV
FKK-Camping am Useriner See, 24790
Zwenzower Ufer, Großer Labussee, 24790

Kakeldütt (Mirow)
Vorwahl: 039829
Ferienhaus Dürkop, Blankenförde 14, 0151/16629258, o.F.
Zum Hexenwäldchen, Blankenförde 1a, 20215

Blankenförde (Mirow)
Vorwahl: 039829
Fischerhaus, Fischerhaus 1, am Görtowsee, 20212, 0170/2124754, II-III

Granzin (Kratzeburg)
Vorwahl: 039822
Haerer, Granzin 22a, 20340, 01520/6503176, II
Hampel, Granzin 15, 29094, 0177/5645862, III
Töpferhof Steuer, Granzin 4, 20242, 0172/9589169, I-II
Kormoran Kanutouring, Granzin 28a, Havelbrücke Granzin, 29888, 0172/2740966

Dalmsdorf (Kratzeburg)
Vorwahl: 039822
Tourismusverein „Havelquellseen" e. V., Henningsfelde 1, Henningsfelde (Kratzeburg), 0700/38842835
Nationalpark-Camp, Dalmsdorf 6, 0172

3832587
R'Adler Rast und Kanu-Hecht, zwischen Dalmsdorf und Kratzeburg, 17988, 0172/9323625, I-III

Kratzeburg
Vorwahl: 039822
Tourismusverein „Havelquellseen" e. V., Henningsfelde 1, Henningsfelde (Kratzeburg), 0700/38842835
Alte Poststelle, Dorfstr. 24, 20322, III
Camping Naturfreund, Dorfstr. 1, 20285, 20253
Naturfreund - Camping 36, Campingplatz 7

Dambeck (Kratzeburg)
Vorwahl: 039822
Familienferienpark Dambeck, Dambeck 2, 20225, IV

Friedrichsfelde (Ankershagen)
Vorwahl: 039921
Informationsstelle der Gemeinde Ankershagen, Am Nationalpark 10, im ehem. Gutshaus, 35046.
Zum Storchennest, Am Nationalpark 10, 71953, III

Wendorf (Möllenhagen)
Vorwahl: 039928
Schloss und Schlosspark Wendorf, Schlossstr. 3

Freidorf (Möllenhagen)
Vorwahl: 039921

Beaumont Farm, Freidorfer Str. 27a, 35110, 0152/07052522, III-IV

Bocksee (Ankershagen)
Vorwahl: 039921
Grabe, Waldstr. 3, 3147, II-III

Klockow (Groß Dratow)
Vorwahl: 039921
Zur hohlen Eiche, Dorfstr. 1f, 36900

Groß Dratow
Vorwahl: 039934
Schmiede1860, Dorfstr. 5, 898134. Der Backsteinbau wurde 1860 als Dorfschmiede errichtet. Heute beherbergt die Schmiede ein Bed&Breakfast.

BEAUMONT FARM
Natur - Sprache - Nachhaltigkeit

bett+bike adfc

Wir heißen dich auf unserem deutsch-englischen Bauernhof herzlich willkommen. Genieße den urigen Müritz-Nationalpark und entschleunige in unseren neu renovierten Ferienwohnungen, Doppel- und Mehrbettzimmern.
Wir servieren vegetarisches Essen. Halbpension ist möglich.

Freidorfer St. 27 · 17219 Freidorf
Tel: 039921 / 35110 · Handy: 0152 / 07052522
info@thebeaumontfarm.com
www.thebeaumontfarm.com

Federow (Kargow)
Vorwahl: 03991
Die bunte Kuh, Damerower Str. 8, 670038, III
Nationalpark-Service Müritz, Damerower Str. 6, 668849

Schwarzenhof (Kargow)
Vorwahl: 03991
Nationalparkhotel Kranichrast, Dorfstr. 15, 67260, IV

Waren (Müritz)
Vorwahl: 03991
Waren (Müritz)-Information, Neuer Markt 21, Haus des Gastes, 747790
Müritzperle, Mühlenstr. 11, 633248, IV-V

bett+bike adfc

HOTEL MÜRITZPERLE

Mühlenstraße 11 · 17192 Waren
Tel. : 03991/633248 • Fax: 03991/633254
info@mueritz-perle.de
www.mueritz-perle.de

- Am Brauhaus, Am Tiefwarensee 1, ✆ 125933, III 0
- Am Müritz-Nationalpark, Specker Str. 71, ✆ 62190, ✆ 0151/19536305, V 2.5
- Am Tiefwarensee, Richard-Wossidlo-Str. 7, ✆ 7475100, III-IV 0.5
- Am Weinbergschloss, Weinbergstr. 2, ✆ 187277, III 0
- Am Yachthafen, Strandstr. 2, ✆ 67250, III-V 0
- Amsee, Amsee 6, ✆ 67360, IV-V 2.5
- Für Dich, Papenbergstr. 51, ✆ 64450, III-V 0.5
- Goldene Kugel, Große Grüne Str. 16, ✆ 61380, ✆ 0172/8767496, III-IV 0
- Harmonie, Kietzstr. 16, ✆ 66950, ✆ 0172/9960605, IV-VI 0
- Ingeborg, Rosenthalstr. 5, ✆ 61300, III-V 0
- Kurzentrum Waren (Müritz), Am Kurpark 2, ✆ 18240 0.5
- Müritzlicht, Große Wasserstr. 4, ✆ 6347635, IV 0
- Paulshöhe, Paulshöhe 2, ✆ 17240, III-IV 1
- Ringhotel Villa Margarete, Fontanestr. 11, ✆ 6250, IV-V 0.5
- Seehotel Ecktannen, Fontanestr. 51, ✆ 6290, IV-V 1.5
- Seehotel Weit Meer, Am Seeufer 54, ✆ 633054, III-V 0
- Stadt Waren, Große Burgstr. 25, ✆ 62080, III-IV 0.5
- „radlon" Fahrrad-Komfort-Hotel, Kietzstr. 13a, ✆ 6347720, IV. Bieten geführte Touren an. 0

- Am Müritzhafen, Große G. 1, ✆ 731442, ✆ 0174/5106995, III-IV 0
- Haus Kim, Am Seeufer 75, ✆ 674540, IV 0
- Hotel Waren, Große Grüne Str. 11, ✆ 663717, IV 0
- Zwischen den Seen, Am Mühlenberg 4, ✆ 631444, ✆ 0170/4894500, III-IV 0
- Brauereigasthof Ratskeller, Neuer Markt 1, ✆ 03391/6332777, III-IV 0
- Etna, Mühlenstr. 2, ✆ 664766, III 0
- Müritz-Pension, Strelitzer Str. 126, ✆ 64210, III 2
- Müritzblick, Richterstr. 1, ✆ 67240, IV-V 0
- Quartier 11, Große Wasserstr. 11, ✆ 669598, ✆ 0174/1433912, o.F., II-III 0
- Warener Hof, Mühlenstr. 6, ✆ 122448, IV 0
- Zum Yachthafen, Rosenthalstr. 13, ✆ 635783, III 0.5

Alle Radfahrer zu mir!

Sie haben einen Übernachtungsbetrieb? Informieren Sie die Radler über Ihr Angebot!
Tel: 0043/2983/28982-211
E-Mail: werbung@esterbauer.com

- Zur Fledermaus, Am Teufelsbruch 1, ✆ 663293, III 0
- dw Hotels Zur Sonne, Mozartstr. 17, ✆ 747377, III 0.5
- Ferienzimmer „Alles Zucker", Unterwallstr. 4, ✆ 673485, III 0
- Jakubasch, Helmut-von-Gerlach-Str. 11, ✆ 165972, o.F., I 0.5
- Gästezimmer der Volkssolidarität Mecklenburg-Mitte, Gievitzer Str. 96-102, ✆ 67210, I 1.5
- Jugendherberge Waren, An der Feisneck 1a, ✆ 186900, III 0
- Campingplatz Ecktannen, Fontanestr. 66, ✆ 668513 1
- Campingplatz Kamerun, Zur stillen Bucht 3, ✆ 122406 0.5
- Das Fahrradhaus Hinrichs, Am Seeufer 73, ✆ 7473919 0
- Zweirad Karberg, Lange Str. 46, ✆ 666080 0.5
- Harry Hurtig, Am Seeufer 24, ✆ 668003 0

Warenshof (Waren (Müritz))
Vorwahl: 03991
- Landhaus Mecklenburg, Eulenstr. 8, ✆ 125407, III-IV 2

Eldenholz (Waren (Müritz))
Vorwahl: 03991
- Europäische Akademie, Am Eldenholz 23, ✆ 15370 0

Klink
Vorwahl: 03991

- Tourismus-Information, Schlossstr. 1, ✆ 1822722, ✆ 634688 0.5
- Schlosshotel Klink, Schlossstr. 6, ✆ 7470, III-IV 0
- Tänzer, Uferstr. 3, ✆ 165531 0.5

Jabel
Vorwahl: 039929
- Zur Eibe, Hoher Damm 7, ✆ 767899, ✆ 0160/7063456, IV 0
- Landurlaub Müritz, Hoher Damm 2, ✆ 0170/5335231, III 0.5
- Am Jabelschen See, Am Heidenfriedhof 1, ✆ 76712 1.5

Nossentin (Silz)
Vorwahl: 039927
- Landpension Am Fleesensee, Am Park 33, ✆ 70394, II 0.5

Silz
Vorwahl: 039927
- Landgasthaus Fleesensee, Am Dorfteich 25, ✆ 76147 0.5
- Heidepark Silz, Am Fleesensee 5, ✆ 769804 1.5

Drewitz (Nossentiner Hütte)
Vorwahl: 039927
- Van der Valk Naturresort, Am Drewitzer See 1, ✆ 7670, III 1.5

Linstow (Dobbin-Linstow)
Vorwahl: 038457
- Tourist-Information Krakow am See, Markt 21, Krakow am See, ✆ 22258 0

Gutshaus Zietlitz Gästehaus

bett+bike adfc

Direkt am Radfernweg Berlin-Kopenhagen gelegen befindet sich unser persönlich geführtes Gästehaus, erbaut 1862, liebevoll restauriert und modernisiert. Gönnen Sie sich eine Rad-Ruhepause in angenehmer Atmosphäre und stilvollem, gemütlichem Ambiente. Ruhe und Geselligkeit finden Sie im Kaminzimmer, Lesezimmer mit Bibliothek, Fernsehraum sowie im Garten. So individuell wie unsere Gäste sind die 6 großen Gutshauszimmer und die beiden kleinen Radlerzimmer, die wir stilvoll und mit allem nötigen Komfort für Sie eingerichtet haben. Auf Anfrage bieten wir gerne Abendbrot und Lunchpakete.

Serrahner Straße 2
D-18292 Zietlitz bei Krakow am See
Telefon: ++49 (0)3 84 57 2 22 43
info@gutshaus-zietlitz.de
www.gutshaus-zietlitz.de

H Gutshaus Linstow, Hofstr. 15, ✆ 51751, ✆ 0151/70512406, IV 0
H van der Valk Resort Linstow, Krakower Chaussee 1, ✆ 70, V 0.5

Zietlitz (Dobbin-Linstow)
Vorwahl: 038457
P Gutshaus Zietlitz, Serrahner Str. 2, ✆ 22243, IV 1.5

Serrahn (Kuchelmiß)
Vorwahl: 038456
i Tourist-Information Krakow am See, Markt 21, Krakow am See, ✆ 038457/22258 0
H Van der Valk Golfhotel Serrahn, Dobbiner Weg 24, ✆ 66920, IV 0

Gästehaus Meyer

bett+bike

· Im Pannenfall Abholservice
· Übernachtung im Doppelzimmer mit Miniküche, W.LAN
· Fahrradgarage
· kühle Getränke nach Voranmeldung

Guestrower Str. 4 · 18292 Krakow am See
Tel: 038457 23586 · Handy 0160 97361442
0171 3667854
post@sommersee.de
www.sommersee.de

Seegrube (Kuchelmiß)
Vorwahl: 038457
H „Ich weiß ein Haus am See", Paradiesweg 3, ✆ 23273, V 0

Krakow am See
Vorwahl: 038457
i Tourist-Information Krakow am See, Markt 21, ✆ 22258 0
Fw P Gästehaus Meyer, Güstrower Str. 4, ✆ 23586, ✆ 0171 3667854 0.5
Fw slube am Krakower See, Windfang 1, ✆ 030/764 03 732, III-IV 0
H Nordischer Hof, Am Markt 3, ✆ 5070, III 0
H Seehotel Krakow am See, Goetheallee 7, ✆ 519997, III 0
Gh Am Jörnberg, Jörnbergweg 25, ✆ 22224 0.5
△ Campingplatz am Krakower See, Windfang 1, ✆ 50774, ✆ 0162/2097065 0
H Neumann, Am Bahnhof 1, ✆ 22804 0

Alt Sammit (Krakow am See)
Vorwahl: 038457
Fw Schloss Alt Sammit, Am Schloss, ✆ 23332, ✆ 0172/5844466 0.5

Groß Breesen (Zehna)
Vorwahl: 038458
H Gutshotel Groß Breesen, 1. Bücherhotel Deutschlands, Dorfstr. 10, ✆ 500, IV 0

Bellin (Krakow am See)
Vorwahl: 038458
H Jagdschloss Bellin, Am Belliner Schloss 3, ✆ 0172/4218378, V 0.5

Mühl Rosin
Vorwahl: 03843
P Dräger, Bölkower Chaussee 19, ✆ 82479, II 0.5

Schabernack (Güstrow)
Vorwahl: 03843
P Burghotel am Inselsee - Zur Grenzburg, Heidberg 50, ✆ 8559751, III 0
Fw Ferienhaus Fischer, Heidberg 31, ✆ 82621, ✆ 0171/8072517, I-III 0

Heidberg (Güstrow)
Vorwahl: 03843
H Kurhaus am Inselsee, Heidberg 1, ✆ 8500, V 0
H Strandhaus am Inselsee, Heidberg 5, ✆ 850200, IV 0

Suche freundliches Bett!

Inserate in *bikeline*-Radtourenbüchern kosten wenig und bringen viel. Stellen Sie hier die Vorzüge Ihres Betriebes vor. Buchen Sie jetzt eine Einschaltung in der nächsten Auflage!

Tel: 0043/2983/28982-211
E-Mail:werbung@esterbauer.com

HOTEL & RESTAURANT AM SCHLOSSPARK

- ✔ In bester Lage mit Schlossblick
- ✔ 3 min von der Altstadt entfernt
- ✔ Bett & Bike direkt am Fernradweg
- ✔ Zi / Du / WC / Kü / TV / Internet
- ✔ Restaurant, Sauna
- ✔ Fahrradkeller und Verleih
- ✔ Waschmaschine und Trockner
- ✔ Übernachtung ab 45,- € p.P.

Neuwieder Weg
18273 Güstrow
Tel.: 03843 / 277960

www.hotel-am-schlosspark-guestrow.de

Primerburg (Güstrow)
Vorwahl: 03843
- H Am Tierpark, Verbindungschaussee 7, ✆ 7800, III

Güstrow
Vorwahl: 03843
- i Güstrow-Information, Franz-Parr-Pl. 10, ✆ 681023 0.5
- H **Am Schlosspark Güstrow, Neuwieder Weg 1, ✆ 277960, IV-V**
- H Haus der Kirche „Sibrand Siegert", Grüner Winkel 10, ✆ 21780, III
- Hg Ringhotel Altstadt, Baustr. 8, ✆ 46550, IV
- Hg Villa Camenz, Lange Stege 13, ✆ 24550, III
- P Am Pferdemarkt, Pferdemarkt 25, ✆ 4668681, III
- P Heß, Plauer Chaussee 20b, ✆ 334077, III-IV
- Berger, Hageböcker Str. 106, ✆ 687575 0.5
- Zweirad-Meiser, Bachstr. 1a, ✆ 82248

Bützow
Vorwahl: 038461
- i Bürger- und Tourismusbüro, Am Markt 1, ✆ 50120 0.5
- H Am Markt, Am Markt 11, ✆ 56000, III 0.5
- H Bützower Hof, Langestr. 9, ✆ 52136, IV
- Gh Gasthaus Stadtzentrum, Langestr. 31, ✆ 3084, II
- P Am Stadtpark, Am Stadtpark 29, ✆ 2212, 65009, ✆ 0173/1695520, II 0.5
- Pz Mühlenvilla am Bützower Hafen, Bahnhofstr. 3, ✆ 0176/57547880, III
- Bützower See, An der Bleiche, ✆ 0174/4735598 0.5
- Wasserwanderrastplatz, Am Bützower See, ✆ 0173/7542810 0.5

Passin (Klein Belitz)
Vorwahl: 038461
- Bh Bretting, Hauptstr. 4, ✆ 52089

Schwaan
Vorwahl: 03844
- i Tourist-Information, Mühlenstr. 12, ✆ 891792, IV 0.5
- H Deutsches Haus, Mühlenstr. 1, ✆ 811036, III 0.5
- P Speicherköck, Kirchenstr. 1a, ✆ 8917144, III 0.5
- Pz Marten, Feldstr. 60, ✆ 813788, ✆ 0162/7376689, I 1.5
- Fw Schröder, Vorbecker Landweg 21, ✆ 810966, ✆ 0173/4631651, I-II 0.5

Biestow (Rostock)
Vorwahl: 0381
- H Rittmeister, Biestower Damm 1, ✆ 6667330, IV-VI 0.5

Rostock
Vorwahl: 0381
- i Tourist-Information, Universitätspl. 6, ✆ 3812222 0.5
- i Zimmerbörse, Lange Str. 27, ✆ 454444 @ qkg444
- H Hotel An der Stadthalle, Pl. der Freundschaft 3, ✆ 4445666, III 0.5
- H InterCityHotel, Herweghstr. 51, ✆ 49500, IV-V 0.5
- H Radisson blu, Lange Str. 40, ✆ 37500, IV-V
- H Sportforum, Kopernikusstr. 17a, ✆ 1288480, V
- H Vienna House Sonne, Neuer Markt 2, ✆ 49730, V-VI 0.5
- Hg GreifenNest, August-Bebel-Str. 49b, ✆ 8775618, III
- Hg Warnow, Bei der Knochenmühle 1, ✆ 60068580, III-IV 0.5
- Ho Motel One, Schröderpl. 2, ✆ 6669190, III-IV 0.5
- H Altes Hafenhaus, Strandstr. 93, ✆ 4930110, III-IV 0.5
- P Am Doberaner Platz, Doberaner Str. 158, ✆ 492830, III 0.5
- P City, Krönkenhagen 3, ✆ 4590704, ✆ 4590829, III-IV 0.5
- P Nielsen, Lindenbergstr. 10, ✆ 4908818, ✆ 27425, III 0.5
- Pz Familienzimmer Altstadt Rostock, Am Bliesathsberg 7, ✆ 4031228 0.5
- Ho Blue Doors Hostel Altstadt, Beginenberg 25, ✆ 33724860 0.5
- Ho Blue Doors Hostel KTV, Doberaner Str. 96, ✆ 33724860 0.5
- Fw Kleines Gästehaus, Lagerstr. 37, ✆ 4996681, III 0.5
- Fw Rostock Apartment, Große Wasser Str. 10, ✆ 44438090, IV-VI 0.5
- Bike Market, Kröpeliner Str. 57, ✆ 2605560 0.5
- Fahrrad Barten, Kopernikusstr. 18, ✆ 2013638
- Fahrradhaus Jordan, Doberaner Str. 127, ✆ 2016560 0.5

Übernachtungs- und Serviceverzeichnis
Primerburg – Rostock

- Radhaus, Friedhofsweg 3, ☎ 51083010 0

Schmarl (Rostock)
- Little John Bikes Rostock, Handwerkstr. 1, ☎ 0381/12830255 0.5

Warnemünde (Rostock)
Vorwahl: 0381
- Tourist-Information, Am Strom 59, Ecke Kirchenstraße, ☎ 3812222 0
- Am Leuchtturm, Am Leuchtturm 16, ☎ 54370, V-VI 0.5
- Bellevue, Seestr. 8, ☎ 54333, III-VI 0.5
- Belvedere, Am Strom 58, ☎ 519690, IV-VI 0
- Neptun, Seestr. 19, ☎ 7770, V-VI 0.5
- Park-Hotel Hübner, Heinrich-Heine-Str. 31, ☎ 54340, V-VI 0.5
- Parkhotel Seeblick, Strandweg 12a-14, ☎ 519550, III-V 0
- Ringelnatz, Alexandrinenstr. 60, ☎ 20746407, IV-V 0.5
- Sanddorn, Strandweg 12, ☎ 543990, III-V 0
- Strand-Hotel Hübner, Seestr. 12, ☎ 54340, V-VI 0.5
- Vogel, Alexandrinenstr. 124, ☎ 548310, IV 0
- Zum Strand, Luisenstr. 4, ☎ 54333, II-IV 0.5
- Alabama, Alexandrinenstr. 80, ☎ 548250, III 0.5
- Katy, Kurhausstr. 9, ☎ 543940, III-IV 0
- Villa Ostseegruß, Fritz-Reuter-Str. 4, ☎ 543090, III-IV 0
- Zum Alten Strom, Alexandrinenstr. 128, ☎ 51263, III 0
- Haus Nordstern, Schillerstr. 2, ☎ 54094, III 0.5

GÄSTEHAUS ROSTOCK

✔ zwischen City, Warnemünde & Hafen
✔ ÖPNV direkt vor der Tür
✔ EZ,DZ,MZ / DU / WC / KÜ / TV / Internet
✔ Bett & Bike Station
✔ Fahrradraum
✔ Übernachtung ab 27,50 € p.P.

Warnowallee 23 · 18107 Rostock
E-Mail: info@gaestehaus-rostock.de
Tel.: 0381 - 776970
Fax: 0381 - 7769720

www.gaestehaus-rostock.de

- Mielenz, Paschenstr. 5, ☎ 5190222, o.F. 0.5
- Schulze, Parkstr. 7, ☎ 52392, o.F., III-IV 0
- Dock Inn Warnemünde, Zum Zollamt 4, ☎ 670700, III-IV 0
- Winter, Heinrich-Heine-Str. 7, ☎ 52880, ☎ 5190883, ☎ 0179/6723048, III-IV 0
- Jugendherberge, Parkstr. 47, ☎ 548170, III 0

Diedrichshagen (Rostock)
Vorwahl: 0381
- Immenbarg, Groß Kleiner Weg 19, ☎ 77693, o.F., III-IV 0.5
- Ostseeland, Stolteraer Weg 47, ☎ 548320, IV 3
- Ostseetraum, Stolteraer Weg 34a, ☎ 5191848, III-V 1.5
- Ringhotel Warnemünder Hof, Stolteraer Weg 8, ☎ 54300, IV-VI 0.5
- Wilhelmshöhe, Wilhelmshöhe 1, ☎ 548280, IV-V 1.5
- grünblau Vitalpension, Groß Kleiner Weg 11, ☎ 51664, III-IV 0

Lichtenhagen (Rostock)
Vorwahl: 0381
- Beck, Immenbarg 23, ☎ 7952648, II-III 0.5

Lütten-Klein (Rostock)
Vorwahl: 0381
- Gästehaus Lütten-Klein, Warnowallee 23/24, ☎ 776970, III-IV 0.5

Evershagen (Rostock)
Vorwahl: 0381
- Gästehaus Evershagen, Bertolt-Brecht-Str. 22, ☎ 711184, I-II 0

Reutershagen (Rostock)
Vorwahl: 0381
- Lüdke, Heinrich-Schütz-Str. 28, ☎ 8097013, II 0

Brinckmansdorf (Rostock)
Vorwahl: 0381
- Brinckmansdorf, Katt-un-Mus-Weg 1, ☎ 66670250, IV 2.5
- Trihotel, Tessiner Str. 103, ☎ 65970, III-VI 1.5
- Am Petridamm, Am Petridamm 7, ☎ 6665080, III 0.5
- Gästezimmer Günther, Riekdahl 6, ☎ 683013, III-IV 2

Gehlsdorf (Rostock)
Vorwahl: 0381
- Zum Alten Fährhaus, Fährberg 1, ☎ 1216243, III 0.5
- Schütt, Amtsstr. 10a, ☎ 0172/3288992, II 1

Gedser (DK)
- Gedser Informationssted, Gedser Landevej 79, ☎ 31181188 0
- Gedser, Langgade 59, ☎ 54171708, III 0
- Købmandsgårdens B&B, Gedser Landevej 79, ☎ 31181188 0
- Gedser Natur Skole, Skovvænget 30, ☎ 22844874 1

Skelby (DK)
- Mejerigården ApS, Gl. Landevej 87, ☎ 70237040 0.5

Bruserup (DK)
- Bruserup Strand Naturteltplads, Bruserup

Strandvej 9, ℂ 54167200 1.5

Marrebæk (Væggerløse) ⓄⓀ
- Frederiksensminde, Marrebæk Norvej 7, ℂ 30647305, IV 0

Marielyst ⓄⓀ
- Marielyst Turistbureau, Marielyst Strandvej 54, ℂ 54136298 0
- Kjørups Kro, Bøtø Møllevej 2, ℂ 54136652, IV 0
- Marielyst B&B, Stovby Ringvej 8, ℂ 60425364, II-III 0.5
- Oldfruen, Marielyst Strandvej 25a, ℂ 54131380, IV 0
- Laxenborg Camping, Laksenborgvej 20, ℂ 40622628 0
- Marielyst Feriepark & Camping, Godthåbs Allé 7, ℂ 71755905 0
- Marielyst Ny Camping, Sildestrup Øvej 14a, Sildestrup Strand, ℂ 24441500 0
- Østersøparken Camping, Bøtøvej 283, ℂ 54136786 0.5

Hasselø Plantage ⓄⓀ
- Hasselø, Hasseløvej 102, ℂ 20304769, IV 0
- Hasselø Natursti, Sundruten, ℂ 25180920, ℂ 54850052, o.F. 0.5

Sundby (Nykøbing Falster) ⓄⓀ
- Hotel Liselund, Lundevej 22, ℂ 54851566, IV 0.5

Nykøbing Falster ⓄⓀ
- Nykøbing Falster Turistbureau, Færgestræde 1A, ℂ 54851303 0
- Falster, Stubbekøbingvej 150, ℂ 54859393, IV-V 0

1.5

Ny Kirstineberg B&B, Ny Kirstinebergvej 7-9, ℂ 70279279, IV 2
- Nykøbing Falster Vandrehjem, Østre Allé 110, ℂ 54856699, III 0
- Falster City Camping, Østre Allé 112, ℂ 54854545, ℂ 61656593 0.5
- Cykelbørsen, Gaabensevej 87, ℂ 54854835 1.5

Sønder Kirkeby ⓄⓀ
- Højgård B&B, Bierregårdsvej 2, ℂ 54816527, III 3.5

Idestrup ⓄⓀ
- Idestrup B&B, Tangetvej 21, ℂ 51259886, IV 1
- Pitstop Idestrup, Møllevej 20b, ℂ 21431234 0.5

Ulslev Strand (Ulslev)
- Campinggården Ulslev Strand, Strandvejen 3, ℂ 54148350 0

Karleby ⓄⓀ
- Bellinghouse B&B, Bellingegårdsvej 7, ℂ 71470237, III-IV 2.5

Bregninge (Stubbekøbing) ⓄⓀ
- Østfalsters Familiecamping, Tværmosevej 2, ℂ 51891156 1.5

Stubbekøbing ⓄⓀ
- Info Café, Vestergade 43, ℂ 54441304 0
- Stubbekøbing Camping, Gl. Landevej 4, ℂ 25321222 0

Nørre Alslev ⓄⓀ
- Huges, Nr. Vedby Kirkevej 25, ℂ 30892150 0
- Brombaergaarden, Ravnse Byvej 18,

ℂ 64801418, III-IV 0.5

Vordingborg ⓄⓀ
- Danmarks Borgcenter, Slotsruinen 1, ℂ 70701236 0.5
- Kong Valdemar, Algade 101, ℂ 55311210, ℂ 29662662, IV 0.5
- Rosenfeldt Gods, Rosenfeldt 1, ℂ 50776066, o.F., IV 0.5
- Ore Strand Camping, Orevej 145, ℂ 55778822, III 0.5
- Fri Bikeshop, Algade 17, ℂ 55370577 0.5

Vintersbølle ⓄⓀ
- Holberggård - Gastronomi & Konference, Strandgårdsvej 5, ℂ 55387038, V 0.5

Bakkebølle Strand (Vordingborg)
- Johanneberg, Hjaletvej 51, ℂ 20413560, IV 0

Bogø ⓄⓀ
- House of Møn, Storegade 2, Stege, ℂ 52246388 0
- Cafe Stalden, Hougårdsbanke 5, ℂ 24677705, IV 2.5

Askeby ⓄⓀ
- Møn Økologisk, Fanefjordgade 16, ℂ 20899741, III 0
- Lerbæk teltplads, Grønsundvej 304, Lerbæk, ℂ 55816232 2

Hårbølle Havn ⓄⓀ
- Møn Camping, Hårbøllevej 87, ℂ 55817595, ℂ 26749563, I

Vindebæk ⓄⓀ
- Shelterplads, Slotshavevej 5 I, ℂ 29464999 1.5

Damsholte ⓄⓀ
- NyGammelsø B&B, Grønsundsvej 251, ℂ 55816343, ℂ 23454399, IV 3

Svensmarke ⓄⓀ
- Stay Sail B&B, Søndersognsvej 96, ℂ 20448746, III-IV 0.5

Råbylille Strand ⓄⓀ
- Egn B&B, Bundgarnet 18, ℂ 49491050, IV 0.5

Råbymagle ⓄⓀ
- Tiendegaarden, Sønderbyvej 29, Råbymagle, ℂ 55812126, ℂ 23472106, III 0.5

Møns Klint ⓄⓀ
- Touristinformation GeoCenter Møns Klint, Stengårdsvej 8, ℂ 55863600 0
- Villa Huno, Langebjergvej 1, ℂ 55812030, VI 0
- Camp Møns Klint, Klintevej 544, ℂ 55812025

Liselund (Borre) ⓄⓀ
- Liselund Ny Slot, Langebjergvej 6, ℂ 55812081, V 0.5

Magleby (Borre) ⓄⓀ
- Møen Hostel & Vandrerhjem, Klintholm Havnevej 17, ℂ 20816030 1.5
- Klintholm B&B, Klintholm Havnevej 4, ℂ 55812450, IV 1

Borre ⓄⓀ
- Bakkelund B&B, Dalsgårdsvej 2, ℂ 30225720, III-IV 0

155

Übernachtungs- und Serviceverzeichnis
Elmelunde – Tappernøje

- Lilleskovgård, Lilleskovvej 2, ☎ 51333650, o.F., V I

Elmelunde DK
- Elmehøj, Kirkebakken 39, ☎ 55813535, 31444035, III 0
- Keldborg B&B, Elmelundevej 19, ☎ 23261410 I

Østermark DK
- Ouregaarden, Oregårdsvej 9, ☎ 55813171 3

Keldby DK
- Præstekilde, Klintevej 116, ☎ 55868788, VI 0
- Keldby Camping Møn, Pollerupvej 3, ☎ 41169303 0.5

Stege DK
- House of Møn, Storegade 2, ☎ 52246388 0

Motel Stege, Provstestræde 4, ☎ 5581 3535, 31444035, III-IV 0
- Residens Møen, Langelinie 44, ☎ 70444854, V
- Stege Nor, Klintevej 24, ☎ 40304575, III-IV 0
- Kostervej B&B, Kostervej 18, ☎ 40201457, III 0
- Stege Camping, Falcksvej 5, ☎ 50463282 0.5
- Fri Bikeshop, Storegade 91, ☎ 55814249 0

Koster DK
- Camping Mønbroen, Kostervej 86, ☎ 55811808 0.5

Kalvehave DK
- Tourist Information Brobike, Ny Vordingborgvej 49, ☎ 60829535 0
- Brobike, Ny Vordingborgvej 49, ☎ 60829535 0

Sandvig (Mern)
- Gast Riet – Übernachten im Shelter, Nordvej 23, Sandvig, ☎ 31551369, I-III 0.5

Jungshoved DK
- Jungshoved Præstegaard, Stavreby Strandvej 4, ☎ 55999417, IV-VI 2.5
- B&B Præstøgaard, Jungshovedvej 39A-E, ☎ 26210512, IV 4
- Jungshoved Kro, Hovmarken 2, ☎ 21204701, ☎ 27730492 2

Præstø DK
- Turistinformation Præstø Havn, Havnepladsen 14, ☎ 40598072 0.5

B&B Sleep & Coffee, Adelgade 48, ☎ 21778093, IV 0.5
- Frederiksminde, Klosternakken 8, ☎ 55909030, VI I
- Kirsebærkroen, Kirsebærvej 1, ☎ 51950559, IV
- Bed and Breakfast Dyrlev, Dyrlevvej 12, ☎ 28936599, III 3.5
- Bente Fog, Østerbro 8, ☎ 28712684 I
- Præstø Camping, Spangen 2, ☎ 55991148 0.5
- Lykke Cykler, Havnestræde 5-7, ☎ 55991699, ☎ 61433024 0.5

Tappernøje DK
- Fjordkroen, Bækkeskov Stræde 23, ☎ 55965810, IV-V 0

Feddet DK
- Feddet Camping, Feddet 12, ✆ 56725206 1

Faxe Ladeplads
- Folehavegård, Folehaven 3, ✆ 40192842, IV
- Casa Betula, Hestehavevej 5b, ✆ 56717781, ✆ 50950858 0
- Gry B&B, Nylandsvej 5, ✆ 60739690 0
- Slangerupgård, Elmuevej 32, ✆ 56717444, IV 1
- Faxe Ladeplads Camping, Hovedgaden 87, ✆ 23950316 0

Faxe DK
- Kærskovgård B&B, Søndergårdsvej 44, ✆ 61201016, IV 0
- Danhostel, Østervej 4, ✆ 56714181, III–IV 0.5

Store Spjellerup
- Lægårdens Camping, Vemmetoftevej 2a, ✆ 56710067 2

Vemmetofte Strand DK
- Vemmetofte Strand Camping, Ny Strandskov 1, ✆ 56710226 1.5

Rødvig Stevns DK
- Konference & Hotel Klinten, Søndervej 8, ✆ 56506800 0
- Rødvig Ferieby, Strandgabsvej 29, ✆ 23237484, IV–VI 0
- Damgården, Rødvigvej 63, ✆ 23390032, III–VII 0.5
- Rødvig Kro & Badehotel, Østersøvej 8, ✆ 56506098, V–VI 0

Stevns Klint Bed & Breakfast
Herzlich Willkommen...

Højerup Bygade 13
DK-4660 Store Heddinge
Tel.: +45 7199 6301
info@stevnsklint-bedbreakfast.dk
www.stevnsklint-bedbreakfast.dk

Folehavegaard

· Bei uns finden Sie für Ihren Urlaub eine wunderschöne Umgebungen · Wir bieten komplett ausgestattete Wohnungen für Ihren Aufenthalt · In unserem parkähnlichen Garten mit vielen Terrassen finden Sie die gewünschte Ruhe und Erholung.

Folehaven 3 · 4654 Faxe Ladeplads
Tel.: +45 4019 2842
ferie@folehavegaard.dk
www.folehavegaard.dk

Radfreundliche Unterkunft!

In Ihrem Haus übernachten Radfahrer? Stellen Sie hier die Vorzüge und Besonderheiten Ihres Betriebes vor. Mit allem, was Radfahrer interessiert.

Tel: 0043/2983/28982-211
E-Mail: werbung@esterbauer.com

- Stevns Klint Strandpension, Klintevej 28, ✆ 56506098, IV 0.5
- B&B Karens, Vissemosevej 20, ✆ 24898823, ✆ 29908583, IV 1.5
- Rødvig Camping Stevns, Højstrupvej 2a, ✆ 20170718 0.5
- Naturlagerplatz, Boesdalsvej, Boesdal Kalk-bruch 0.5

Højerup DK
- Touristinformation Gasthaus Højeruplund, Højerup Bygade 39, Traktørstedet Højeruplund, ✆ 56502911 0
- **Stevns Klint B&B, Højerup Bygade 13,** ✆ 71996301, III

Store Heddinge DK
- Touristinformation Stevnsbladet, Nytorv 6, ✆ 56503511 0
- Danhostel Store Heddinge, Ved Munkevænget 1, ✆ 56502022, II–III 0.5
- Skovfogedstedet, Skovvejen 24, ✆ 60135525 3

Mandehoved
- Naturlagerplatz Marquardsen, Mandehoved 10a 0.5

Magleby (Klipping)
- Skelbækgården's Bed & Breakfast, Esagervej 1, ✆ 51416882 1

Strøby DK
- Stevns Camping, Strandvejen 29, ✆ 60144154 1.5

Valløby (Køge) DK
- Piccobello, Valløby Bygade 21c, ✆ 40140838,

Stroby Egede 🅓🅚

🅱 Olympiadehuset B&B, Birkevej 7, ☎ 56266840, 22354190 1.5

Køge

- 🅘 Visit Køge, Vestergade 1, ☎ 69156170 0
- 🅗 Central Hotellet, Vestergade 3, ☎ 56650696, IV 0
- 🅗 Comwell Køge Strand, Strandvejen 111, ☎ 56653690, V 0
- 🅗 Niels Juel, Toldboldvej 20, ☎ 56631800, VI ⊙ 0
- 🅿🅩 Annette und Søren, Pedersvej 22, ☎ 56650166, 60841430, o.F. 0
- 🅿🅩 Knöchel, Kirkestræde 27, ☎ 20942380, o.F., III 0
- 🅿🅩 Thur, Strandvejen 20, ☎ 56662384, ☎ 25614753, o.F., II 0
- 🅱 Akebia, Stormøllevej 42, ☎ 21732312, o.F., II-III 0
- 🅱 B&B Gløerfeldsvej, Gløerfeldsvej 7, ☎ 51804041, o.F., III 0.5
- 🅐 Vallø Camp, Strandvejen 102, ☎ 56652851 0
- 🚲 Beyer Cykler, Københavnsvej 137, ☎ 56654026 0
- 🚲 Cykelforretningen Hamlet, Nørregade 26, ☎ 56650201 0.5
- 🚲 Garant Cykler, Vestergade 41, ☎ 56658485 0
- 🚲 HHCykler.dk, Nørre Boulevard 59, ☎ 56650610 0.5

Højelse (Lille Skensved)

🅵🅦 Hedebohuset, Højelsevej 5, ☎ 20450755, IV 0

Karlstrup 🅓🅚

🅱 B&B-Huset, Krogen 3, ☎ 56141924, III ⊙ 0

Karlslunde 🅓🅚

🅱 Birkegaardens B&B, Sortemosen 5, ☎ 51449426, III ⊙ 5

Tune

🅱 Albertine B&B, Nørregade 5, ☎ 24271794, IV 4

Greve

🅗 Tune Kursuscenter, Grevevej 20, ☎ 43410370, III 3

Greve Strand (Greve) 🅓🅚

🅗 Strandmotellet, Greve Strandvej 11, ☎ 43902200, IV 0

Hundige Strand (Greve) 🅓🅚

- 🅘 Hundige Havn og Turistkontor, Hejren 24, ☎ 43908618 0.5
- 🅐 Hundige Strand Familiecamping, Hundige Strandvej 72, ☎ 20218584 0.5

Ishøj 🅓🅚

- 🅗 Zleep Hotel Ishøj, Ishøj Store Torv 20, 6., ☎ 70235635, V 1.5
- 🅿🅩 Brenholdt, Søvangs Alle 23, ☎ 43737507, III 0.5
- 🅱 Skovgaarden B&B, Torslundevej 120, ☎ 28580850, IV 6
- 🅐🅱 Danhostel Ishøj Strand, Ishøj Strandvej 13, ☎ 43535015, ☎ 43530223, IV ⊙ 1

København

🅘 Københavns Turistinformation, Vesterbrogade 4, ☎ 70222442 0

- 🅘 Meet the Danes, Nyhavn 65, ☎ 23284347 1.5
- 🅗 Absalon Hotel Copenhagen, Helgolandsgade 15, ☎ 33314344, VI ⊙ 0.5
- 🅗 Annex Copenhagen, Helgolandsgade 15, ☎ 33314344, III-V ⊙ 0.5
- 🅗 Christian IV, Dronningens Tværgade 45, ☎ 33321044, V 1.5
- 🅗 Copenhagen, Egilsgade 33, ☎ 32962727, IV 0.5
- 🅗 Euroglobe, Niels Ebbesens Vej 20, ☎ 33797954, III 1
- 🅗 Løven, Vesterbrogade 30,1, ☎ 33796720, V 0.5
- 🅗 Wakeup, Carsten Niebuhrs Gade 11, ☎ 44800000 0.5
- 🅗🅞 Danhostel Copenhagen Downtown, Vandkunsten 5, ☎ 70232110, II-III 0.5
- 🅗🅞 Generator Hostel, Adelgade 5-7, ☎ 78775400, IV 1
- 🅗🅞 Sleep In Heaven, Struenseegade 7, ☎ 41444236, III 1.5
- 🅗🅞 Urban House, Colbjørnsensgade 5-11, ☎ 33232929, IV 0.5
- 🅗🅞 Woodah-Hostel, Abel Cathrines Gade 1-3, ☎ 23905563, III-V 0.5
- 🅗🅞 YMCA Interpoint, Valdemarsgade 15, ☎ 33311574, o.F., II 1
- 🅗🅞 where to sleep..., Reventlowsgade 10a, ☎ 30144014 0.5
- 🚲 AH Cykler, Istedgade 39, ☎ 36893800 1
- 🚲 BenBen Cykler, Prøvestensbroen 3a, ☎ 27132369 3
- 🚲 Cykelsmeden, Amagerbrogade 2, ☎ 32547721 1
- 🚲 Cykelthomas, Øresundsvej 44, ☎ 42601313 2

- 🚲 Jupiter Ekstra, Amagerbrogade 197, ☎ 32557353 3
- 🚲 Pedalton, Kastrupvej 113, ☎ 42444840 3.5
- 🚲 Recycles, Dybbølsgade 59, ☎ 31339028 1.5
- 🚲 Schrøder Cykler, Amager Boulevard 4, ☎ 32548619 0
- 🚲 Søgade Cykler, Sølvgade 104, ☎ 33159746 1.5
- 🚲 Tria Cykler, Nordre Frihavnsgade 27, ☎ 35422590 3
- 🚲 Urania Cykler Hundige, Gammel Kongevej 1, ☎ 33218088 5
- 🚲 ride4fun, Jagtvej 68, ☎ 81741696 2.5

Ortsindex

Die Seitenzahlen ab. S. 144 beziehen sich auf das Übernachtungsverzeichnis.

A
Altglobsow	148
Alt Sammit	78, 152
Ankershagen	66
Askeby	155
Åstrup	102

B
Bakkebølle Strand	155
Bandow	86
Bellin	78, 152
Benitz	88
Bernöwe	37
Biestow	153
Birkenwerder	32, 146
Bischofswerder	38
Blankenförde	65, 150
Bocksee	150
Bogø	110, 155
Boltenhof	50, 148
Borgsdorf	33, 146
Borre	118, 155
Bredereiche	50, 148
Bregninge	155
Briese	32
Brinckmansdorf	154
Brøndby Strand	136
Broskov	123
Bruserup	154
Burgwall	44, 147
Burow	147
Busemarke	114
Busene	114
Bützow	82, 153

C
Canow	50, 148
Charlottenburg	28, 145
Corselitze	101

D
Dagow	148
Dalmsdorf	66, 150
Dambeck	150
Damerow	72
Damsholte	155
Dannenwalde	50
Diedrichshagen	154
Drewitz	74, 151
Drosedow	56, 149

E
Eldenholz	151
Elmelunde	118, 156
Evershagen	154

F
Fanefjord	112
Faxe	124, 157
Faxe Ladeplads	124, 157
Feddet	157
Federow	70, 150
Freidorf	68, 150
Friedrichsfelde	68, 150
Friedrichsthal	37
Fürstenberg/Havel	52, 148

G
Gedesby Nyby	96
Gedser	95, 154
Gehlsdorf	154
Gjorslev	130
Gransee	41, 147
Granzin	65, 150
Greve	134, 158
Greve Strand	134, 158
Grønsund	102
Groß Breesen	78, 152
Groß Dratow	68, 150
Großmenow	56, 149
Groß Quassow	58, 149
Groß Stove	88
Güstrow	80, 153

H
Hakenfelde	145
Halskov	102
Hammer	147
Hårbølle Havn	112, 155
Hasselø Plantage	155
Heidberg	152
Hennigsdorf	31, 145
Hesnæs	102
Himmelpfort	51, 148
Hjelm	113
Hohen Neuendorf	32, 146
Hohenschöpping	145
Højelse	133, 158
Højerup	127, 157
Holtug	129
Hundige Strand	134, 158

I
Idestrup	100, 155
Ishøj	135, 158

J
Jabel	73, 151
Jersie	134
Johannesruh	149
Jungshoved	156

K
Kakeldütt	150
Kalvehave	120, 156
Kargow	68
Karleby	155
Karlslunde	134, 158
Karlslunde Strand	134
Karlstrup	134, 158
Keldby	118, 156
Keldbylille	113
Kirch Rosin	79
Klein-Mutz	147
Klein Quassow	149
Kleinzerlang	148
Klink	72, 151
Klockow	150
København	138, 158
Køge	130, 158
Koster	112, 156
Krakow am See	76, 152
Kratzeburg	66, 150

Ortsindex

Kreuzbruch	146
Krewelin	38

L

Lehnitz	33
Lichtenhagen	154
Liebenwalde	37, 146
Lille Skensved	133
Linstow	74, 151
Liseby	112
Liselund	116, 155
Lütten-Klein	154

M

Magleby	155, 157
Malz	146
Mandehoved	129, 157
Marielyst	97, 155
Marienthal	44
Marrebæk	96, 155
Menz	46, 147
Mildenberg	44, 147
Mitte	19, 145
Moabit	145
Møns Klint	114, 155
Mosede Strand	134
Mühl Rosin	79, 152

N

Næsgård	102
Neu Drosedow	149
Neuglobsow	55, 148
Neuholland	147
Neustrelitz	59, 149
Neu Zietlitz	
Nieder Neuendorf	31, 145
Niendorf	88
Nørre Alslev	106, 155
Nossentin	74, 151
Nossentiner Hütte	74
Nykøbing Falster	98, 155
Nyråd	108
Nysø	123

O

Ølby	133
Oranienburg	33, 146
Østermark	156

P

Passin	86, 153
Petersværft	109
Pieverstorf	66
Præsteskov	130
Præstø	121, 156
Prälank	149
Prebelow	148
Priepert	149
Primerburg	153

R

Råbylille Strand	155
Råbymagle	114, 155
Ravensbrück	52, 148
Rekkende	120
Reutershagen	154
Rheinsberg	46, 147
Røddinge	110
Rødvig Stevns	126, 157
Rostock	88, 153

S

Sandvig	120, 156
Schabernack	79, 152
Schmarl	154
Schwaan	86, 153
Schwarzenhof	150
Seegrube	152
Seewalde	56
Seilershof	45, 147
Serrahn	75, 152
Silz	74, 151
Skelby	96, 154
Skibinge	120
Søborg	103
Solrød	134
Sømarke	116
Sønder Kirkeby	155
Spandau	145
Sprove	112
Stege	118, 156
Steinförde	56, 148
Stensby	109
Store Damme	110
Store Heddinge	128, 157
Store Spjellerup	157
Strasen	56, 149
Strøby	130, 157
Strøby Egede	158
Stubbekøbing	104, 155
Sundby	98, 155
Svensmarke	113, 155

T

Tappernøje	156
Tåstrup	113
Tiergarten	26, 145
Tornow	45, 147
Tune	158

U

Überseehafen	93
Ulslev	100
Ulslev Strand	155
Useriner Mühle	149

V

Vægerløse	97
Valløby	130, 157
Vemmetofte	126
Vemmetofte Strand	157
Viemose	120
Vindebæk	155
Vintersbølle	155
Volkspark Jungfernheide	29
Vordingborg	106, 155

W

Waren (Müritz)	70, 150
Warenshof	151
Warnemünde	92, 154
Wedding	145
Wendefeld	147
Wendorf	68, 150
Wesenberg (Mecklenburg)	56, 149
Wustrow (Mecklenburgische Seenplatte)	149

Z

Zabelsdorf	45
Zechlinerhütte	49, 148
Zehdenick	38, 147
Zernikow	45, 147
Zietlitz	152
Zwenzow	65, 149